臺灣歷史與文化 研究輯刊

十 二 編

第 7 冊

戰後臺灣作家文學中的「原住民族書寫」：
自 1945 到 1987（第一冊）

蔡 政 惠 著

花木蘭文化事業有限公司

國家圖書館出版品預行編目資料

戰後臺灣作家文學中的「原住民族書寫」：自 1945 到 1987
（第一冊）／蔡政惠 著 — 初版 — 新北市：花木蘭文化事業有
限公司，2017〔民 106〕
序 2+ 目 2+182 面；19×26 公分
（臺灣歷史與文化研究輯刊十二編；第 7 冊）
ISBN 978-986-485-158-4（精裝）
1. 臺灣文學 2. 文學評論
733.08   106014102

ISBN-978-986-485-158-4

9 789864 851584

臺灣歷史與文化研究輯刊
十二編 第 七 冊   ISBN：978-986-485-158-4

戰後臺灣作家文學中的「原住民族書寫」：
自 1945 到 1987（第一冊）

作　者　蔡政惠
總 編 輯　杜潔祥
副總編輯　楊嘉樂
編　輯　許郁翎、王筑　美術編輯　陳逸婷
出　版　花木蘭文化事業有限公司
社　長　高小娟
聯絡地址　235 新北市中和區中安街七二號十三樓
　　　　　電話：02-2923-1455／傳真：02-2923-1452
網　址　http://www.huamulan.tw 信箱 hml810518@gmail.com
印　刷　普羅文化出版廣告事業
初　版　2017 年 9 月
全書字數　866039 字
定　價　十二編 13 冊（精裝）台幣 26,000 元

戰後臺灣作家文學中的「原住民族書寫」：自 1945 到 1987（第一冊）

蔡政惠 著

作者簡介

蔡政惠

一、學歷

國立中山大學中國文學研究所博士班畢業、臺北市立教育大學應用語言文學研究所碩士畢業、東海大學中國文學系學士畢業、東海大學哲學系輔系。

二、經歷

現任國立臺中科技大學通識教育中心專案助理教授。

曾於南部各大學擔任大學教職，諸如國立屏東科技大學通識教育中心兼任助理教授、國立屏東科技大學華語文中心兼任助理教授、國立高雄大學通識教育中心兼任助理教授、國立高雄餐旅大學通識教育中心兼任助理教授、國立高雄第一科技大學語言教育中心兼任助理教授、義守大學通識教育中心兼任助理教授、正修科技大學通識教育中心兼任助理教授、長榮大學語言教育中心兼任助理教授、樹德科技大學通識教育學院兼任助理教授、輔英科技大學共同教育中心兼任助理教授、和春技術學院通識教育中心兼任助理教授、聯合報語言中心文學營作文講師……等校，任教國文、應用文與華語文相關科目已數年之久，曾教學過國小、國中、高中、大學……等課程，也曾任教過數十個國家的外籍學生。曾榮獲多次教學優秀獎項肯定，也曾榮獲全國優秀學術論文獎，與曾在日本、香港等海內外發表過數十篇文學相關的學術研究論文，也曾出版過專書論文，致力於臺灣文學、原住民文學、現代文學、古典文學……等學術研究領域，數年之久，也曾取得數十張專業證照，學術研究與教學的成果均深受肯定。

三、著作目錄

專門著作目錄一覽表							
著作類別	作者	著作名稱	所屬學術領域	出版處所或期刊名稱	期刊／卷期（頁次）	出版或接受刊登時間	備註
代表著作	蔡政惠	臺灣歇後語結構類型之研究（THCI）	臺灣民間文學	東方人文學誌	第五卷第二期 P.179～P.196	2006年6月	
	蔡政惠	《裨海紀遊》與《臺海使槎錄》原民意象與番俗采風考比較研究	社會組優等論文獎	2008年全國原住民族研究論文發表會	行政院原住民族委員會·臺灣師範大學	2008.10.24~25	
	蔡政惠	〈臺灣華語文教學發展與文化創作分析 Taiwan chinese language development and the creation of language teaching analysis〉	臺灣語言教育	Universal Journal of Educational Research 教育研究通訊雜誌	香港 ICEPS 國際學術研會	2014.12.29~31	
		〈原住民族的文化弱勢、心理與教育趨向分析 Aboriginal culture weak trend analysis of Psychology and Education〉	原住民教育	日本名古屋 ISEP 國際學術研討會	日本名古屋大學	2014.4.2~4	
參考著作（專書論文、學術期刊論文）	專書論文						
	蔡政惠	博士論文《戰後臺灣作家文學書寫中的「原住民書寫」：自1945至1987》	臺灣文學	龔顯宗教授、浦忠成教授指導	博士論文（出版中）	104.1.23	

蔡政惠	碩士論文《原住民文學書寫中的原漢關係》	原住民文學	浦忠成教授指導	碩士論文(計畫出版中)	96.1.19	
蔡政惠	〈黃叔璥《臺海使槎錄》中〈番俗六考〉、〈番俗雜記〉的番俗考察〉	原住民文學	國立中山大學龔顯宗教授榮退紀念論文集‧中山大學‧中國文學系所	蔡政惠與龔顯宗教授榮退論文集編輯委員會合著 ISBN：9789574160648	2009.1	
蔡政惠	中文大學堂：閱讀、賞析、寫作新視野（2 版 1 刷）	中國文學	五南出版社	蔡政惠與大學中文教材編輯委員會合著 ISBN：9789571167220	2012.09.17	
蔡政惠	實用中文寫作教材〈旅遊文學之創意寫作〉	中國文學	華立圖書股份有限公司‧松根出版社	蔡政惠與屏東科技大學通識教育中心國文組合著 ISBN：9789577844224	2012.3	
蔡政惠	黃金認證——CWT 全民中檢中高等題庫密技〈寫作技巧之演繹法與歸納法〉	中文檢定	華立圖書股份有限公司‧松根出版社	蔡政惠與電腦技能基金會、中文能力測驗中心合著 ISBN：9789866428395	2012.6.1	
學術期刊論文						
蔡政惠	臺灣歇後語結構類型之研究（THCI）	臺灣民間文學	東方人文學誌	第五卷第二期 P.179～P.196	2006 年 6 月	
蔡政惠	《裨海紀遊》與《臺海使槎錄》原民意象與番俗采風考比較研究	社會組優等論文獎	2008 年全國原住民族研究論文發表會	行政院原住民族委員會‧臺灣師範大學	2008.10. 24~25	
蔡政惠	〈臺灣華語文教學發展與文化創作分析 Taiwan chinese language development and the creation of language teaching analysis〉	臺灣語言教育	Universal Journal of Educational Research 教育研究通訊雜誌	香港 ICEPS 國際學術研會	2014.12. 29~31	

代表著作學術貢獻摘要	(1)〈宋代名家翻案文章之探析——從歐、蘇、王四家散文談起〉（臺北市立教育大學應用語文所研究生集刊第五期，2005，臺北市立教育大學，應用語言文學研究所） (2)〈臺灣原住民原漢關係的外在詮釋發展過程——以原住民相關文獻爲例〉（臺東大學語文教育學術研討會，2006.4.29，臺東大學，語文教育學系） (3)〈臺灣閩南諺語的美學研究——以語言、音韻、修辭爲中心〉（第一屆臺灣語言文化學術研討會，2006.4.30，中山醫學大學，臺灣語文學系） (4)〈臺灣歇後語結構類型之研究〉（文津出版社，東方人文學誌，2006.6） (5)〈沈光文古典詩之情感風格探析〉（臺北市立教育大學應用語文所研究生集刊第六期，2006，臺北市立教育大學，應用語言文學研究所） (6)〈論周芬伶剛柔並濟的女性散文發展歷程〉（臺北市立教育大學應用語文所研究生集刊，第七期，2007，臺北市立教育大學，應用語言文學研究所） (7)〈賴和漢詩之情感風格探析——以感懷詩爲主〉（三校聯合碩博研究生論文發表會，2007.4.28，臺北市立教育大學，應用語言文學研究所）

(8)〈臺灣原漢族群文化跨界的哲學思考〉(第八屆『現代思潮』全國學術研討會,2007.6.8,靜宜大學,人文暨社會科學院)

(9)《原住民文學書寫中的原漢關係》(碩士論文,2007.1.19)

(10)〈原住民教育政策的傳統知識系統建構與文化復振開展——以文本再現與田調實務為例〉(2007 年臺灣原住民族教育理論與實務學術研討會,2007.12.7,嘉義大學,原住民中心)

(11)〈雙語教學與多元文化趨向建構〉(2008 第一屆華語文教學國際研討會暨工作坊:雙語教學與多元文化,2008.3.14~15,銘傳大學,華語文教學學系)

(12)〈《紅樓夢》的人物形象探析〉(樹德學報第六期,2008.3)

(13)〈原住民文學中的文化復振與文化教育論述〉(第十九屆南區中文系碩博士生論文發表會 2008.5.3,嘉義大學,人文藝術學院中文系暨中文研究所)

(14)〈原住民文學的核心思維與創作義涵研究〉(2008 年第二屆思維與創作學術研討會,2008.5.17,臺南大學,國語文學系)

(15)〈臺灣多元文化與異族歷史的交匯趨勢分析〉(2008 人文與社會國際學術研討會——多元交匯下的社會變遷,2008.5.22~23,義守大學,通識教育中心)

(16)〈原住民部落社會的傳統文化體系傳播與生態〉(第九屆「現代思潮」全國學術研討會,2008.5.31,靜宜大學,人文暨社會科學院)

(17)〈原住民族的文化資產重構與傳承〉(臺灣族群文化的建構與議題,2008.6.14,臺南大學,文化與自然資源學系)

(18)〈《封神演義》中「哪吒形象」的教化義涵〉(2008 中壇元帥學術研討會,2008.7.4~5,中山大學,通識教育中心)

(19)〈臺灣原住民文化教育的過去軌跡與未來趨勢分析〉(2008 年原住民教育學術研討會——文化與教育的對話,2008.10.2~3,臺東大學,原住民教育研究中心)

(20)〈臺灣文獻中的原民風俗采集考〉(第四屆「嘉義研究」學術研討會,2008.10.24~25,嘉義大學,人文藝術學院台灣文化研究中心)

(21)〈《裨海紀遊》與《臺海使槎錄》原民意象與番俗采風考比較研究〉(社會組優等論文獎,2008 年全國原住民族研究論文發表會,2008.10.24~25,行政院原住民族委員會,臺灣師範大學)

(22)〈鍾肇政小說中的原住民意象探析〉(第一屆中山中文博碩論壇學術研討會,2008.11.1~2,中山大學,中國文學系所)

(23)〈臺灣原漢多元族群生命教育的場域跨界論述〉(【通識課程與專業課程相互融攝】學術研討會,2008.11.14,新生護專,通識教育中心)

(24)〈原住民族的文化弱勢與教育政策因應趨向分析〉(國立嘉義大學「弱勢族群教育政策」國際學術研討會,2008.12.5~6,嘉義大學,教育行政與政策發展研究所)

(25)〈臺灣原住民族於後殖民理論中的文化身份轉化〉(「全球化與文化轉化/譯、文化身份」國際學術研討會,2008.12.19~20,佛光大學,外國語文學系)

(26)〈臺灣多元文化融匯下師法自然的仁本思維研究〉(第七屆師法自然淨化人心研討會,2008.12.20,華梵大學,工業工程與經營資訊學系)

(27)〈臺灣原住民文化立基於多元文化的文化思維、定位與傳承〉(2008 多元文化與族群語言學術研討會,2008.12.20,國立臺北教育大學,華語文中心)

(28)〈黃叔璥《臺海使槎錄》中〈番俗六考〉、〈番俗雜記〉的番俗考察〉(《國立中山大學龔顯宗教授榮退紀念論文集》,2009.1,中山大學,中國文學系所)

(29)〈臺灣多元文化示現場域與中西文化比較研究〉(2009 第二屆華語文教學國際研討會暨工作坊:華語教學的新趨勢,國際化與專業化,2009.3.13~14,銘傳大學,華語文教學學系)

(30)〈論西拉雅文化創意再現的可能性〉(2009 年南台灣歷史與文化學術研討會,2009.5.21~22,高雄縣自然史教育館)

(31)〈論李澤厚美學觀點對中國美學精神之建構〉(第二屆中山中文博碩論壇學術研討會,2009.11.7~8,中山大學,中國文學系)

(32)〈原住民族文化義涵與發展脈絡〉（2009 年原住民族教育學術研討會——人才培育與民族發展，2009.11.26~27，行政院原住民族委員會，臺灣大學，原住民族研究中心）

(33)〈臺灣古典詩中的高雄寫景詩探析〉（城市與文學：青年學者臺灣古典詩學術研討會，2010.7.24~25，成功大學中文系，成大文學院中文系演講廳）

(34)〈歷代古典遊記文學探析〉（第十屆兩岸中山大學中國文學學術研討會，2010.11.5~6，中山大學中文系，中山大學文學院）

(35)〈古典詩遊高雄之文化意象〉（2011 年台灣旅遊文學與文化旅遊學術研討會，2011.3.24~25，高苑科技大學，通識教育中心，高雄縣自然史教育館）

(36)〈南瀛文化的生命禮俗研究〉（2011 年南臺灣歷史與文化學術研討會，2011.6.9~10，高苑科技大學，通識教育中心，高雄縣自然史教育館）

(37)〈台灣文學中霧社事件的日治殖民現象分析〉（第十一屆兩岸中山大學中國文學學術研討會，2011.7.12~15，廣州中山大學中文系，廣州中山大學－審查通過）

(38)〈由劉鶚《老殘遊記》考察晚清社會現象〉（國立屏東科技大學 100 學年度通識教育學術研討會，2011.12.03，屏東科技大學）

(39)〈臺灣華語文教學的現況分析與探討〉（第十一屆臺灣華語文教學年會暨國際學術研討會（ATCSL 2012），2012.12.28~30，台灣華語文教學學會、國立臺灣師範大學華語文教學系暨研究所）

(40)〈原住民族的文化弱勢、心理與教育趨向分析 Aboriginal culture weak trend analysis of Psychology and Education〉（日本名古屋 ISEP 國際學術研討會，2014.4.2~4，日本名古屋大學）

(41)〈臺灣華語文教學發展與文化創作分析 Taiwan chinese language development and the creation of language teaching analysis〉（香港 ICEPS 國際學術研討會，2014.12.29~31，香港）

(42)〈戰後臺灣文學中漢族作家的「原住民族書寫」〉（2016 第一屆中山大學中國文學系系友會暨系學術研討會，2016.5.22，高雄中山大學中國文學系）

(43)〈李喬文學中的「原住民族書寫」〉（2016 原住民族研究論文發表會，2016.10.20~21，嘉義大學台灣原住民族教育及產業發展中心）

(43)〈吳錦發文學中的「原住民族書寫」〉（國立屏東科技大學 105 學年度通識教育學術研討會，2016.11.19，國立屏東科技大學通識教育中心）

(44)〈多元創意教學融入原住民文學課程之教學成效研析〉（國立屏東科技大學 2017 技職教育農業、獸醫暨生命科學學門多元升等制度研討會，2017.5.31，國立屏東科技大學）

提　要

　　本研究基於覺察戰後迄解嚴前時期的臺灣作家文學中，原住民族研究的學術論文較為缺乏，故以「戰後臺灣作家文學中的原住民族書寫：自 1945 到 1987」為研究問題意識，根據戰後漢族作家筆下的原住民族書寫文本，諸如鍾肇政、李喬、關曉榮、張深切、張大春、洪田浚、古蒙仁、官鴻志、黃小農、江上成、吳錦發、鍾理和、胡臺麗、劉還月、葉智中、阿盛、陳其南、明立國、陳列、楊渡、李慶榮、鄭寶娟、劉春城、吳富美、林文義……等作家文本；輔以薩依德（Edward Wadie Said）、法農（Frantz Fanon）、葛蘭西（Antonio Gramsci）、傅柯（Michel Foucault）……等後殖民理論家的觀點，針對「原住民族書寫」的核心問題意識、族群議題、文本觀點、文學發展……等多元研究視角進行梳理與論述。研究發現在戰後作家文學中的原住民族核心問題意識，諸如原住民族於日治迄戰後時期的被殖民處境、原住民族群文化、原住民所承受的種族歧視與弱勢族群處境……等諸多議題，均為諸多戰後作家所關注的族群焦點議題。本研究深入梳理戰後作家的創作發展脈絡變遷、文本中原住民族人物形象異同的類型分析、將戰後作家文學中的原住民族書寫之歷時性與共時性進行深入論述，冀望建立戰後臺灣作家文學中「原住民族書寫」的族群理論。

自　序

　　博士班的研究生涯，在完成論文撰寫與榮獲博士學位的理想之際，回首從大學、碩士班、與博士班期間，接觸文學、思想、語言、文化……等各種領域相關課程的學術薰陶與涵養，以及諸多學術研討會的參與、論文的撰寫與學術發表，直至博士論文撰寫過程中，忙碌、充實與精進的學術研究，不論是研究計畫的擬定、文獻資料的蒐集與統整、文本的閱讀與分析、論文撰寫、與論文口考……等諸多學術研究歷程，都將成為我人生中最美好與難忘的回憶。

　　本博士論文得以順利完成，首先最需要感謝我的二位指導教授龔顯宗博士與浦忠成博士，在我這些年來的學術研究生涯中，不辭勞苦的殷勤指導與諄諄教誨。龔教授數十年來在學術研究上深入專業的研究態度，敦厚和藹的處事態度，與師生間親切又真摯的互動；浦教授在學術研究上嚴謹認真的態度，為人處世上仁厚樸實的待人，與師生溝通互動上的良好默契，二位指導教授對於政惠的影響深遠，均令政惠極為尊崇。二位指導教授不僅熱心地幫助政惠逐一傳道、授業、解惑，以克服諸多在學術研究上的疑義，並在學術研究的專業學識上傾囊相授，使政惠在平日的為人處世、學識涵養、與學術論文撰寫上，均獲益良多，也使政惠在學術研究上，得以精益求精、更上一層樓。

　　此外，特別感謝論文初審的三位審查委員、與正式論文口試的五位口考委員，召集人監察院副院長孫大川教授、國立高雄師範大學國文系林文欽教授、國立屏東大學中國語文學系余昭玟教授，與二位指導教授國立中山大學中國文學系龔顯宗教授、國立東華大學原住民民族學院院長浦忠成教授（前考試院考試委員），以專業學術涵養傳授政惠寶貴的建議，讓本論文能得到原

住民族議題研究領域之學者專家的悉心指導與建議，使論文研究得以增色精進。因此，政惠乃十分榮幸有機會在龔顯宗教授與浦忠成教授、孫大川教授、林文欽教授、與余昭玟教授，專業學術涵養的薰陶下，得以順利完成博士論文的撰寫。

在博士班的研究生涯期間，同樣非常感謝國立中山大學中國文學所，諸多師長的教導與鼓勵，諸如龔顯宗教授、浦忠成教授、林慶勳教授、蔡振念教授、楊濟襄教授、楊雅惠教授、劉昭明教授、鮑國順教授、廖宏昌教授……等諸位師長的教導，使我在博士班的學術研究生涯得以成長精進。還有，感謝研究所的助教、學長姐、同學與學弟妹們，諸如龔生會的清茂學長、惠玟學姐、素汎學姊、國安學長、玉輝學長、及光學長、鴻麒、慶雄，多年來在論文上，給予我諸多建言與鼓勵，與博士班同學靜妃、孟蓉、裕民、若涵、逸文、宜靜、婉利的支持與砥礪，使我的博士班生涯充實愉快。

最重要也最要感謝我的老公譔博，在一直以來，不論在生活環節、與精神層面上的鼓勵與支持，使我順利克服諸多挑戰，得以無後顧之憂的順利完成博士論文的論文撰寫目標，成為支持我最重要的力量，也累積諸多難忘的美好回憶。冀望在未來的日子裡，可以共同努力達成諸多人生理想與美好願景。此外，也非常感謝我的大兒子志賓、與小兒子品元，乖巧懂事的貼心陪伴，成為我最幸福的力量。還有，感謝公公、婆婆的支持與鼓勵。

最後，最要感謝的是我最親愛的父母蔡淵源先生、李金美女士、哥哥學賢、大嫂惠琁與妹妹敏瑛，在人生過程中，不論是精神、物質與諸多生活環節上，不但成為支持著我不斷成長精進的最大力量，也使我能夠毫無後顧之憂，成為我順利完成論文的最大依靠，所以對於您們的感激之情，乃筆墨難以言喻。還有，感謝我身邊與家族中，每一位關心愛護我的長輩、親戚摯友們，感謝大家的支持與鼓勵，使我的博士論文得以順利完成。

生命中最親愛的老公、最可愛的大兒子與小兒子、最敬愛的家人、最尊敬的二位指導教授、口考委員、師長、同儕與所有親戚摯友，將成為我完成論文每一個環節的重要助力與人生貴人，十二萬分感謝您。謹將本研究成果獻給我生命中的貴人、與所有關心原住民族處境、族群書寫、臺灣文學、與原住民文學學術研究議題的朋友們！

政惠　104 年 1 月 6 日　冬　高雄

目次

第一章 緒 論

　　臺灣目前兩千萬三百萬人口，屬於多元族群的社會，所謂的原漢族群範疇，即就廣義的族群範疇而言。將閩南、外省、客家涵蓋於漢族，再加上原住民族的十六個族群與平埔族群。目前經臺灣政府官方認定的原住民族有：阿美族、泰雅族、排灣族、布農族、卑南族、魯凱族、鄒族、賽夏族、雅美族、邵族、噶瑪蘭族、太魯閣族、撒奇萊雅族與賽德克、沙阿魯阿族、卡那卡那富族……等十六族，均涵蓋於原住民族的整體概念，形成原漢關係〔註1〕二元架構〔註2〕的族群類型，有別於政治社會層面上的閩、客、外省、原住民四大族群分類，再加上近年來外籍配偶的融入臺灣社會，使得臺灣社會的族群文化更具有多元化的發展趨勢。

　　此外，漢族屬於多數族群，依人數多寡爲閩南、客家、外省、原住民族群，屬於少數族群的原住民族人數，截至 2014 年 1 月，總人口數爲 53 萬 4007 人，約佔總人口數的百分之二（2.28%）左右。臺灣人口結構反映四大族群間的懸殊比例，造成全面性影響各族群於政治、經濟、文化、教育等層面

〔註1〕 蓋因歷史上原住民面對「漢」民時，不論是官府、漢民，……族群與戰後來臺的「新住民」，雖有時間先來後到的差別，三者之間或有利害的糾葛，但是對原住民而言，其間的差異並不能釐清。浦忠成，《被遺忘的聖域——原住民神話、歷史與文學的追溯》（臺北：五南出版社，2007 年 1 月），頁 433。

〔註2〕 臺灣人們習慣以二元的架構，來認定族裔群體本身的族性，或詮釋原住民與漢人的關係。這些架構的建立表面上多以歷史、文化、及族群性或族群意識爲基礎要素。但是，類種族主義的觀點實際上卻充現於架構建構者的身上。因此，當今臺灣族群事務方面的最大問題，很可能即是一不易變移之原生觀的類種族主義或種族化了的族群意識。謝世忠，《族群人類學的宏觀探索》（臺北：臺灣大學出版，2004 年），頁 87。

的發展趨勢。此外，在社會背景、時代變遷與族群關係轉變密不可分的因素下，「族群關係」的議題書寫，成爲族群研究具有指標性的重要途徑之一。此外，所謂「族群關係」乃指二個或多個族群以上的「族群接觸」〔註3〕所產生的族群互動關係，藉此表現不同族群在社會環境變遷過程中互動的演變發展趨勢。

目前筆者已就「原住民文學書寫中的原漢族群關係」進行爬梳與論述的基礎下，本研究將深入以「戰後迄解嚴前爲主」爲研究範疇。由漢族作家筆下的文本創作與族群發展現況，深入分析「原住民族書寫」的演變發展過程，理解不同族群間的文化消長演變，與背後所隱含的深層意義，進而闡述未來族群發展的演進趨勢。本研究冀望讓原漢作家在原住民族書寫的文學詮釋上，產生詮釋、交流與對話的空間，故由文本分析與後殖民理論二大研究主軸，以薩依德與法農的後殖民理論爲據，分析「原住民族書寫」在戰後至解嚴前的文學書寫中，如何被詮釋與定位。

研究目標冀望針對漢族作家，對於原住民族書寫於臺灣文學中的體現與重要族群議題的解讀，交叉比對原漢族群間異族解讀的興起之因與發展之果，即以薩依德所述的「對位式閱讀」進行文本分析，進而與國際原住民族書寫進行比較研究，企圖建構臺灣族群書寫的理論架構，並對臺灣族群書寫的新發展趨勢提出分析與建議，以釐清臺灣族群書寫的轉變歷程，增進原漢族群間的族群認同與理解，進而消弭族群隔閡問題，以期促進臺灣族群關係的多元與和諧發展。

一、研究背景與動機

（一）研究背景

臺灣社會多元的四大族群與原住民十六族群，再加上外籍配偶所孕育的下一代，每個族群將可稱之爲「族群點」，連結成原漢二元的族群觀點的「族群線」，進行交織成的「族群面」，最後由點、線、面所共同構築出所謂的「族群網絡」，形成息息相關、密不可分的族群關係，故臺灣文學中的族群關係書寫，乃成爲重要的族群問題意識。每一個族群均具有獨一無二的族群文化特質、獨特的生活經驗與歷史發展過程。在臺灣這塊土地上，就「橫跨的空間

〔註3〕 謝世忠，《認同的汙名——臺灣原住民的族群變遷》（臺北：自立晚報出版社，1987 年），頁 14～20。

層面」而言，由於族群立場與族群地域差異，產生迥異的族群互動關係；就「縱深的時間層面」而言，不同時期遞進、政權轉移與社會情勢變遷……等諸多因素，均緊密結合於臺灣族群關係的族群書寫變遷。因此，「族群議題」對於地窄人稠且存有多元族群的臺灣社會而言，因族群接觸頻繁、影響深廣，而日益值得深入研究。

在本研究「戰後臺灣作家文學中的原住民族書寫：自 1945 到 1987」的研究背景，針對下列幾項原住民族研究的發展特質，進行分析與論述：

1. 「臺灣文學的文學根源性」

回溯臺灣文學的根源，均得溯本逐源地論及原住民族書寫，因此於臺灣文學的發展洪河中，深具指標性意義，彷彿發展源頭般，在臺灣文學的殿堂中注入活水的根源。

2. 「原住民的原居性」

原住民族「原住」於臺灣這塊土地上，可追溯到新石器時代，故考察臺灣歷史時，越過漢人移民臺灣的四五百年，原住民族將可增加臺灣歷史的縱深；在橫跨空間上，經臺灣政府所認定的原住民十六個族群，均各自具有獨特的語言、習俗和文化特徵，使臺灣多元化族群的社會空間益顯多彩多姿。

3. 「南島民族的獨特性」

身為南島民族的原住民族，存在價值乃不容置否，以獨特文化精髓擴大臺灣文學的時空，卻隨著時代變遷、政權轉移與原住民政策演變，而成為殖民帝國主義下的弱勢犧牲者。因此，如何彰顯原住民族文化獨特性的發展，即為不容忽視的重要目標之一。

因此，在確知原住民族研究的深具指標性意義後，則將針對原住民族書寫進行深入研究。臺灣原住民族的定位，不斷地隨著國家原住民政策而演變：從（1）「日治時期」：「皇民化」的理番政策，到（2）「五〇年代戰後初期」：「山地平地化」的原住民政策下，原住民族處於多元族群中的弱勢地位。原住民族始終成為（1）薩依德（Edward Wadie Said）〔註 4〕與法農（Frantz Fanon）〔註 5〕之「後殖民主義」論述、（2）葛蘭西（Antonio Gramsci）〔註 6〕

〔註 4〕愛德華·薩依德（Edward Wadie Said）（1935 年 11 月 1 日～2003 年 9 月 25 日）國際著名文學理論家與批評家，後殖民理論的創始人、二十世紀末葉最傑出的文化評論學者、國際政治觀察家、與後殖民思潮開啓者。

〔註 5〕法蘭茲·法農（Frantz Fanon）（1925 年 7 月 20 日～1961 年 12 月 6 日），法

之「文化霸權論」與（3）傅柯（Michel Foucault）〔註7〕之「知識權力論」下，被殖民地位的弱勢族群。在全球性的後殖民思潮中，殖民者建構的文化與政治霸權架構下，對於被殖民者的定位，乃由權力的支配、知識的再生產與同化的合理性，展演出殖民與被殖民者不對等權力關係，由臺灣原住民族的發展處境觀之亦然。由於臺灣原住民族具有族群結構上，長期性與多重性的被殖民經驗，故知後殖民理論，對於原住民族與多元族群議題，在臺灣文學中的族群研究趨向，乃成為不可或缺的重要理論與研究視角。

此外，後殖民主義批評的先驅「法農」的《黑皮膚，白面具》〔註8〕一書，展現被殖民者最深沉的痛楚之聲；並開啟去殖民思潮的反思路線，萌芽於一九四○、五○年代，第三世界獨立運動的風潮，乃思考被殖民者的存在處境，將被殖民者的族群意識之壓抑、認同、發洩……等概念，擴大到國族主義的集體殖民，殖民主與被殖民者間的族群關係覺察。法農的另一鉅作《大地之不仁受詛咒的大地》〔註9〕同樣對國族主義者提出強烈的批判理論。此西方的後殖民思潮，同樣影響原住民族於七○年代的族群意識覺醒，進而興起原住民族運動與原住民族文學。此外，原住民族展現所謂的「去殖民化意識」，即在殖民主義中，被殖民者的精神結構處於瀕臨瓦解的危機中，唯有推翻殖民時代「汙名化認同」的刻板觀點，方可進行深層的文化價值觀照，與族群意識復振的興起。因此，直至原住民運動的風起雲湧，於八○年代導引出「民族自決」的自治政策，再加上國際潮流對於人權的重視，使得現今的臺灣原住民政策正朝向自治法制化的方向邁進，原住民族研究也逐漸備受重視。

臺灣原住民部落，自從荷西、明鄭、清代至日治時期，國家強勢政權與教育體制涉入部落生活後，原住民族的母語、傳統祭典與文化大量流失，最主要的衝擊為造成原住民族的文化主體性日漸消弭。因此，「原住民族書寫」的研究方向，可從當代政治局勢、社會背景與時代精神，解讀族群關係的變

國馬丁尼克作家，散文家，心理分析學家，革命家、二十世紀研究非殖民化和殖民主義的精神病理學較有影響的思想家之一。

〔註6〕安東尼奧·葛蘭西（Antonio Gramsci）（1891 年 1 月 23 日～1937 年 4 月 27日）是義大利共產主義思想家、義大利共產黨創始者和領導人之一。

〔註7〕米歇爾·傅柯（Michel Foucault）（1926 年 10 月 15 日～1984 年 6 月 25 日），法國哲學家和思想史學家、社會理論家、語言學家、文學評論家。

〔註8〕弗朗茲·法農，《黑皮膚，白面具》（臺北：心靈工坊出版社，2005 年 4 月）。

〔註9〕弗朗茲·法農，《大地之不仁受詛咒的大地》（1961 年）。

遷歷程深入；研究範疇則可在臺灣文學的書寫脈絡中，自舊文學時期、日治時期、三〇年代臺灣話文文學論戰的新文學時期、四〇年代臺灣文學勃興時期、五〇年代國共文學時期、六〇年代現代主義思潮的文學轉折時期、七〇年代鄉土文學論戰時期與八〇年代多元文學時期迄今……等諸多時期的族群書寫中，進行「原住民族書寫」的建構與再現。此外，八〇年代隨原住民運動與原住民文學逐漸發展，社會、政治、文化、言論……等諸多層面逐漸趨向多元化後，在原住民文學中的原住民作家筆下，所呈現的原住民族書寫，也隨之逐漸轉變。因此，可知於九〇年代迄今，原住民描述的族群書寫觀點與視角，逐漸邁入一個嶄新的發展境界。

　　本研究在筆者〈原住民文學書寫中的原漢關係〉的碩士論文研究前提下，深入以〈戰後臺灣作家文學中的「原住民族書寫」：自 1945 到 1987〉為研究目標，分別以戰後漢族作家筆下的原住民族書寫為研究對象，以戰後迄解嚴前：自 1945 到 1987 間為研究取材時代，根據重要漢族作家的文學作品為研究範疇，冀望將隱沒於文本中的原住民族形象與書寫如實呈現。本研究乃以漢族作家筆下的小說、散文、報導文學為主要的研究範疇，詩的部分乃由於時間、篇幅有限，故往後若有機會再另立論文，進行博士後的專章研究。總之，本研究未來延伸研究，欲促使原漢族群作家在文學創作的平臺上，開創出交流、對話的空間，平衡原漢族群作家在文學中的族群距離，進而構築出漢族作家對於原住民族書寫的理論架構。

（二）研究動機

　　本研究乃根據筆者歷年來對於原住民族議題的濃厚興趣與深入觀察結果，覺察在臺灣作家文學的發展脈絡中的原住民族書寫。現今原住民族文學已彷彿雨後春筍般地蓬勃發展著；但在戰後迄解嚴前的臺灣作家文學中，關於原住民族書寫的文本書寫與研究分析仍較為缺乏；甚至於在文獻回顧的過程中，覺察歷年來的碩博士學術論文，對於此時期的研究分析乃有所斷闕。因此，本研究最大的研究動機，即欲由 1945 到 1987 年間的漢族作家筆下，對於原住民族書寫的觀察視角與族群意象再現進行爬梳與解讀，將戰後臺灣作家文學中原住民族書寫的發展脈絡深入分析，使臺灣戰後作家文學中的原住民族書寫得以完整呈現。

　　本研究基於臺灣社會經過數百年來的政權遞移，使不同族群間產生多元化的族群關係。因此，諸多臺灣作家文學中，即反映出時代背景對於著族群

關係演變的影響。此外，受到國際間對民族命運與族群關係的關切與重視所影響，早期臺灣文學中諸多重要文學書寫議題，均與族群書寫息息相關，進而展現多元民族間，有關於民族自覺意識的萌發、民族本性躍動的表達與民族主體性確立的吶喊；甚至於針對族群文化的存在感表述，展現內心的不平之鳴與危機意識，由此所刻畫的切膚之痛，形成獨特的「族群意識」。隨著社會文化的發展，如今族群關係發展已進入嶄新的階段，但「原住民族書寫」的演變與發展歷程，至今仍甚少研究出現〔註10〕，故本研究將針對戰後臺灣漢族作家文學中，漢族作家對於原住民族書寫，覺察作家對於族群關係轉變軌跡的觀察與再現。

臺灣文學深具有獨特性的時代背景，隨著許多出土文物、文獻資料與考古研究的彙編，彷彿一座寶山般，擁有令人探索不盡的文學瑰寶。臺灣文學的獨特性，乃成為相當值得研究的文學領域。因此，本研究冀望在研究目標的脈絡中，勾勒出原住民族書寫的文本意象，為原住民族群的發展過程與處境發聲；此外，筆者自幼的成長過程，經常耳聽家族中長輩論及，曾親歷日治時期、國府時期的生活經驗，繪聲繪影地彷彿為臺灣史的口傳「詮釋」與「再現」，故激發筆者將研究範疇由臺灣文學中，再現歷史洪流中的原住民族書寫；期許於臺灣文學經典文本中，重新尋回口傳中的歷史、文化與原住民族，彷彿「臺灣」尋找過去般，重現文本中的反殖民論述、後殖民理論與民族主義的發展軌跡；進而再現原住民族抗爭與變遷過程，由被殖民的他者，逐漸轉變為族群認同的主體……等轉變軌跡，架構出臺灣文學中的族群問題意識，此乃基於筆者對於臺灣文學的滿腔熱忱，冀望為這塊土地盡一點心力。

此外，基於對於臺灣文學的濃厚興趣與熱忱，曾在大學與研究所階段修習過諸多臺灣文學與原住民文學相關課程，在深入閱讀關於臺灣文學與原住民文學的歷史、文化、民間傳說、鄉土文學、臺灣文獻、古典漢詩、小說、現代散文、原住民文學……等諸多作家文學文本後，萌發對於原住民族群議題的人文關懷精神；再加上覺察到臺灣文學中的族群書寫，乃為原住民族重要的研究環節之一，故本研究即以臺灣漢族作家文學中的原住民族書寫為研

〔註10〕 幾位研究都市原住民的學者，也多著重在調適的模式、遷徙的理論、及所帶來之新社會問題的解決策略上。至於，關及族群意識極其變遷的課題，涉獵甚少。謝世忠，《認同的污名——臺灣原住民的族群變遷》（1987 年），頁 2。

究議題。再者，觀察戰後臺灣文學作家，始以本土化觀點進行創作之際，即展現明確、獨特的生活經驗和心靈情感；再加上作家自覺意識的覺醒，隨著臺灣文學發展而逐漸顯著。甚至於隨著文學菁英的集體奮起，發展出深具主體性格的本土意識論述，體現多元族群社會中的族群關係，也促使各族群認同意識的自覺，進而關注於族群文化日趨流逝的危機意識。

臺灣文學與原住民文學的蓬勃發展，令人感到驕傲。因此，諸多作家試圖以文字，記錄下各族群間的族群關係與文化發展，在多元文化交流衝擊下，進行深入的思考、批判，進而促進文學演變發展的多元新面貌。臺灣文學與原住民文學中，諸多優美的文字、豐富的節奏感與深富尊嚴的人性吶喊，對臺灣文學發展彷彿為一記暮鼓晨鐘般。爾後，伴隨臺灣本土意識釐清，與知識分子覺醒而促使多元文學議題的興起。因此，本研究即以戰後臺灣漢族作家文學的文本中，所呈現的原住民族書寫為主要研究主軸。臺灣文學所呈現的人生經驗、思想感情，隨著族群文化不同而有所差異，多元族群文化的豐富面貌擴展臺灣文學的視野與內涵。各族群間的殖民經驗、歷史發展均有其獨特性，使多元族群的思維開展均繁複發展，促使族群文化論述不斷注入新研究活力，臺灣文學即以特殊文化內容擴大著文學時空。再者，由於傳統文化的積澱，臺灣漢族作家關心的視角，多與社會、政治、人倫……等人文世界；相對而言，原住民文學的原住民族作家所關切的視角，關乎山海景觀與族群經驗的體現。因此，「原住民族的書寫」在臺灣漢族作家文本中將如何呈現？在臺灣文學研究中，乃成為相當值得深究的重要核心問題意識。

最後，反映臺灣本土文化的臺灣文學與原住民文學，最能顯示其獨特性的文學特質，其重要性乃深受肯定。因此，臺灣文學、原住民文學、中國文學、世界華文文學，均以獨特性為其各自存在的理由，爭取文學世界平等的對話空間，各自其優越的文學特質，充實文學範疇外，更成為全人類所共賞的世界文學之一。由臺灣文學書寫中的原住民族書寫研究，可進一步展現臺灣文學作家，迥異於諸多文學所展現的人生經驗、思維感覺方式與獨特傳統文化內涵，創造豐富多元的文學視角。本研究將分析漢族作家針對原住民族書寫的觀點異同，交叉論證出文本書寫的轉變歷程。因此，臺灣文學論述的研究價值，如下圖所示：

圖一　臺灣文學獨特性

各族群的殖民經驗、歷史發展不同，使多元族群文化思維的開展繁複多樣。

臺灣各族群文學書寫呈現的人生經驗、思想感情不同，以特殊面貌豐富擴大文學的內涵。

族群書寫可追溯不同的族群歷史背景，增加歷史縱深；橫跨空間則以各族群的生存空間，以擴大臺灣文學的時空。

原住民文學、中國文學、與世界華文文學皆具其獨一無二的獨特文學地位。

　　最後，本研究冀望藉由原住民族書寫的轉變歷程研究，針對族群重要議題進行分析與深究。由早期臺灣社會對於臺灣族群與外來族群、原漢族群、省籍不同族群間，因族群文化隔閡所造成的錯誤解讀與認知，進而因原漢族群接觸而重新定位；甚至於原漢族群的文化認知差異，將由於原漢族群文化交流而產生對話空間。最後，最重要的研究動機，即針對戰後關乎原住民族書寫的記載，由不同作家文學的文獻資料與文學詮釋中，深入文本解讀與多元作家觀點分析，比較其異同之處，探討臺灣漢族作家文學中，原住民族書寫的演變脈絡與發展歷程，釐清族群關係的歷史演變真相，企圖建構出臺灣族群文類書寫的理論架構。

二、研究方法與步驟

（一）研究方法

　　本研究的研究方法，以「質性研究法」為主，將採取「文本分析法」、「後殖民文學理論分析」相輔相成，為研究主軸的主要研究方法。由臺灣戰後漢族作家，對於原住民族書寫再現，進而探討原住民族書寫的轉變歷程與發展現況。此外，以薩依德、法農……等諸多學者的「後殖民論述」，驗證與觀照

原住民族書寫的發展脈絡。

1.「文本分析法」為主

　　本研究由於臺灣文學尚於不斷發展蓬勃的階段，質量上尚待時空的累積，由原住民族書寫的研究，使臺灣漢族作家文學可深入反映出原漢族群關係與多元族群間的族群處境與心聲。在研究過程中，針對漢族作家的原住民族書寫觀點歸納分析，針對各個時代族群作家間的原住民族書寫觀點異同，進行綜合性的比較研究，此即為族群書寫議題的未來發展趨向，與無限延伸性研究。此外，本研究即蒐羅選取漢族作家的原住民族書寫文本進行歸納比較，以建構出族群書寫的理論系統。

圖二　研究方法架構

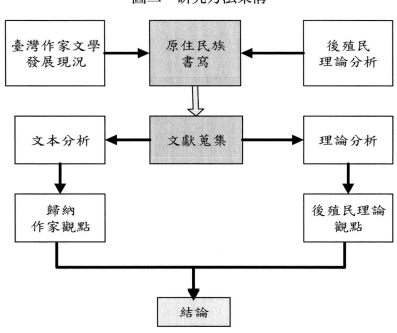

2.「後殖民理論分析」為輔

　　本研究以「文本分析法」為主要研究方法外，將以「後殖民理論」分析漢族作家文本中的原住民族書寫。由於原漢不同族群間的時代背景、生活環境與人生際遇迥異，甚至於性別、年齡、學歷……等諸多因素，均將造成原漢作家文本書寫的觀點異同。本研究所關注的研究對象為漢族作家文本外，也將以「後殖民文學理論」為輔，針對臺灣社會的原漢族群關係，蒐羅多元

族群社會架構中，原住民族發展的文獻資料，進而與漢族作家文本觀點交叉分析，以論證研究成果〔註 11〕。總之，以臺灣社會的原住民族書寫轉變歷程，此社會事實爲主要研究議題，探究其建構脈絡與過程，以理解原漢族群於多元族群社會文化下，族群接觸經驗與關係轉變現象。因此，本研究乃深具普遍性、廣泛性族群研究的深度與廣度。此外，原住民族書寫轉變歷程的具體思維分析的過程，由原住民族書寫的「文本分析法」爲主，配合族群接觸經驗的「後殖民文學理論分析」爲輔，於族群接觸經驗中，分析原住民族書寫的轉變歷程；進而以質化研究的分析型式〔註 12〕，以多元視角針對不同族群觀點進行研究，如下表一所示：

表一　研究方法

	質　　　　　　　　　　性
主題的觀點	整體的概念爲「文本分析法」——漢族作家的原住民族書寫在文本與社會環境的轉變脈絡
研究者的位置	緊密觀察臺灣漢族作家文學中，原住民族書寫轉變的社會現象與問題意識；進而解釋原住民族書寫的轉變對整體社會、原漢族群關係的意義，與社會變遷脈絡的洞識
本研究理論應用	將不同族群的作家觀感與研究者的解釋相配合，亦即應用薩依德所提出的「對位式閱讀」；再輔以「後殖民文學理論分析」進行深入論證

（二）研究步驟

　　本研究所採用的「質性研究法」，乃爲詮釋學的重要環節。首先，在本研究的研究步驟上，資料蒐集即爲研究的第一步驟〔註 13〕，故先蒐集關於臺灣

〔註 11〕社會事實的建構過程，以及人在不同的特有的文化社會脈絡下的經驗和解釋。胡幼慧、姚美華，〈一些質性方法上的思考〉，《質性研究》（臺北：巨流圖書有限公司，2002 年 10 月），頁 142。

〔註 12〕由於研究對象的性質與本質特徵或屬性、發展規律性各種認知，顯然不是對研究對象的現象表現、偶然關係等感性認識，而是由概念、判斷、推理、證明等思維形式進行系統化的思考及思辯等理性認識活動，故質化研究分析方法也就是經由系統化、理性化的方式表現出來，又正是理論分析形式。葉志誠、葉立誠，《研究方法與論文寫作》（臺北：商鼎文化出版社，1999 年 1 版 2 刷）。

〔註 13〕因爲文獻分析是提供證據的一大來源，文獻分析亦能將研究的宣稱紮根於文獻的詳盡內容此一特質上。游美惠，〈內容分析、文本分析與論述分析在社會研究的運用〉（調查研究第八期，2000 年），頁 5～42。

戰後迄解嚴前的諸多漢族作家文學文本、專家學者的研究文獻、臺灣文學與原住民文學的諸多書籍、論文、政府出版品、行政機關檔案、調查研究報告及期刊……等文本分析資料，予以詳細研整分析；此外，進行文本分析的研究基礎工作，再輔以薩依德與法農所提出的後殖民理論進行分析解讀，以釐清臺灣戰後作家文學研究的核心問題意識，進而奠定原住民族書寫研究的立論架構。

圖三　研究方法架構

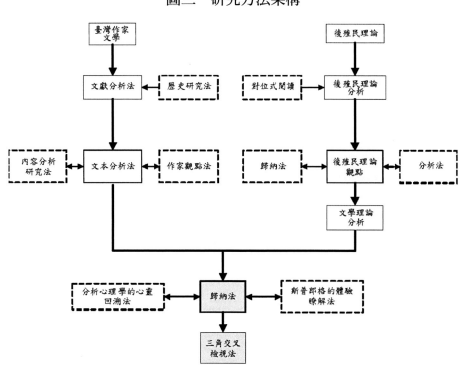

本篇論文總共分為八章，第一章緒論之「文獻分析法」，說明本論文的研究架構；與「文獻分析法」，由臺灣漢族學者與漢族官方文獻記載中，針對原住民族書寫的發展背景加以探討；第二、三、四、五、六章之「文本分析法」，即針對戰後迄解嚴前的漢族作家，對於原住民族書寫的分期論述，針對抗議精神、反殖民論述、自覺行動論述的本土訴求、回歸鄉土、多元文化……等諸多核心議題進行探討，進而建構出原住民族書寫的理論架構。第七、八章之「後殖民文學理論分析」，即就臺灣原住民族書寫的核心議題，對於諸多學者專家與作家觀點，進行深度的歸納分析，以驗證作家文本中的重

要觀點；最後，就臺灣的族群書寫進行歸納比較，進行深具深度與廣度的研究論述，即為全篇論文的結論。

本研究的第一章應用「文獻分析法」以建立研究架構與研究理論基礎，確立原住民族書寫演變過程的研究方向與定位。在第一章緒論部份，乃分析本研究的研究架構與步驟；與蒐集戰後漢族學者專家對於原住民族議題的諸多專書、研究期刊，原住民族研究專書，分析戰後迄解嚴前的臺灣文學創作背景，諸如 1971 年臺灣省政府新聞處編的《改善山胞生活》、1974 年陳國鈞的《臺灣土著社會研究》、1977 年高淵源的《臺灣高山族》、1979 年劉其偉的《臺灣土著文化藝術》、1979 年衛聚賢編撰的《蝙蝠洞考古與臺灣山胞》、1982 年李亦園的《臺灣土著民族的社會與文化》、1983 年森丑之助著，黃耀東譯的《日據時期本省山地同胞生活狀況圖集》、1987 年中國人權協會的《臺灣土著的傳統社會文化與人權現況》、1988 年陳國強、林嘉煌的《高山族文化》……等進行分析。

原住民族研究期刊，在文學背景研究層面，諸如魏志英的〈談民族文學——讀「臺灣文藝與我」有感〉、彭瑞金的〈葉石濤作品簡表〉、葉石濤的〈六十年代的臺灣鄉土文學〉、鍾肇政的〈艱困孤寂的足跡——簡述四十年代本省鄉土文學〉；在原住民族族群研究層面，諸如張明雄的〈臺北地區平埔族的興起及衰落〉、傅仰止的〈都市山胞研究的回顧與前瞻〉、黃美英的〈都市山胞與都市人類學〉、胡耐安的〈臺灣原住民分述〉、石萬壽的〈臺灣南部平埔族研究的回顧與展望〉、王人英的〈臺灣高山族的人口變遷〉；在原住民族文化研究層面，諸如邱奕松的〈日據初期臺灣山地教育之探討〉、陳勝崑的〈臺灣原住民族的生育觀〉、陳勝崑的〈臺灣原住民族的巫醫與巫術〉、鄭金德的〈賽夏族的矮靈祭〉；在原住民族政治文學文本研究層面，諸如林德政的〈霧社抗日精神的延續——評介鍾肇政著「川中島」〉、李喬的〈「寒夜」心曲〉、王詩琅的〈也談「霧社事件」的文學〉……等進行分析。再逐一分析在這段時期為數不多的原住民族研究，所探討的原住民族議題。

對於臺灣原住民族書寫的轉變歷程研究，由第二、三、四、五、六章蒐集戰後迄解嚴前：自 1945 到 1987 臺灣漢族作家文學中的論點，探討關於原住民族書寫轉變歷程的諸多族群論述，從族群接觸、族群定位與族群關係的影響，進而論述族群書寫的發展脈絡，進行原住民族書寫的相關社會議題深究。首先，第二、三章乃蒐羅鍾肇政的文學作品中，原住民族書寫議題進行

歸納分析。第二章即針對鍾肇政關於日治時期所描述的原住民族文本；第三章即針對鍾肇政關於族群、社會、政治、文化層面的諸多議題，進行歸納分析。關於鍾肇政的原住民族書寫文本，即蒐羅諸如 1973 年 9 月長篇小說《馬黑坡風雲》、1975 年《插天山之歌》、1978 年〈月夜的召喚〉、1978 年〈女人島〉、1979 年 4 月《馬利科彎英雄傳說》（長篇）、1980 年〈回山裡真好〉、1980 年〈馬拉松冠軍一等賞〉、1982 年〈獵熊的人〉、〈阿他茲與瓦麗絲〉、〈矮人之祭〉、〈蛇之妻〉、1982 年計畫著手進行〈高山三部曲〉的寫作、1983 年《高山組曲》發表，1985 年 4 月《川中島》（高山組曲第一部）（長篇）、1985 年 4 月《戰火》（高山組曲第二部）（長篇）、1985 年為寫作《卑南平原》赴臺東田野調查、1987 年《卑南平原》（長篇）……等重要著作，進行原住民族書寫的爬梳與分析。

　　第四章乃蒐羅李喬對於原住民族書寫的諸多文本進行歸納分析，諸如 1968 年的《晚晴》中，收錄〈山之戀〉、〈香茅寮〉、〈山上〉；1970 年的〈迷度山上〉；1975 年《李喬自選集》中，收錄〈蕃仔林的故事〉、〈山女〉、〈哭聲〉；1978 年〈達瑪倫・尤穆〉；1980 年《心酸記》中，收錄〈烏蛇坑野人〉、〈山河路〉（原名〈巴斯達矮考〉）；1982 年〈馬拉邦戰記〉；1986 年《告密者》；1993 年《李喬集》中，收錄〈泰姆山記〉；1999 年〈鱒魚〉……等諸多原住民族文學作品，由此歸納分析李喬對於原住民族書寫的文本觀點。

　　第五章乃蒐羅關曉榮、張深切、張大春、洪田浚、古蒙仁、官鴻志、黃小農、江上成文學作品，以文本中的原住民族書寫議題進行歸納分析。關曉榮的文本，諸如 1985 年 11 月〈百分之二的希望與奮鬥〉、〈記錄一個大規模的・靜默的・持續的民族大遷徙〉、〈范澤開——關曉榮「八尺門」報導攝影連作〉；1985 年 1 月〈船東・海蟑螂和八尺門打漁的漢子們〉；1986 年 1 月〈老邱想哭的時候〉；1986 年 2 月〈失去了中指的阿春〉；1986 年 3 月〈都是人間的面貌〉；與 1987 年 12 月〈一個蘭嶼能掩埋多少「國家機密」〉……等諸多報導文學中，真實地記載著原住民族，在現實社會中的族群困境。

　　張深切的原住民族書寫，即較為早期的文本，以 1951 年《遍地紅》的劇本，描述日治時期的霧社事件。此外，張大春的原住民族書寫所蒐羅的文本，諸如在合報副刊《公寓導遊》中的〈走路人〉，乃於 1986 年一月五日刊登於聯合報副刊；1988 年《四喜憂國》中的〈四喜憂國〉、〈最後的先知〉、〈饑餓〉……等諸多文本，乃以超現實的創作技巧再現原住民族書寫。至於洪田

浚 1994 年 8 月則在《臺灣原住民籲天錄》中，收錄諸多創作發表於 1987 年以前的原住民族族群與文化研究篇章，諸如〈原點的悸動〉、〈矮小人種與烏鬼番〉、〈巴斯達矮傳奇〉、〈深山裡的婚禮〉、〈山地桃源的陸沈〉、〈大自然的遺民〉、〈失落的蓮花〉、〈從青山綠水到燈紅酒綠〉、〈行船人的沉船曲〉、〈時代的畸零人〉、〈原住民籲天錄〉、〈原住民運動的新潮〉、〈原住民痛苦的根源〉……等諸多文本，均深刻記錄下現代原住民族的生活困境與原住民族議題。

古蒙仁文學的原住民族書寫，乃蒐羅 1978 年《黑色的部落》中，所收錄的〈一個沒有鼾聲的鼻子〉、〈幾番蘭雨話礁溪〉、〈碧岳村遺事〉、〈黑色的部落〉……等文本進行原住民族書寫的歸納分析。此外，蒐羅官鴻志 1986 年 7 月所發表的報導文學〈不孝兒英伸〉文本，見證原住民族青年湯英伸，所爆發的湯英伸社會事件。江上成同樣在 1986 年 7 月發表〈冰凍的春天——悲劇前後的一家人〉，探討湯英伸事件前後，受害者家屬在事件爆發前後的生活衝擊與變遷。至於黃小農也在 1986 年 7 月發表〈隱藏的陷阱——歧路上的職業介紹所〉，分析湯英伸事件與職業介紹所的關連，與原住民族因此所面臨的就業陷阱與困境。

第六章乃蒐羅收錄於吳錦發收錄於 1987 年《悲情的山林》、1989 年《願嫁山地郎》中的漢族作家文本，諸如吳錦發、鍾理和、胡臺麗、劉還月、葉智中、阿盛、陳其南、明立國、陳列、楊渡、李慶榮、鄭寶娟、劉春城、吳富美、林文義……等漢族作家文本進行歸納分析。首先，吳錦發《悲情的山林》中的〈燕鳴的街道〉；與《願嫁山地郎》中的〈靜靜流淌過心底的哀歌〉、〈摒棄教條，尋回人道〉……等文學均探討諸多原住民族議題。鍾理和收錄於《悲情的山林》中的〈假黎婆〉、胡臺麗收錄於《悲情的山林》中的〈吳鳳之死〉、收錄於《願嫁山地郎》中的〈願嫁山地郎〉……等文學均探討諸多原住民族議題。此外，第七章還蒐羅諸多漢族作家，收錄於《願嫁山地郎》中的文本，諸如劉還月的〈流浪的土地游牧民族〉、葉智中的〈我的朋友住佳霧〉、阿盛的〈腳印蘭嶼〉、陳其南的〈飛魚與汽車〉、明立國的〈恆春思想起〉、陳列的〈同胞〉、楊渡的〈山村筆記〉、李慶榮的〈十五人一家〉、鄭寶娟的〈與阿美們跳一個晚上〉、劉春城的〈贛孫〉、吳富美的〈我從山中來〉、林文義的〈孤獨的山地〉……等文本，均記載著諸多原住民族書寫，值得深入探討諸多重要的原住民族議題。

　　第七章：原住民族書寫的共時性與歷時性特色分析。將針對漢族作家文本的原住民族議題的章節分析，與漢族作家共時性與歷時性的綜合分析；再輔以「後殖民文學理論」，進行「原住民族書寫」之文本分析。因此，由各個漢族作家文本對於原住民描述的轉變歷程，根據其詮釋觀點分別就核心問題意識進行深究，諸如族群地位差異、族群生活與文化衝突因素與族群印象與觀感……等多元分析視角，進行綜合歸納分析比較。此外，關於族群定位差異，將分別就文化、工作、教育、社會與經濟層面……等諸多層面進行論述，經由漢族作家的文本觀點分析，印證文本中所建構出的原住民族書寫之理論架構。

　　最後，第八章則為結論，即綜合分析「文本分析法」與「後殖民文學理論分析」的研究成果，綜合文本中的原住民族書寫與後殖民理論中的族群觀點相互印證，分別由多元面向釐清臺灣原住民族書寫的發展脈絡，拓展至原住民族書寫的演繹歷程的比較研究，以進行族群理論建構，企圖建構臺灣族群書寫的發展脈絡與理論架構。最後，結論將進行研究結果的統整與省思，冀望本論文研究成果，可如實地將原住民族書寫，再現於文本分析與後殖民理論的研究成果中。

圖四　研究步驟架構

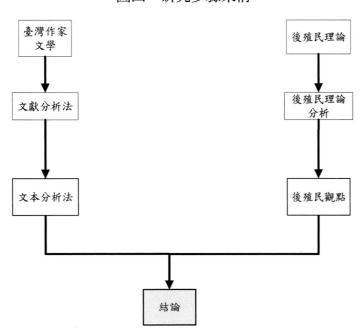

表二　研究架構之章節表

章	每章標題	章節內容
一	緒　論	說明本研究的行文架構 一、研究背景與動機 二、研究方法與步驟 三、文獻回顧 四、研究範疇與限制 五、文學背景
二	鍾肇政文學中的原住民族書寫（上）	第一節　鍾肇政文學創作觀點 第二節　日治時期下的原住民族書寫 第三節　原住民族抗日下的霧社事件 第四節　日治時期殖民下的原住民族
三	鍾肇政文學中的原住民族書寫（下）	第一節　原住民族群認同意識的演變 第二節　原住民族懷鄉意識的萌發 第三節　原住民族神話傳說的文本再現 第四節　原住民族祭典下的精神信仰 第五節　原住民族勇士精神與出草意義 第六節　原住民族婚禮與埋石為盟 第七節　原住民族文化習俗與禁忌
四	李喬文學中的原住民族書寫	第一節　李喬文學歷程 第二節　李喬的文學創作背景 第三節　日治殖民下的原住民族論述 第四節　李喬童年下的蕃仔林生活再現 第五節　原住民族形象描繪與就業處境 第六節　原住民族的懷鄉意識與困境 第七節　原住民族認群同意識與原漢愛情矛盾 第八節　原住民族傳說與祭典文化
五	關曉榮、張深切、張大春等文學中的原住民族書寫	第一節　關曉榮報導文學的原住民族 第二節　張深切霧社劇本的原住民族 第三節　張大春超現實主義下的原住民族 第四節　洪田浚報導文學的原住民族 第五節　古蒙仁部落意象中的原住民族 第六節　官鴻志、黃小農、江上成報導文學的原住民族
六	吳錦發、鍾理和、胡臺麗等文學中的原住民族書寫	第一節　吳錦發部落意象中的原住民族 第二節　鍾理和懷想中的原住民族奶奶 第三節　胡臺麗部落意象的原住民族 第四節　劉還月族群意象的原住民族 第五節　葉智中部落意象的原住民族 第六節　阿盛、陳其南、明立國、陳列、楊渡文學的原住民族 　　　　壹、阿盛蘭嶼意象中的原住民族 　　　　貳、陳其南蘭嶼文化中的原住民族

			參、明立國田野調查中的原住民族 肆、陳列族群意象中的原住民族 伍、楊渡部落意象中的原住民族
		第七節	李慶榮、鄭寶娟、劉春城、吳富美、林文義文學的原住民族 壹、李慶榮田野調查中的原住民族 貳、鄭寶娟祭典意象中的原住民族 參、劉春城懷想中的原住民族奶奶 肆、吳富美部落意象中的原住民族 伍、林文義族群意象中的原住民族
七	原住民族書寫的共時性與歷時性分析	第一節 第二節 第三節	綜論原住民書寫的發展脈絡與異同分析 漢族作家書寫的共時性與歷時性特色分析 作家文學中的原住民族書寫綜論
八	結　論		一、原住民族書寫的核心問題意識 二、漢族作家文學的綜論分析

三、文獻回顧

在臺灣文學對於原住民族書寫的研究上，近年來相關的博碩士論文著作，在各個研究領域乃呈現多元化發展；但以文學與文獻分析角度，來解讀臺灣族群書寫的學位論文，如下所述：

（一）博士論文

1. 王幼華《清代臺灣漢語文獻原住民記述研究》，即針對清代文獻中，原住民族的記載進行論述；

2. 陳國偉《解嚴以來（1987～）臺灣現代小說中的族群書寫》，則針對解嚴後的臺灣小說，進行族群書寫的論述；

3. 董恕明《邊緣主體的建構——臺灣當代原住民文學研究》，即為早期針對原住民文學進行研究的博士論文，具有指標性的意義；

4. 魏貽君《戰後臺灣原住民族的文學形成研究》，即為近年來的博論，分析臺灣原住民文學形成的發展脈絡；

5. 陳芷凡《跨界交會與文化「番」譯：海洋視域下臺灣原住民記述研究（1858～1912）》，即針對海洋文學中的原住民族描述進行研究；

6. 劉智濬《認同‧書寫‧他者：1980 年代以來漢人原住民書寫》，即以1980 年代以來漢人的原住民族書寫為研究主題。

（二）碩士論文

1. 許惠文《戰後非原住民作家的原住民書寫》，即針對非原住民作家的原

住民書寫來進行論述，但所選材的作家文本與論述觀點，仍有諸多研究空間可以深入延伸論述之；

2. 郭祐慈《當今臺灣相關原住民少年／兒童小說呈現原住民形象探討》則針對臺灣少年、兒童小說中，所呈現原住民形象進行探討；

3. 蔡政惠《原住民文學書寫中的原漢關係》則針對原住民文學中，針對原住民作家文本，深入分析原漢關係的發展歷程，以進行族群議題的觀點論述。

4. 張文智《從族類意識（ethnicity）的角度分析當代本土文學的「臺灣意識」現象》，由族類意識觀點，分析臺灣意識的現象呈現；

5. 郭慧華《鍾肇政小說中的原住民圖像書寫》，則由漢族作家鍾肇政的文學作品中，分析原住民圖像的書寫。

（三）綜論性論文

吳家君《臺灣原住民文學研究》、陳秋萍《原住民文學中的自我認同與主體重建》、李玉華《臺灣原住民文學的發展歷程與主體意識的建構》、童信智《臺灣原住民族的民族自覺脈絡研究——以原住民族文學為素材分析（1980、90 年代）》、奉君山《為什麼原住民文學？——1984 迄今奉君山——原住民文學對臺灣民族國家建構的回應與展望》、吳亭儀《論臺灣原住民的後殖民印象與臺日知識份子的原住民書寫經驗——以非原住民作家文本為中心》、張淑華《原住民與非原住民的族群認同與社會網絡之比較研究——以宜蘭地區為例》、蔡佩含《社會介入・自然寫作・歷史敘事——以臺灣原住民漢語文學為考察對象（1970～）》……等碩論，均以綜觀性的研究視角，分析原住民文學的發展脈絡與特質。

（四）作家文本分析之論文

曾意晶《族裔女作家文本中的空間經驗——以李昂、朱天心、利格拉樂・阿塢、利玉芳為例》、林奕辰《原住民女性之族群與性別書寫：阿塢書寫的敘事批評》、伊象菁《原住民文學中邊緣論述的排除與建構——以瓦歷斯・諾幹與利格拉樂・阿塢為例》、劉錦燕《後殖民的空間部落——析論瓦歷斯・諾幹「臺灣當代原住民文學」的主體建構》、趙慶華《認同與書寫——以朱天心和利格拉樂・阿塢為考察對象》、謝惠君《魯凱族作家奧威尼・卡露斯盎之研究》、李珮琪《海洋作為認同的場域——從廖鴻基及夏曼・藍波安作品探

究其認同與實踐》、陳芷凡《語言與文化翻譯的辯證——以原住民作家夏曼‧藍波安、奧威尼‧卡露斯盎、阿道‧巴辣夫爲例》、洪浩仁《經由故事敘述傳遞環境哲學：以喬瑟夫‧布魯夏克與亞榮隆‧撒可努的原住民文學作品爲例》、林叔吟《臺灣原住民山海文學之研究——以拓拔斯‧塔瑪匹瑪和夏曼‧藍波安之創作文本爲考察對象》、侯偉仁《拓拔斯‧塔瑪匹瑪（Tuobasi‧Tamapima）小說研究》、高娸毓《排灣族作家作品中的族群意識與書寫策略——以莫那能、阿塢、撒可努爲探討對象》、高麗華《排灣族作家——亞榮隆‧撒可努的作品研究》、陳瓊薇《拓拔斯‧塔瑪匹瑪作品研究》、黃勤媛《論夏曼藍波安及其作品中海洋意象》、廖婉如《祖靈的凝視：瓦歷斯‧諾幹作品研究》、吳斐甄《亞榮隆‧撒可努（Ahronglong‧Sakinu）的獵人文學研究》、簡曉惠《夏曼‧藍波安海洋文學研究》、黃雅芳《日治時期原住民菁英養成與其語文書寫——以陳實、高一生和陸森寶爲例》、黃茜蓉《霍斯陸曼‧伐伐文學作品中的倫理觀念及品格教育研究》、蘇杏如《論霍斯陸曼‧伐伐作品中的布農族文化顯影》、吳春慧《勞動與知識的辯證——夏曼‧藍波安與亞榮隆‧撒可努作品中的身體實踐與身體書寫》、杜侃倫《夏曼‧藍波安的社會實踐》、周雍容《霍斯陸曼伐伐文學與布農文化的獵人視野》、林慧玲《「番」婦之眼——里慕伊‧阿紀與利格拉樂‧阿塢的女性書寫》、施錦芬《莫那能詩作原民意識研究》、潘姵儒《帝國傳道者的殖民地原住民書寫——山部歌津子《蕃人ライサ》研究、賴思辰《津島佑子《太過野蠻的》、施叔青《風前塵埃》的原住民書寫》、蔡瓊蘭《臺灣原住民作家文學作品中的狩獵文化：以霍斯陸曼‧伐伐爲例》……等碩論，均針對作家文本的分析比較，進行研究主題式的論述。其他諸多的學位論文，則針對文學中多元層面的原住民族相關議題進行探討，或以不同地區與層面來探究族群關係與原住民族相關議題。

　　目前的族群書寫研究僅限於斷代或散論的論述，尙無論文進行戰後迄解嚴前的原住民族書寫爲研究主題，以戰後漢族作家文學中，漢族作家文本筆下的原住民族，進行觀點異同的分析比較研究，甚至建構出一套具備完整基礎架構的族群書寫理論。基本目前的研究現況，本研究將以戰後迄解嚴前臺灣漢族作家文學的原住民族書寫爲研究核心議題，冀望藉此釐清臺灣各族群間的族群書寫的多元化發展。羅列近年來臺灣文學與原住民文學中，關於原住民族書寫的相關論文，如下表所示：

表三　歷年碩博士研究論文

	年代	臺灣族群書寫相關論文
博士論文	1993	學者浦忠成教授《臺灣鄒族神話研究》
	2002	汪明輝《鄒族之民族發展———一個臺灣原住民族主體性建構的社會、空間與歷史》 王應棠《尋找家園———原住民文化工作者回歸部落中的認同轉折與家的意義》
	2002	董恕明《邊緣主體的建構———臺灣當代原住民文學研究》
	2004	王幼華《清代臺灣漢語文獻原住民記述研究》 張百蓉《高雄都會區臺灣原住民口傳故事研究》
	2005	陳國偉《解嚴以來（1987～）臺灣現代小說中的族群書寫》
	2006	魏貽君《戰後臺灣原住民族的文學形成研究》
	2010	陳芷凡《跨界交會與文化「番」譯：海洋視域下臺灣原住民記述研究（1858～1912）》 劉智濬《認同・書寫・他者：1980 年代以來漢人原住民書寫》
碩士論文	1986	吳家君《臺灣原住民文學研究》
	1987	魏貽君《另一個世界的來臨———原住民運動的理論實踐》 游勝冠《臺灣文學本土論的興起與發展》 張隆志《族群關係與鄉村臺灣———一個清代臺灣平埔族群史的重建和理解》
	1989	陳瑞芸《族群關係、族群認同對臺灣原住民基本政策》 張文智《從族類意識（ethnicity）的角度分析當代本土文學的「臺灣意識」現象》
	1993	曾士榮《戰後臺灣之文化重編與族群關係———兼以「臺灣大學」為討論例案（一九四五～五〇）》 陳仁勇《族群關係與政治平等之研究》 劉慧真《清代苗栗地區之族群關係》
	1995	范瑞珍《清代臺灣竹塹地區客家人墾拓研究———以族群關係與產業發展兩層面為中心所做的探討》
	1996	吳家君《臺灣原住民文學研究》
	1997	魏貽君《另一個世界的來臨———原住民運動的理論實踐》 蔡光慧《排灣原住民部落社會的建立與族群關係（1630～1894）》 江美瑤《日治時代以來臺灣東部民移民與族群關係———以關山、鹿野地區為例》
	1998	張哲民《臺灣原住民的解放———過／與神學反省》 曾意晶《族裔女作家文本中的空間經驗———以李昂、朱天心、利格拉樂・阿𡠹、利玉芳為例》
	1999	郭祐慈《當今臺灣相關原住民少年／兒童小說呈現原住民形象探討》

2000	林秀梅《臺灣原住民報導文學作品研究》 林奕辰《原住民女性之族群與性別書寫：阿塢書寫的敘事批評》 黃玉蘭《神話與兒童文學——以原住民兒童文學為例》 翁振宙《臺灣族群關係與法律社會化之研究》
2001	呂慧珍《九〇年代臺灣原住民小說研究》 伊象菁《原住民文學中邊緣論述的排除與建構——以瓦歷斯・諾幹與利格拉樂・阿塢為例》
2002	陳秋萍《原住民文學中的自我認同與主體重建》 呂慧珍在《九十年代臺灣原住民小說研究》 劉錦燕《後殖民的空間部落——析論瓦歷斯・諾幹「臺灣當代原住民文學」的主體建構》 葉神保《排灣族 caqovoqovolj（內文）社群遷徙與族群關係的探討》 許凱雯《堪卡那福部落布農族之族群關係》
2003	郭慧華《鍾肇政小說中的原住民圖像書寫》 陳震《原住民報導文學與原住民運動之聯繫——從公眾行動的角度探討報導文學的社會功能》 趙慶華《認同與書寫——以朱天心和利格拉樂・阿塢為考察對象》
2004	陳明珍《析論原住民飲酒文化與其文學的關係》 謝惠君《魯凱族作家奧威尼・卡露斯盎之研究》 林瓊玉《從口傳到創作——試論原住民的生命之樹》 李珮琪《海洋作為認同的場域——從廖鴻基及夏曼・藍波安作品探究其認同與實踐》 簡明捷《族群、歷史與邊界——恆春群阿美族人的遷移與認同》
2005	李玉華《臺灣原住民文學的發展歷程與主體意識的建構》 陳芷凡《語言與文化翻譯的辯證——以原住民作家夏曼・藍波安、奧威尼・卡露斯盎、阿道・巴辣夫為例》 許家真《口傳文學的翻譯、改寫與應用：以布農族為觀察對象》 林逢森《臺灣原住民小說中的神話傳說與祖靈信仰》 洪浩仁《經由故事敘述傳遞環境哲學：以喬瑟夫・布魯夏克與亞榮隆・撒可努的原住民文學作品為例》 馬昀甄《昨日今昔——女性原住民社運者的生命展演與身分認同》 邱苡芳《花蓮地區之族群分佈及族群關係——晚清迄日治時期》
2006	蔡政惠《原住民文學書寫中的原漢關係》 林叔吟《臺灣原住民山海文學之研究——以拓拔斯・塔瑪匹瑪和夏曼・藍波安之創作文本為考察對象》 侯偉仁《拓拔斯・塔瑪匹瑪（Tuobasi・Tamapima）小說研究》 徐時福《臺灣原住民小說的都市書寫》 高娸毓《排灣族作家作品中的族群意識與書寫策略——以莫那能、阿塢、撒可努為探討對象》 高麗華《排灣族作家——亞榮隆・撒可努的作品研究》 陳瓊薇《拓拔斯・塔瑪匹瑪作品研究》 童信智《臺灣原住民族的民族自覺脈絡研究——以原住民族文學為素材分析（1980、90 年代）》黃勤媛《論夏曼藍波安及其作品中海洋意象》 廖婉如《祖靈的凝視：瓦歷斯・諾幹作品研究》

2007	許惠文《戰後非原住民作家的原住民書寫》 吳斐甄《亞榮隆・撒可努（Ahronglong・Sakinu）的獵人文學研究》 張雅茹《當代布農作家文學所見的神話實踐》 陳淑娟《臺灣原住民族文學中的「兒童」》 簡曉惠《夏曼・藍波安海洋文學研究》
2008	余友良《空間、文化、情感——臺灣當代原住民文學中的原鄉書寫》 周佐明《山海文學獎原住民女性代表作家及其作品研究》 黃雅芳《日治時期原住民菁英養成與其語文書寫——以陳實、高一生和陸森寶爲例》 賴桂如《美麗的達戈文：臺灣原住民漢語文學中族語運用之研究》 黃茜蓉《霍斯陸曼・伐伐文學作品中的倫理觀念及品格教育研究》 蘇杏如《論霍斯陸曼・伐伐作品中的布農族文化顯影》
2009	吳春慧《勞動與知識的辯證——夏曼・藍波安與亞榮隆.撒可努作品中的身體實踐與身體書寫》 杜侃倫《夏曼・藍波安的社會實踐》 周雍容《霍斯陸曼伐伐文學與布農文化的獵人視野》 林慧玲《「番」婦之眼——里慕伊・阿紀與利格拉樂・阿塢的女性書寫》 奉君山《爲什麽原住民文學？——1984迄今奉君山——原住民文學對臺灣民族國家建構的回應與展望》 邵玉明《臺灣「社」制度下原住民的社會研究》 施錦芬《莫那能詩作原民意識研究》 徐國明《原住民性、文化性與文學性的辯證——《山海文化》雙月刊與臺灣原住民文學脈絡》 許雅筑《水上往還——論戰後達悟首批遷移世代作家 Syaman Rapongan、Syaman Vengayen、Sin Jiayouli 的書寫》 陳翠屏《原住民報導文學中的主體建構》
2010	吳亭儀《論臺灣原住民的後殖民印象與臺日知識份子的原住民書寫經驗——以非原住民作家文本爲中心》 張淑華《原住民與非原住民的族群認同與社會網絡之比較研究——以宜蘭地區爲例》 潘姵儒《帝國傳道者的殖民地原住民書寫——山部歌津子《蕃人ライサ》研究》
2012	蔡佩含《社會介入・自然寫作・歷史敘事——以臺灣原住民漢語文學爲考察對象（1970～）》
2013	賴思辰《津島佑子《太過野蠻的》、施叔青《風前塵埃》的原住民書寫》 蔡瓊蘭《臺灣原住民作家文學作品中的狩獵文化：以霍斯陸曼・伐伐爲例》

四、研究範疇與限制

（一）研究範疇

　　本研究的研究範疇，乃針對戰後迄解嚴前臺灣漢族作家文學中，原住民族書寫爲研究主軸；亦即以臺灣漢族作家文學中的重要經典文本，誠如鐘肇政、李喬、關曉榮、張深切、張大春、洪田浚、古蒙仁、官鴻志、黃小農、

江上成、吳錦發、鍾理和、胡臺麗、劉還月、葉智中、阿盛、陳其南、明立國、陳列、楊渡、李慶榮、鄭寶娟、劉春城、吳富美、林文義……等諸多漢族作家文本中，進行原住民族書寫創作觀點的爬梳，進而加以歸納分析與論述。

首先，將就臺灣漢族作家文學中，原住民族書寫進行探述；再藉由漢族作家的族群書寫，以釐清臺灣族群關係的問題意識，使各個族群間可透過文本的對話空間，增進族群理解以消弭族群隔閡，進而促進多元族群和諧共處的境界。因為臺灣社會的多元族群，各自建構族群特有的「族群意識」與族群文化，誠如閩南、客家、外省、原住民族群，憑藉著母語與歷史經驗，透過同質的歷史、生活經驗與時空，以確立文化主體性；進而思考自我族群的存在意義與命運共同體的思維意識，產生獨特的族群文化特質書寫。

本研究立基於整體歷史經驗與社會變遷的場域，觀察各族群在面對不同族群之際，所產生的族群意識，各自形成不同的族群體系，故分別於本研究的第三、四、五、六、七章中，由不同族群主體出發，透過原住民族書寫中，歷史情境的重建與族群意識的再現；藉由文本分析與詮釋，將作家隱藏在文本中的族群描述符碼，進行多元化的轉譯與歸納分析，呈現出臺灣漢族作家文學中，對於原住民族群的理解、建構、想像與反思，透過不同書寫典範的建立，以確立原住民族書寫的文本風格與理論架構。

（二）研究限制

本研究的研究限制與研究方法，乃藉由臺灣文學中的族群書寫進行驗證，促使臺灣的原住民族書寫，得以增進論述的深度與廣度。但本研究基於臺灣文學與原住民文學於多元文學洪河中，仍不斷地推移遞進，故僅能就目前臺灣文學中，戰後迄解嚴前的漢族作家的原住民族書寫觀點，進行理論架構的論述；往後針對細部的原住民族書寫，甚至與國際間的原住民族書寫，進行國際性的分析研究，尚待博士後研究，繼續深入原住民族群相關議題的研究論述。若有不盡完善之處，尚待其他先進補正缺漏。

本研究以漢族作家的觀點，進行比較研究與探述。基於臺灣多元族群並存的社會景況，原住民族書寫為複雜多變，非單一因素可架構而成的族群書寫，也並非單純的原漢族群作家書寫，即可完全理解臺灣的族群關係。但面對多元族群的臺灣社會，將以原漢二元架構的文學研究為基礎，以理解原住民族在臺灣作家文學的定位與影響，此為研究臺灣族群書寫的必經過程與必

要的研究步驟。唯有先行釐清臺灣作家文學的原住民族群書寫，方可進一步
深入臺灣多元化的族群書寫研究。

五、文學背景

　　本研究以戰後臺灣作家文學中的原住民族書寫為範疇，即針對戰後迄解
嚴前的文本為主軸，深入分析原住民族書寫在此時期的重要問題意識。因
此，在深入文本分析前，即先論述此一時期的文學創作背景為何？在此一時
期原住民族部落發展的境況為何？乃有助於此研究議題的核心問題意識分
析。戰後迄解嚴前，亦即 1945 年迄 1987 年期間，戰後諸多政治、社會、經
濟、族群、文學、文化……等諸多層面的發展，均會影響文本創作議題的
論述。

　　在戰後迄解嚴前時期，臺灣社會諸多社會事件的爆發，均激盪出原住民
族書寫的變遷。在 1945 年迄 1970 年間，「白色恐怖事件」的爆發，影響漢族
社會的改變；相較之下，對於原住民族所存在的刻板印象乃隨之產生變遷。
直至 1970 年「本土化運動」的興起，諸多族群均逐漸產生自我族群認同的自
覺意識覺醒。因此，隨著原住民族自我族群認同意識的萌發，「原住民族運
動」乃隨之興起，原住民族「還我土地運動」與「還我姓名運動」所激盪出
一連串的族群自覺意識的覺醒，乃使得「原住民族文學」應運而生，諸多原
住民族作家乃彷彿雨後春筍般地崛起，使得「原住民族文學」在此時期，乃
成為質量俱佳的文類。

　　綜觀戰後迄解嚴前時期的原住民族政策，乃以現代化為施政主軸，根據
學者高德義的分析，乃可分為五個階段：「一、中國化時期：1945 年至 1950
年；二、一般化時期：1951 年至 1962 年；三、山地平地化時期：1963 年至
1972 年；四、社會融合時期：1973 年至 1987 年；五、社會發展時期：1988
年至 1997 年。」〔註14〕在 1977 年所成立的「省政府山胞民政局」的設立，
均影響著原住民族政策的推行。但在 1984 年學者李亦園曾提出，「山地平地
化」政策，儼然即為同化政策的再現。因此，原住民族政策的制定與推動，
乃深刻地影響著原住民族書寫的變遷與發展脈絡。

　　自戰後戒嚴時期，1945 年國民政府遷臺以來，「傳統漢文學」與 1950 年

〔註14〕高德義，〈臺灣原住民的政治建設與政治議題〉，洪泉湖編，《兩岸少數民族問
　　　　題》（臺北：文史哲出版，1996 年），頁 122～125。

代「反共文學」一直爲臺灣文壇的主流,「懷鄉文學」、「三三文學」、「眷村教會文學」逐漸產生。1960 年代中期,「西化現代主義文學」、「存在主義文學」、「超現實主義文學」與「寫實主義文學」逐漸在臺灣出現。直至 1970 年代,寫實主義乃逐漸滲入「鄉土文學」中,與當時文壇主流的「現代主義」相互抗衡;「原住民文學」乃在此時期逐漸應運而生,產生所謂的「原住民族作家文學」,與原有的「原住民族口傳文學」,共同豐富「原住民文學」的範疇。

此外,在 1977 年至 1978 年的「臺灣鄉土文學論戰」,乃由 1970 年代初期爲始,探討關於臺灣文學創作趨向與發展,論戰中乃深刻探討臺灣文學本質,是否應著眼於臺灣現實社會的發展現況,此文學論戰的討論高潮乃於 1977 年 4 月至 1978 年 1 月間,此即稱之爲「鄉土文學論戰」。鄉土文學論戰表面上乃爲現代主義與鄉土文學之爭,實際上即爲官方意識型態與反官方意識型態的衝突。但在 1979「美麗島事件」發生後,鄉土文學中所強調「臺灣主體性」之論乃暫時銷聲匿跡。此後,隨著黨外運動興起,鄉土文學論戰乃演變成 1983 年至 1984 年的「臺灣意識論戰」。此外,「大河文學」、「旅行文學」乃逐漸產生。爾後,在解嚴前後,「政治文學」、「女性文學」、「勵志文學」、「網路文學」、「同志文學」……等諸多文學,乃逐漸在臺灣文壇中,呈現多元化的發展;「原住民文學」蓬勃地發展著。在 1987 年解嚴後,整體臺灣放會的自由開放風潮,同時席捲了原住民族書寫的多元化發展。接著,即由臺灣文學發展與原住民族政策的分析視角,探討原住民族書寫在戰後迄解嚴前時期的時代背景下,將如何地變遷?

首先,光復之初,山地原住民部落乃處於一個落後與文明未開的部落;因此,分析山地部落文化進步緩慢之因素,即長期處於外來政權的治理,均將原住民族視爲異族而任其自生自滅,或因交通不便而建設不易,造成山地部落社會的現代化速度遲緩。在臺灣光復後,國民政府遷臺,「民國三十四年,臺灣重歸社國懷抱,政府面臨的乃是一個在警察統治下,長期閉塞,文化落後、生活艱困、飽受歧視的山地社會。」〔註 15〕根據漢族學者高淵源的分析可知,原住民傳統部落社會的文明開化會如此緩慢,乃由於歷代以來的山地隔離政策所致,「山地社會落後,過去三百餘年採取隔離的特殊行政行爲

〔註 15〕高淵源,〈歷代山地政策〉,《臺灣高山族》(臺北:香草山出版社,1977 年 2 月 15 日),頁 241。

其重要原因之一。」〔註 16〕若欲改善原住民族山地部落的文明開化，尚待原住民族山地部落建設的發展。國民政府乃認為由於特殊的山地隔離政策，將會嚴重地危害著山地部落的文明發展，「本省光復後，政府鑒於特殊行政狀態，嚴重妨害山地社會的進步，尤其違反三民主義種族平等的原則，必須底變革，建立適合山地需要的新制度，方能改善山胞生活促進山地社會進步奠立良好的基礎。」〔註 17〕根據三民主義的族群平等原則，即訂定一連串全新的山地政策，以改善山地原住民部落社會的文明發展與生活水準。

國民政府對於原住民族的治理，即基於三民主義的族群平等原則，積極地進行保護扶植政策，「從教育、衛生、經濟、建設等各方面著重予以積極的輔導和扶助，期大幅度改善山地同胞的日常生活，增進其福利，因而近年來全省山地同胞生活水準日漸提高，已獲得顯著的成效。」〔註 18〕因此，在漢族中心主義下，原住民族仍尚未擁有族群自主權。此外，當臺灣光復不久，山地部落尚待改善之際，「在三民主義扶助弱小民族的基本國策下，如何重建山地，予山胞以有力的保護與扶植，以改善其生活，提高其地住，乃為主要課程。」〔註 19〕因此，「方針既定，首先採取的措施。建立山地鄉正常行政體制和國民學校，給予山胞完全的公民權利，指導山胞改進農業技術，獎勵農業增產，實施免費醫療。」〔註 20〕國民政府即訂定諸多山地政策，以改善山地部落的原住民族經濟生活。

歷代政權對於原住民部落的行政，即以教化與經濟培植為主，並劃定原漢界線。直至光復後的山地政策，即依照山地部落實際所需而因地制宜，「至於歷代所採取的措施，大多教化與授產兼行，如傳授山胞生產技術，劃定山胞用地，對於平地人與山胞交易施予管制或監督，對於平地人進入山區居住地區實施管制，或舉辦教育等等。本省光復後，亦基於山地實際需要，採取若干特殊的措施，如山地保留地制度，入山管制，交易管理等，與歷代措施有其淵源。但在做法與目的上，都已有了相當修正。」〔註 21〕關於原漢族群

〔註 16〕高淵源，〈歷代山地政策〉，《臺灣高山族》（1977 年 2 月 15 日），頁 234。

〔註 17〕高淵源，〈歷代山地政策〉，《臺灣高山族》（1977 年 2 月 15 日），頁 234。

〔註 18〕森丑之助著，黃耀東譯，〈序〉，《日據時期本省山地同胞生活狀況圖集》（臺北：臺灣省文獻委員會，1983 年 6 月），頁 1。

〔註 19〕高淵源，〈歷代山地政策〉，《臺灣高山族》（1977 年 2 月 15 日），頁 241。

〔註 20〕高淵源，〈歷代山地政策〉，《臺灣高山族》（1977 年 2 月 15 日），頁 241。

〔註 21〕臺灣省政府新聞處編，〈山地政策〉，《改善山胞生活》（臺北：臺灣省政府印刷廠，1971 年 10 月），頁 40。

人口上懸殊比例，所造成的原住民族弱勢處境，原住民族山地政策即基於「土著及部落人口公約」精神〔註22〕，為原住民族爭取社會資源的輔導與扶植，以保障其權利義務與公平競爭能力，進而追求原漢族群間的族群平等關係，方可真正地改善原住民族的生活困境。

山地原住民部落在國民政府積極地保護與輔導下，「本省山地同胞在我政府周詳的保護政策下，已經有三十六年，由於政府周密策劃，正確的輔導，再加各級山地行政人員孜孜不休，保定任勞任怨的精神負責努力的宣導，更由於全體山地同胞的自覺與奮鬥，無論在政治、教育、文化、經濟、社會和觀念的改變，各方面均有驚人的成就，而平穩地步入現代化的文明社會。」〔註23〕此即為當時學者經常提及的歌功頌德之論。原住民山地部落社會變遷與改善，均被當時的研究學者歸功於山地政策的實施，使得原住民生活獲得大幅的改善與現代化。

若就實際層面而言，在光復後原住民族與外來族群的族群接觸，乃使原住民文化產生顯著的文化變遷，「高山族社會真正因外來文化引起較基礎性的變遷是在民國50年前後。」〔註24〕但關於原住民族政策的制定，若可考量到原漢族群接觸時，所產生的族群關係，與原住民族的族群適應議題，將可使得原住民族權利義務的制定更加適切。當原住民族山地政策的落實之際，「但是由於土著文化與漢文化的差異，他們對於大社會所提供的社會資源（包括上述的各種輔導機構及文化教育設施）以及人際關係的運用較不熟悉，因而對現有的輔導資源未能有效的利用。」〔註25〕因此，在落實山地政策時，必定要考量到原漢族群文化差異，進而適切地輔導原住民族妥善地運用社會資

〔註22〕基於此事實以及「土著及部落人口公約」之精神，我們主張：（一）如果訂定取得社會性資源的規定，並不考慮同是身為競爭者的弱群之性質，則政府應有適當保護及扶植之必要。（二）即使考慮了少數族群的存在，但若其尚未具有與優勢群同等競爭之能力（此點有待實際的資料以證實），則政府仍應加以保護、扶植。如果不能如此，則無異於優、弱勢群對於權利享有的機會是不均等的。劉斌雄、石磊，〈第一章前言〉，《臺灣土著的傳統社會文化與人權現況》（臺北：大佳出版社，1987年6月15日），頁14。

〔註23〕森丑之助著，黃耀東譯，〈序〉，《日據時期本省山地同胞生活狀況圖集》（1983年6月），（1983年6月），頁1。

〔註24〕李亦園，〈都市中高山族的現代化適應〉，《臺灣土著民族的社會與文化》（臺北：聯經出版社，1982年），頁397。

〔註25〕劉斌雄、石磊，〈第八章總結與綜合建議〉，《臺灣土著的傳統社會文化與人權現況》（1987年6月15日），頁285。

源與人際關係，以提升生活效率。

　　根據臺灣憲法中對於邊疆地區的諸多法令，即同樣可落實於山地原住民部落；諸多山地政策的主要施政重點，即爲保障原住民族權利義務、扶植其有機會進行地方自治，進而改善諸多山地部落的社會議題。在漢族學者劉斌雄、石磊的觀點中，乃認爲原住民族應享有憲法中，對於原住民族的諸多權利保障。縱然如此，但實際上面對原漢人口比例懸殊的現象可知，原住民族即成爲所謂的弱勢族群，在族群生活基礎與生活資源分配上，均無法與相對多數族群的漢族公平競爭。

　　因此，關於原住民族生活的改善與進步，需配合經濟發展層面共同進行外；漢族官方文獻記載，甚至於認爲平地原住民的生活品質，乃落後於山地原住民，而亟待改善。因此，「山胞生活改進工作，必須與經濟發展配合推行，在前面的分析之可看出平地山胞的生活情形較山地山胞爲差，今後應予加強改善。」〔註 26〕但此番說法乃隨著時間推移而有所變遷。此外，漢族官方政府乃針對山地原住民部落開發的主要目標，諸如，「1.提高山胞的經濟生產志趣與能力。2.增加其經濟收入、文化成就。3.改善其全部生活或生活之各方面得到。」〔註 27〕由此提出相關的建議。

　　根據諸多漢族學者研究與漢族官方文獻記載可知，若要改善原住民族的生活困境，即要先提高其經濟收入，以改善其經濟困境，並增進其族群文化成就；再針對山地部落生活的諸多層面，進行整體性的生活水準改善與提升，方可眞正落實山地政策的施政成效，以有效地改善原住民族的生活困境。但在思考如何改善原住民族生活困境之際，倘若能兼顧到原住民的心理調適與社會適應議題，或許方能眞正地改善原住民族的族群困境。

　　原住民族政策的制定，必具有其特殊考量之處，「政府所做的任何規定若不能考慮少數族群的特殊性，並且具體擬定扶植之方案，則顯然將使族群無法在一公正、均等的立足點上與優勢群競爭。」〔註 28〕因此，在原住民族的山地政策制定上，必定要事先考量到山地部落中，原住民的社會適

〔註 26〕臺灣省政府新聞處編，〈山地施政成果與今後展望〉，《改善山胞生活》（1971年 10 月），頁 197。

〔註 27〕臺灣省政府新聞處編，〈山地施政成果與今後展望〉，《改善山胞生活》（1971年 10 月），頁 197。

〔註 28〕劉斌雄、石磊，〈第一章前言〉，《臺灣土著的傳統社會文化與人權現況》（1987年 6 月 15 日），頁 14。

應、族群認同……等諸多層面的通盤規劃。不僅臺灣原住民族政策，採取保護與扶植的政策制定原則外；國際間的其他國家，對於少數弱勢民族同樣採取優惠保護措施，使原住民族均可享受到族群平等的基本原則。縱然不同國家的少數弱勢族群的發展背景迥異，但追求族群平等的基本希冀乃無二致。

　　一九四八年之世界人權宣言與國際人權公約，「人類生而自由，在尊嚴及權利上均各平等，而不應因種族、膚色、性別、語言……等差異而受歧視，此項原則不僅為人類謳歌之共同理想，亦為歷經一九四八年之世界人權宣言及其後有關之國際人權公約所明載。」〔註 29〕此即諸多少數民族相關政策訂定所追求的重要目標。因此，不僅在臺灣憲法中對於山地政策的制定，基於族群平等原則去保障原住民族的權利；甚至於在國際間對於少數民族的族群平等保障均有明文規範，對於少數民族議題均有所關注與重視。此外，在國際間的少數民族與多數民族共處的社會中，「環顧世界各地，少數族群納入大社會是不可避免的趨勢，而且在適應現代生活過程中，會面臨種種的問題。」〔註 30〕反觀臺灣原住民族，同樣面臨到融入多數漢族社會，而產生的種種適應問題。在觀察原住民族與外來族群接觸後，所產生的社會適應議題乃亟待關注，「在新環境適應過程中不可忽視的一環，反映出少數民族與大社會互動的另一個層面的現象。」〔註 31〕因此，在探討原住民族的社會適應困境與族群衝擊之際，即需協助原住民族，改善在以漢族為主流的社會適應困境。

　　此外，在光復後的國民政府時期，原住民族終於有機會可參與政治，因國民政府「鼓勵山胞同胞參加地方自治建設，並啓用山地優秀人才，從事實際行政工作。」〔註 32〕對於原住民族而言，此即為原住民族參政權的重要變革。在山地政策的制訂時，仍考量到原住民族的參政權，由此加強原住民族的政治意識，保障其政治權益，使原住民族有機會可為族人爭取相關的權利

〔註 29〕杭立武，〈序〉，《臺灣土著的傳統社會文化與人權現況》（1987 年 6 月 15 日），頁 5。
〔註 30〕劉斌雄、石磊，〈第一章前言〉，《臺灣土著的傳統社會文化與人權現況》（1987 年 6 月 15 日），頁 2。
〔註 31〕黃美英，〈第七章臺灣土著移民的都市適應與人權現況〉，《臺灣土著的傳統社會文化與人權現況》（1987 年 6 月 15 日），頁 231。
〔註 32〕臺灣省政府新聞處編，〈山地政策〉，《改善山胞生活》（1971 年 10 月），頁 35。

義務，「輔導平地山胞參政：為加強平地山胞政治意識，保障其政治權益，除對省、縣各級民意代表選舉，繼續設置平地山胞保障名額外，平地山胞省議員亦由原來一人增為二人，除了有平地山胞之鄉鎮市民代表選舉，亦有保障措施，藉以保障其權益，輔導其參政。」〔註 33〕直至現今為止，原住民族在參政權上，仍保有屬於原住民族的參政保障名額，使原住民族的族群自治與參政機會受到保障。但原住民族權利義務的法制化，仍於原住民族委員會的成立後，方有更多發聲的機會。

原住民省議員華加志認為在過去原住民族，不具參政的族群平等權，甚至於連爭取成為公務人員的工作機會均無，更何況是參與政治。但所幸有賴於漢族政府的族群平等政策，扶植原住民族的參政機會，使得原住民族同樣享有公平的參政權，「山胞所受的不平等待遇，當時山胞連參與公務人員的機會都沒有，那談得上參政的機會呢？但是俗云『十年風水輪流轉』，感謝政府的拯救，本省光復後，政府基於三民主義種族平等的基本國策下，不但給予生活、教育等扶殖，更積極的輔導山胞參政，務期達到真正的參政機會均等為目的。」〔註 34〕此番言論即傳達原住民族的感激之情。由於漢族政府的德政，提供原住民從政機會，使得原住民族終於擁有參政發聲的機會。此即為族群平等口號的真正落實機會之一，也使得原住民族甚為感激。但反觀原住民族的生活中，實際所遇到的族群議題，可知仍諸多層面的族群平等，尚待爭取與改善。

關於原住民族漢化教育，直至光復後的國民政府時期，根據漢族學者高淵源地記載，乃收錄原住民省議員華加志所發表的一篇言論，對於山地生活與山地政策，乃歌功頌德一番。由此證明當時原住民已有參政的機會，方有機會為原住民同胞發聲；同時卻也成為漢族施政成果的發聲機，「本文作者華加志先生是臺灣省屏東縣泰武鄉人（排灣族），國立師範大學畢業，曾任立屏東高級農業職業學校教師，國防部三民主義巡迴教官，臺灣省山地文化工作隊隊長，走遍全省各山地鄉數次。現任臺灣省議會議員，誠是一位最優秀的山胞傑出人才，也是最瞭解各族山胞生活狀況的人。他身為民眾政府間的橋樑，在議會中多次提出有關建設山地，輔導山胞的議案都被政府重視採納，

〔註33〕臺灣省政府新聞處編，〈平地山胞之輔導〉，《改善山胞生活》（1971 年 10 月），頁 166。

〔註34〕華加志，〈光復後山地政策之回顧・緒言〉，《臺灣高山族》（1977 年 2 月 15 日），頁 266。

爲桑梓造福甚多。」〔註35〕原住民省議員華加志，對於山地部落社會的建設與進步，均歸功於國民政府山地政策的施政恩澤。因此，論及諸多對於國民政府的歌功頌德言論，「自我中華民國經八年對日抗戰獲得最後勝利，本省重回祖國的懷抱，迄今已三十年。三十年來，我們山地同胞，在三民主義的光輝照耀下，享受政府綿綿的德澤。」〔註36〕華加志進而闡述原住民族，爲此深深感受到漢族政府的德政。

　　華加志以自身的山地部落生活背景爲例，「就筆者而言，生於荒山僻野，而且自幼失怙恃，若無政府的德澤滋養，刻意的扶植，又怎能全靠自己的力量衝破種種困難，而終於完成了大專教育，立足於社會之間呢？」〔註37〕此種歌功頌德之論，在當時漢族學者與官方研究文獻中，乃時有所聞。當時乃適逢光復後屆滿三十年，回顧國民政府對於原住民族的德政，甚至於擁戴著政府的聲譽，歌功頌德之意乃十分強烈，「因此於欣逢本省光復三十週年的偉大日子裡，在回顧與前瞻下，把三十年來山胞在政府的正確領導下將生活改善、教育文化、經濟建設等的進步過程，逐一剖析，讓讀者能夠瞭解政府扶植山地同胞，優待山地同胞的目的，同時也可以從中瞭解我山地同胞的心聲竭盡忠貞。擁護我們仁德、民主的政府。」〔註38〕華加志將國民政府對於山地原住民部落的生活改善與影響，鉅細靡遺地以文字，表達出原住民族對於政府的感激之情，感謝山地政策的落實。但對於原住民族所遭遇到的族群不平等待遇與種族歧視之精神壓迫，卻置而不論。

　　華加志深入描述在光復之初，山地部落原住民，即過著傳統的部落生活，「我們一天三餐以粟米、甘薯、芋頭爲主食，野菜生薑爲菜肴，間有狩獵所獲之獸肉補營養。飲食習以圍踞，手抓食爲慣常之事，嗜酒如命，衣著僅重慶典節日禮服的裝飾，經常服的禦寒，保護作用，裸露身體不以爲恥。」〔註39〕在山地原住民部落中，住所均以天然材料建造，結構簡單粗陋、內部

〔註35〕華加志，〈光復後山地政策之回顧·緒言〉，《臺灣高山族》（1977 年 2 月 15 日），頁 275。

〔註36〕華加志，〈光復後山地政策之回顧·緒言〉，《臺灣高山族》（1977 年 2 月 15 日），頁 254。

〔註37〕華加志，〈光復後山地政策之回顧·緒言〉，《臺灣高山族》（1977 年 2 月 15 日），頁 254。

〔註38〕華加志，〈光復後山地政策之回顧·緒言〉，《臺灣高山族》（1977 年 2 月 15 日），頁 254。

〔註39〕華加志，〈光復後山地政策之回顧·緒言〉，《臺灣高山族》（1977 年 2 月 15

更是家徒四壁。但烹煮仍在屋內進行，成為不甚衛生的陋習。關於山地部落
的生產方式，即以傳統的農耕與狩獵為主，「至於生產方式，尤為落後，耕作
多用輪耕燒墾，不知定耕、施肥、灌溉，因之生產量甚低，終年辛勞尚不不
足溫飽。男子大多從事狩獵，而讓女子從事耕作，負荷甚重。」〔註40〕但此
維生之計經常使族人難以溫飽。因此，華加志藉此發聲的機會，將山地原住
民的生活困境加以呈現，傳達原住民部落經濟乃尚待改善。

華加志認為山地原住民部落，為文明落後的象徵；甚至認為有賴漢族
政府的山地政策扶植，方可改善山地部落生活，進而提升原住民族的社會
地位。因此，對於先總統　蔣公的德政，即大大地歌功頌德一番，「光復後總
統　蔣公來臺，鑒於我山胞生活的落後，不能任其自然演進，非以特殊行政
措施力量，加以輔導，難奏膚功，因我賢能的政府第一步對山地的德政，是
保護山胞權益，扶植山胞進步，一方面提高山胞地位，喚起其因日人迫害而
失去之自尊。另一方面，以大量撥購日用品，分發貧窮山胞，以調節民生所
需。」〔註41〕華加志認為山地政策的推行，諸如「山地人民生活改進辦法」，
即使得原住民有機會自立更生、自食其力地改善經濟生活，進而脫離落後與
文明未開化的族群象徵；但實際上，山地政策的具體內容，乃為諸多層面的
漢化政策推行。

華加志認為山地政策的輔導與改善，乃提升山地部落的生活水準；甚至
於將山地部落社會建設成為現代化社會，使得傳統部落社會有顯著的進步，
此乃歸功於山地政策的成功推行；甚至於可針對食衣住行……等諸多層面，
逐一舉例證實，「承三十年來，政府各級工作人員努力輔導改進，我山胞通力
合作下，在衣著方面：不但能每天日換洗，已普遍合乎整潔樸素的要求，而
且已能自縫簡單的衣服。在飲食方面：漸能注意營養衛生，糾正暴飲、暴
食、酗酒等不良習慣，大多數家庭，以能循著國民生活禮儀規範去實踐現代
國民生活。」〔註42〕此外，華加志還極力讚頌山地居住政策的諸多福利，諸

日），頁 255。
〔註40〕華加志，〈光復後山地政策之回顧·緒言〉，《臺灣高山族》（1977 年 2 月 15
日），頁 255。
〔註41〕華加志，〈光復後山地政策之回顧·緒言〉，《臺灣高山族》（1977 年 2 月 15
日），頁 256。
〔註42〕華加志，〈光復後山地政策之回顧·緒言〉，《臺灣高山族》（1977 年 2 月 15
日），頁 256～257。

如「在居住方面：由於政府實施許多的福利措施，扶助遷村，補助建設標準社區，近年來更予住宅貸款的優待，現代的山地社區普遍適合鄉村農戶的需要，並講究環境衛生，水泥磚造，現代化設備的住宅，處處林立，且水電方便，其進步之神速實令人刮目相看。」〔註43〕此番言論即針對原住民住所的現代化，加以歌功頌德；卻忽略傳統部落生態與原住民文化所受到的衝擊與變遷。

華加志還提出山地部落的生活改善，諸如風俗習慣、經濟、文化、教育、衛生……等諸多層面；甚至於山地部落的就學率提高，與死亡率降低，均可證明山地部落生活改善的顯著成果。華加志將這一切均歸功於漢族政府，對於山地部落的扶植與協助，而遑論原住民自身的努力與成就，「至於風俗習慣、經濟、文化、教育、衛生等工作，雖非一朝一夕所能見效，然而由山胞的存款，就學率之提高和死亡率之降低，均有顯著進步的事實，足可證明山胞生活之改善，已獲得輝煌的成果，較之日據時代針有天壤之別。雖然與理想目標仍有一段距離，但我們山胞都很感謝政府對我們的關照與扶植。」〔註44〕華加志將山地部落社會的生活改善，與現代化生活的進步，均歸功於政府山地政策的德政所致，且原住民的感激之情溢於言表；針對山地政策推行已屆滿三十年之際，見證山地行政人員對於山地部落的輔導與協助，使原住民族於諸多層面，均有驚人的裨益與罕見的進展。

華加志認為縱然當時山地部落社會已有顯著的文明化與現代化發展，「本省山地在政府的特殊保護政策下，已經有三十年，由於政府策劃得周密，並且給予正確輔導，再加上各級山地行政人員孜孜不休，抱定任勞任怨的精神，負責而且努力的宣導，更由於我山胞的自覺與合作，使全省山胞無論在政治、文化、教育、經濟、社會和觀念的改變，均有驚人的成詘，其進步的神速，為世界任何落後社會所罕見。」〔註45〕此乃值得原住民族引以為傲，「當然現在所獲得的成就是可以引以自豪，但距離理想目標尚有一段距離，所以我全省山胞仍要繼續努力，激發全體山胞的愛鄉愛國觀念，發揮每人的

〔註43〕華加志，〈光復後山地政策之回顧・緒言〉，《臺灣高山族》（1977 年 2 月 15 日），頁 257。

〔註44〕華加志，〈光復後山地政策之回顧・緒言〉，《臺灣高山族》（1977 年 2 月 15 日），頁 257。

〔註45〕華加志，〈光復後山地政策之回顧・緒言〉，《臺灣高山族》（1977 年 2 月 15 日），頁 275。

潛能以自助人助的力量來改善自己的生活，以達成政府建設山地的遠大希望。」〔註46〕華加志認為山地部落的進步，尚待原住民族自身的努力，進而激勵大家更積極地改善山地部落發展。

根據華加志的觀察可知，當時山地部落乃由於國民政府的輔導，與山地政策的落實，確實改善原住民族的山地部落生活發展，提升原住民族的生活水準，使得諸多原住民優秀人才，得以在臺灣各地為國效力，「現在的山地鄉由於政府三十年來對山地的扶植，山地工作人員的不斷努力，與山胞的自強奮起一切確實有長足的進步。今日山胞生活水準已普遍提高，接收高等教育的人也眾多。他們均在本省各角落發揮他們的潛能報效國家服務社會。」〔註47〕因此，華加志將當時原住民山地部落的發展與改善，均歸功於國民政府的德政府輔導，與山地政策的成功推行。

華加志將山地社會的生活充實、經濟發展、教育成果，與邁向現代化的文明社會，均歸功於國民政府的德政所致；甚至於認為漢族政府對於山地原住民同胞，即一視同仁地平等對待，將族群平等精神發揮無遺，「至光復之後，我山胞解脫日人的束縛，重享祖國的溫暖，我們大有為的政府基於三民主義精神的教育宗旨，施予我山胞以充實生活，扶植社會生存，發展國民生計，務期達到山地同胞脫離原始生活，步入現代化的文明境界為目的，這種對山胞一律平等的仁政，唯我中華民國獨有，更是任何世界文明國家所不及的。」〔註48〕此番言論的歌功頌德之意相當顯著。但對於原住民族在現實生活中所面臨的族群困境與經濟壓力，均置而不論。當時山地部落中的原住民，接受高等教育者乃與日遽增，「全省山地青年受過大專以上教育者已不下於五百人之多，甚至還有出國留學攻修博士的，由此可知山胞的教育水準，已日漸提高，教育年限也已日益延長了。」〔註49〕華加志乃認為，由教育層面改善原住民族的山地部落生活水準，已有顯著的進步與成效。

根據原住民族政策的制定與推行，彷彿一體兩面般，對於原住民山地部

〔註46〕 華加志，〈光復後山地政策之回顧‧緒言〉，《臺灣高山族》（1977 年 2 月 15 日），頁 275。

〔註47〕 華加志，〈光復後山地政策之回顧‧緒言〉，《臺灣高山族》（1977 年 2 月 15 日），頁 275。

〔註48〕 華加志，〈光復後山地政策之回顧‧緒言〉，《臺灣高山族》（1977 年 2 月 15 日），頁 260～261。

〔註49〕 華加志，〈光復後山地政策之回顧‧緒言〉，《臺灣高山族》（1977 年 2 月 15 日），頁 263。

落的改善與衝擊，均影響著原住民部落的變遷，與原住民族生活型態的改變。如何因時制宜、因地制宜地落實原住民族群處境的改善，乃為重要的核心問題意識。因此，本研究乃分析戰後迄解嚴前，亦即戰後臺灣作家文學中的「原住民族書寫」之核心問題意識，與臺灣社會、文壇、文學、文化、政治、經濟、族群⋯⋯等諸多層面的關聯，冀望藉以改善原住民族在臺灣社會中族群處境的改善。

第二章　鍾肇政文學中的原住民族書寫（上）

第一節　鍾肇政文學創作觀點

　　關於鍾肇政文學的創作背景，乃由戰後 1945 年到 1980 年代解嚴前夕的時代爲主，當年臺灣文壇在較爲缺乏原住民作家的背景下，所創造的原住民歷史勾勒與人物形象刻畫，大多被置放於臺灣歷史、臺灣人形象的建構脈絡之下。鍾肇政僅能透過日治時期被殖民經驗與抵抗精神的書寫爲其創作主軸。此即奠定鍾肇政在《臺灣人三部曲》中，所描述的臺灣人形象，同時對於原住民族形象也有深刻的描述。

> 他們是一群冒險犯難的勇者，在大海尚未被賦予不可知的神性的時日裡，他們越過洶湧的波濤而來，定居在這蕞爾小島上。他們有他們的歷史，年代雖暫，卻充滿剛毅與不區屈的事蹟，那是用血與淚寫成的歷史。爲了生存，他們開疆闢地，與大自然爭闘，亦與大自然共存。爲了生存，他們拋頭顱灑熱血，與敵人周旋，從不低頭屈膝。請看——那些以馘首爲能事的土著野蠻民族；那些以劫掠剽奪是務的東洋民族；繼之有碧眼蒼膚一手執劍一手握十字架的紅毛蕃；有葡萄牙人、荷蘭人、西班牙人、英吉利人、法蘭西人，儘管這些人船堅炮利，但他們還是屹立不墜，得到最後勝利。……他們就是——臺灣人。〔註1〕

〔註 1〕鍾肇政，《臺灣人三部曲》（臺北：遠景出版事業公司，1980 年 10 月），頁 3

　　在日治時期關於原住民族書寫的文本甚少，漢族作家均將心力投入於抗日文學中。因此，鍾肇政以長篇小說致力於原住民族書寫，即深具時代指標性，乃跨越 1970、1980 年代，諸如 1973 年 9 月長篇小說《馬黑坡風雲》、1975 年《插天山之歌》、1979 年 4 月《馬利科彎英雄傳說》（長篇）、1982 年計畫著手進行〈高山三部曲〉的寫作、1983 年《高山組曲》發表，1985 年 4 月《川中島》（高山組曲第一部）（長篇）、1985 年 4 月《戰火》（高山組曲第二部）（長篇）、1985 年爲寫作《卑南平原》赴臺東田野調查、1987 年《卑南平原》（長篇）……等重要著作，乃呈現許多關於原住民族文化的重要指標性議題。鍾肇政的原住民族文學，在原住民文學史上深具指標性意義外，甚至於在臺灣文壇上的重要性也不言可喻，深具舉足輕重的文學價值

　　　　鍾肇政先生正好就是屈指可數之中的一位創作者。葉石濤先生早期
　　　　發表的〈論鍾肇政文學的特質〉一文裡，曾形容：「鍾肇政這位作家
　　　　也許是我們這一代裡影響力最廣泛的作家之一」；又說，他是戰後
　　　　「第一代作家中最有卓越天賦和強韌創造力的作家」。預言的正確性
　　　　需要長久時間來提供充分證據。〔註2〕

　　在葉石濤眼中，鍾肇政如同諸多作家，在創作過程中，縱然遭遇到諸多困苦與挑戰，仍堅持創作這條道路，「三十餘年坎坷顛簸的創作旅程是如何地走下來，其間的艱辛困厄且不必再去細數，每位有志文學工作的人幾乎都無力擺脫得了受苦的命運，然而單憑其隱忍無怨的毅力，就已贏得我們的景仰。」〔註3〕在日治時期與戰後至解嚴前這段期間，關於原住民族書寫的文本不多。此外，在日治時期，漢族面對日本殖民的強勢壓迫下，展現捍衛土地的決心，但此刻原住民族已儼然消失於文本中，諸如鍾肇政文本所述：「各位鄉親，你們當然明白我們耕種的田園，原本都是我們的。是我們的祖先留下來給我們的。我們的祖先辛辛苦苦用無數的血汗，出了無數的力，開拓出來的。誰也不能說那不是我們的土地。」〔註4〕鍾肇政即以獨特視角描述當時的原住民族，尤其霧社事件乃成爲鍾肇政創作原住民文學題材中，極爲

～4。
〔註2〕 呂昱，《鍾肇政全集 9．高山組曲．川中島．血染櫻花的後裔們（代序）》（桃園：行政院文化建設委員會，桃園縣政府，2000 年），頁 11。
〔註3〕 呂昱，《鍾肇政全集 9．高山組曲．川中島．血染櫻花的後裔們（代序）》（2000 年），頁 11。
〔註4〕 鍾肇政，《臺灣人三部曲》（1980 年 10 月），頁 626。

重要的書寫議題之一。在日治時期，漢族面對日本殖民的強勢壓迫下，展現捍衛土地的決心；但原住民族卻儼然隱沒於文本中，鍾肇政乃以獨特視角描述原住民族，尤其霧社事件為極重要的書寫議題之一。日治時期日本殖民者眼中的原住民族，乃如文本所呈現「原住民化的原住民」，即如同薩依德在後殖民理論中，所指稱「東方化的東方」，此即為殖民文化與帝國主義的再現。

> 所謂「東方式的東方」（Orientalized Orient）的現象，即本土知識份子以西方的東方學者所建構出的東方來看待自己的母文化，而欠缺深刻反省能力的問題。〔註5〕

　　鍾肇政於 1973 年《馬黑坡風雲》與 1985 年的《川中島》、《戰火》，乃描述霧社事件中的原住民族，再現於「臺灣」與「臺灣人」形象的重構中，證明原住民族即同樣具備著臺灣人的傳統精神，共同「用血，用淚，用骨髓，寫下另一頁歷史。」〔註6〕因此，《高山三部曲》、《濁流三部曲》與《臺灣人三部曲》，乃可共同合稱為鍾肇政大河小說創作的完整版圖。此外，諸多文本乃刻畫出原住民族形象與精神的豐富多元性，但誠如鍾肇政所述，由平地人寫山地人，仍有尚待跨越的鴻溝，「正如呂昱兄在評文中所言，平地人寫山地人，以自我對山地以及山之子民的認識，恐怕仍然不免有『隔牆觀望』的遺憾，這便衍生了我們亟須注意的一個命運：讓山地人來寫山地人！說起來，這個命題在我心中萌生，可謂由來已久。」〔註7〕儘管如此，在當時的社會環境中，書寫山地原著民文學即為人道關懷的展現。如今諸多由原住民所書寫的山地作品，均為值得鼓勵之事。

　　當年鍾肇政在缺乏原住民作家的文壇背景下，在偶然的機會中，發現排灣族青年陳英雄的文學作品，「遠在民國五十四年，我編輯了一套慶祝臺灣光復廿周年的『臺灣省籍作家作品選集』十冊時，偶然發現一位排灣族青年陳英雄，文筆不錯，寫的小說也清新可喜，在選集裡採到了他的一篇作品後，即積極去函聯絡，建立了不錯的通信友誼，多方鼓勵他努力，並在『臺灣文藝』上發表了他的若干作品。我確是有著充分的誠意與熱心培養這位迄至當

〔註5〕蔡源林，〈薩依德與《東方主義》〉，薩依德，《東方主義》（臺北：立緒出版社，1999 年），頁8。

〔註6〕鍾肇政，《臺灣人三部曲》（1980 年 10 月），頁4。

〔註7〕鍾肇政，《鍾肇政全集9・高山組曲・川中島・自序》（桃園：行政院文化建設委員會，桃園縣政府，2000 年），頁5。

時為止僅見的高山族寫作人才的。無奈我個人的力量太有限。」〔註8〕鍾肇政
乃為當時僅見的寫作人才而感到欣喜。如今在原住民族作家輩出的年代，原
住民族書寫也令臺灣文壇日臻多元。回顧當年鍾肇政得知原住民青年有意於
文筆工作者，即十分欣慰；爾後，甚至於具有以高山族為對象的專門刊物出
刊，乃將鍾肇政當初的願望付諸實現；原住民文學甚至於如雨後春筍般地蓬
勃發展，使得原住民的內心深處得以再現於文本中。

> 其後，我與山地青年取得聯繫，其中有一位正在服役，竟在敝地！
> 已來過舍間兩次，第二次且帶來了三個朋友，一（男）在北市，兩
> 個女孩在高、南。這二女都是「文學少女」，他說是特地南下把她
> 們拉了來，有拜師學藝之意云。我好高興。山地青年覺醒的人漸
> 多，尤其好文筆的人才需要空間，故使我大喜過望。我必盡力助他
> 們。這事也使我想了不少，將來以高山族為對象的專門刊物，恐
> 怕也是不可缺的吧。我也想到，他們實在不宜走激烈的路子，一
> 定要腳踏實地，培養本身力量為第一。與黨外靠攏，恐怕尚非需
> 要。〔註9〕

當年在原住民族作家缺乏的情況下，鍾肇政深感遺憾，「想起這樁陳年舊
事，心裡仍不免隱隱作疼，可是我有時也會如此自我解嘲；高山同胞因為文
化背景特殊，他們儘可以在歌舞及運動方面出人頭地，唯獨文學方面，恐怕
比較上沒有那麼容易得到成功吧。實則我這些想法、這種觀念，為免失之天
真，並且在基本上有一個嚴重的漏洞，而我對此竟是一直懵然未覺！」〔註10〕
如今在七○年代後，原住民作家輩出，在原住民文學的質量上均有所突破，
實為一件可喜可賀之事，此或許乃為鍾肇政當初始料未及的狀況。

鍾肇政在提攜後進與培養創作人才，一直不餘遺力。因此，有機會遇見
原住民青年，諸如「事情發生在『高山組曲』第一、二部連載完畢後，得悉
臺北有一份『高山青』的小刊物出現，主其事的是在臺北的高山籍大專青年。
我設法取得聯繫，亦有了若干與他們聚晤的機會。」〔註11〕鍾肇政並鼓勵其
創作原住民族相關的文學作品，藉此機會對於原住民文化，有更深入的認識

〔註 8〕 鍾肇政，《鍾肇政全集9．高山組曲．川中島．自序》（2000 年），頁 5。
〔註 9〕 鍾肇政，《鍾肇政全集》，《書簡集（五）》（桃園：行政院文化建設委員會，2001
年），頁 264。
〔註 10〕 鍾肇政，《鍾肇政全集9．高山組曲．川中島．自序》（2000 年），頁 5～6。
〔註 11〕 鍾肇政，《鍾肇政全集9．高山組曲．川中島．自序》（2000 年），頁 6。

與體悟。當鍾肇政與原住民青年接觸的過程中，「我發現到他們多半不知高山同胞過去的歷史，知道的也所知有限，連住在馬黑坡社舊址的，竟也不知道昔時馬黑坡社的存在。這一點，牽涉到舊日一段恩怨，在今日是否還有必要讓他們知道往昔的歷史，是我不得不深感徬徨的現實問題。然而，使我驚詫的卻不是這些，而他們之中，有人並不以現行的寫作方式爲然！」〔註12〕如同近年來，筆者在進行田野調查時，訪問原住民族，仍有諸多族人渾然不知原住民族文學的存在？甚至於提出原住民族沒有文字，豈有文學之疑惑？鍾肇政坦言，從未思考過原住民族是否多數族人，均認知自我族群的過去歷史，尤其對於原住民青年而言。儘管如此，原住民族縱然沒有文字，方可以中文創作，原住民族相關議題，方有機會被紀錄下來。

> 過去我從未設想到這個問題，固然屬於個人的膚淺，而因爲高山族只有語言而沒有文字，故而寫作或任何記錄，只有利用中文來爲之，這項判斷使再進一層思考之後，顯現出其輕率與天眞了。〔註13〕

在「山地平地化」的口號歷時多年後，或許已有人質疑山地文化是否有逐漸消逝之疑慮？山地文化是否有消失之危機？此外，使用中文創作，是否同樣會引起山地文化的消逝？此項議題曾在多年前被提出，至今仍有多方說法不斷地被討論著。

> 「山地平地化」的口號，已歷年有所被提出來。近時則偶然可聽到把山地文化漸趨消滅當作危機的呼聲。這兩者的因果關係，應該是相對明顯的，當然還有其他多種社會因素也產生了頗爲積極的作用。山地文化的消滅，是否即爲高山族消滅，這其間當然還有若干討論的餘地，然而讓他們也運用中文來寫作，是否有加速上述「消滅」的進程，便也成了我們不得不正視與關切的一個問題。〔註14〕

鍾肇政乃深具先見之明，至今仍爭論不休的議題，在當年即被提出來加以思索。何謂原住民族文學？山地文學該以何種方式呈現？「然則不用中文來寫作，那麼該如何呢？山地語言羅馬音標化，可行嗎？山地有十種以上不同族群的不同語言，這又該如何來處理呢？走筆至此，我禁不住地擲筆長嘆，深感慚愧，因爲這許多問題都不是淺薄如我所能解決的。我想還是讓有

〔註12〕鍾肇政，《鍾肇政全集9‧高山組曲‧川中島‧自序》（2000年），頁6。
〔註13〕鍾肇政，《鍾肇政全集9‧高山組曲‧川中島‧自序》（2000年），頁6。
〔註14〕鍾肇政，《鍾肇政全集9‧高山組曲‧川中島‧自序》（2000年），頁6～7。

心人，不論出身爲山地抑平地，大家來共同思考解決之道吧。」〔註 15〕此項
議題至今仍有各派說法而尚無定論。當時鍾肇政綜觀原住民文化的研究指
出，日本學者在日治時期已爲臺灣原住民族，留下不少田野調查所得的寶貴
文獻資料，「那就是人家日本人已經爲我們山地同胞留下不少記錄，尤其近
年，還有鈴木明的專著《獻給高砂族》（一九八○年八月，中央公論社）一
書，是千里迢迢到臺灣來了多次，幾乎跑遍了整個山地才寫成的珍異之作。」
〔註 16〕此外，鍾肇政曾多次實地考察山地部落，所獲的珍貴資料同樣值得深
入研究。

第二節　日治時期下的原住民族書寫

一、《馬黑坡風雲》文學背景

　　鍾肇政的《川中島》〔註 17〕，以日治時代爲背景，描述原住民族所受到
的殖民壓迫。鍾肇政對於原住民族存在著特殊的情感，誠如在一九八五年的
一月在九龍書室中所述，「爲什麼這麼喜歡高山同胞？雖然從來沒有人這麼問
過我，可是如果有人這麼問，我恐怕是不容易提出使自己，也使人家滿意的
答覆。爲什麼寫了那麼多高山故事？這個問話，恐怕也是差不多的吧——
不，我也可以回答說：因爲我喜歡高山同胞。然而，既然前面一個疑問，我
沒有辦法回答，那麼這個答覆，或許也是毫無意義的。」〔註 18〕在此因緣際
會下，鍾肇政的原住民族文本，在早期文壇中算是質量俱佳。首先，由最早
的《馬利科彎英雄傳》、《馬黑坡風雲》，到《高山組曲》中的《川中島》、《戰
火》……等著作外，尚有其他的原住民族文學作品，均由不同層面的角度，
切入原住民族議題，使原住民族的部落世界，再現於文本中。

> 我不曉得自己寫的高山故事算不算多，如果算，恐怕也只是比較上
> 而言。一本長篇小說「馬黑坡風雲」，一本高山民間故事集「馬利科
> 彎英雄傳」，包括一個長篇和數篇短篇，另外零星寫成的短篇小說，
> 大概有六、七篇，也許也夠集結成一本小書。如今再加上「高山組

〔註 15〕鍾肇政，《鍾肇政全集 9・高山組曲・川中島・自序》（2000 年），頁 7。
〔註 16〕鍾肇政，《鍾肇政全集 9・高山組曲・川中島・自序》（2000 年），頁 7～8。
〔註 17〕1982 年起筆，1983 年脫稿，1985 年由蘭亭書店出版。
〔註 18〕鍾肇政，《鍾肇政全集 9・高山組曲・川中島・自序》（2000 年），頁 3。

曲」總題下的「川中島」和「戰火」兩部長篇小說，也許勉強可以
湊成五本書。這些，大約就是我寫高山同胞的總成績吧。〔註19〕

　　鍾肇政1985年《川中島》、《戰火》〈自序〉中，曾提及原先計畫中的《高
山組曲》應有三部左右，爾後因資料不全，方停筆於第二部《戰火》為止，「其
實，在我的計畫中，『高山組曲』應該是三部曲的構成，易言之還有最後一部
未曾下筆。當時，是打算一口氣寫完的，可是到了第二部『戰火』完成，我
發現到第三部的資科還不全──豈啻不全，可以說種種缺漏到了比比皆是、
無以下筆的地步，於是我只好在『戰火』脫稿後，暫告一段落。」〔註20〕鍾
肇政對於原住民族故事的闡述，還有諸多向可發展的空間，「在第三部裡，照
預定是要寫到光復後的激盪的時代，我甚至也排定了到若干深山地區去訪
問、調查的日期與步驟，都因種種緣故，未能實行。如今，算是時過境遷，
而阻礙我前往的因素仍在，故而我這第三部依然懸宕著，下筆之日，遙遙無
期，使我那再次到山裡去流浪的思念，魂縈夢牽，無時或釋。」〔註21〕雖然
《高山組曲》第三部文本無法成書，但此份熱情使得鍾肇政撰寫大量的原住
民族文學作品。鍾肇政對於山地的故事與文化，仍有一股深切的喜愛。不斷
地到深山中去尋覓部落原住民文化的故事，「不錯，為了前兩部，我已隻身跑
過數趟霧社一帶，遊履亦曾涉及當年成為舉世矚目焦點的馬黑坡遺址，諦聽
過馬黑坡溪流水的嗚咽。」〔註22〕鍾肇政由文字來展現出對於原住民族不可
言喻的喜愛。

二、《插天山之歌》文學背景

　　鍾肇政在《插天山之歌》中，以日治時期為創作背景，將當時被殖民情
境下的臺灣人與原住民族，如何在日本殖民統治下，艱困地過日子？甚至於
在日治時期結束後，仍活在殖民時代的遺毒下，努力地為追求去殖民化的集
體意識與行動實踐而奮鬥著。此文本的主角雖為漢族，但仍有諸多位原住民
族出現在文本中，再現原住民族的被殖民形象。

　　　　每一寸田園，每一塊泥土，都滲有先人們的汗水與淚滴，這樣的大
　　　　好河山，受異族統治也快五十年了，──五十年，不是短暫的歲月，

〔註19〕鍾肇政，《鍾肇政全集9·高山組曲·川中島·自序》（2000年），頁3。
〔註20〕鍾肇政，《鍾肇政全集9·高山組曲·川中島·自序》（2000年），頁3。
〔註21〕鍾肇政，《鍾肇政全集9·高山組曲·川中島·自序》（2000年），頁4。
〔註22〕鍾肇政，《鍾肇政全集9·高山組曲·川中島·自序》（2000年），頁4。

> 天地有靈，必知曉在異族統治下，人們的日子是格外艱辛難過的。
>
> 不錯，結束這段異族騎在頭上的日子，趕走那些異族醜類，還我河
>
> 山，已經是時候了！〔註23〕

此文本的時代背景為日治殖民時代末期，太平洋戰爭正激烈進行中，故事乃由一個本已擁有日本高等學位的柔道高手，抱著高遠理想回臺的青年「陸志鑲」為始。其原本計畫回臺組織民眾抗日，豈料所乘船隻在途中遭擊落海而與太平洋展開搏鬥。此後，大難不死的陸志鑲，卻受日本特高追捕，而逃到深山中，展開漫長而寂寞的旅程。志驤開始從學習農事，如鋸木、拖木馬、釣香魚、鉤鱸鰻來養活自己，而獲得農民、原住民族高度讚賞；也獲得象徵臺灣母土、堅強的客家女孩奔妹青睞。文本中還描述諸多陸志鑲所遇到的原住民族，將原住民青年的山中形象，與被殖民情境自然地再現。

三、〈月夜的召喚〉文學背景

鍾肇政在〈月夜的召喚〉中，藉由原住民青年莫勇到平地工作的經歷，呈現出漢族看待與對待原住民族的觀點。原住民族如何在漢族多數的主流社會中，在夾縫中求生存，原住民將如何自處？誠如法農所述，「遠在這些殖民論述的批判誕生之前，法農全然把他的思考專注於被殖民者的心裡結構之上。」〔註24〕文本中的莫勇，即不斷地形塑著自我族群形象，與漢族眼中的原住民族形象，二者不斷地衝擊激盪著。鍾肇政在〈月夜的召喚〉中，由漢族的眼光來描述對於原住民族的想法。在眾人的笑聲中，原住民青年莫勇，自慚形穢地低下頭來，彷彿法農在白面具下，脫不掉的即為其天生擁有的黑皮膚，「所謂文化，對於法農而言，只不過是白色的面具而已。只有黑皮膚才是他生命的實相。」〔註25〕莫勇即如法農的被殖民者心理下，所產生的自卑情結，造成原住民族在漢族面前，不自覺地展現族群自卑心態。然而，原住民族如何在後殖民時期，真正地去殖民化，乃為重要的集體族群意識之課題。

〔註23〕鍾肇政，《鍾肇政全集 4‧臺灣人三部曲‧插天山之歌》（桃園：行政院文化建設委員會，桃園縣政府，2000 年），頁 885。

〔註24〕陳芳明，〈膚色可以漂白嗎？〉，法農，《黑皮膚，白面具》（臺北：心靈工坊出版社，2005 年 4 月），頁 13～14。

〔註25〕陳芳明，〈膚色可以漂白嗎？〉，法農，《黑皮膚，白面具》（2005 年 4 月），頁 14～15。

> 屋裡的人都笑了，莫勇知道這種笑，是看到滑稽的事物時的那種快
> 活的笑，就像看見了一隻山猴子忽然翻了筋斗的那種笑。莫勇只好
> 低下頭。〔註26〕

　　所幸原住民青年莫勇所遇見的漢族老闆一家人，待他還不錯。在初次見面時，即將莫勇介紹給其家人，「小弟，不許再亂動，莫勇哥是很遠的山裡來的，以後要在這個家裡幫我們工作。他懂好多事哩。打獵啦、抓鳥啦。他山豬也抓過的，是不是，莫勇？」〔註27〕漢族老闆甚至於將莫勇在山上所從事過的工作，均鮮見多怪，又新奇感十足地介紹給家人知道。縱然漢族老闆一家人，對於莫勇的態度均挺友善；但對於莫勇身上的體味，仍展現出輕蔑的態度。此種態度乃造成莫勇的質疑與自卑心態萌發，此種被殖民者的創傷心理，即為法農所要追求去殖民化的重要因素，「法農的文學重新喚醒被殖民者的歷史意識，勇敢而放膽地正視殖民經驗所鑄造的精神創傷。」〔註28〕鍾肇政在文本中，呈現諸多原漢族群接觸之際，所產生的重要族群議題。

四、〈女人島〉文學背景

　　鍾肇政在〈女人島〉中，鋪陳一個原住民部落的傳說故事——女人島的傳說。文本中的主角沙拉凡，乃為身材高大，膚色黝黑的原住民青年，且擅長武術與舞蹈，即為一個出色的阿美族青年勇士兼獵人，藉此展現原住民青年的特色。

> 奇密社的沙拉凡是個二十歲的青年，早已加入青年組，身材高大，
> 膚色黝黑，並且已學會各種武術，尤其擅長舞蹈，不論從那個角度
> 來看，都已經是個出色的阿美族青年戰士兼獵人。〔註29〕

　　阿美族原住民青年沙拉凡，這段奇異冒險旅程，乃勾勒出阿美族部落中的傳說故事，將由沙拉凡如何進入女人國的奇異冒險旅程談起；文本中甚至於藉此解釋在阿美族心目中，為何認為海水是鹹鹹的傳說故事。

〔註26〕鍾肇政，《鍾肇政全集15‧月夜的召喚》（桃園：行政院文化建設委員會，桃園縣政府，2000 年），頁 204。
〔註27〕鍾肇政，《鍾肇政全集15‧月夜的召喚》（2000 年），頁 207。
〔註28〕陳芳明，〈膚色可以漂白嗎？〉，法農，《黑皮膚，白面具》（2005 年 4 月），頁16。
〔註29〕鍾肇政，《鍾肇政全集15‧女人島》（桃園：行政院文化建設委員會，桃園縣政府，2000 年），頁 315。

五、《馬利科彎英雄傳》文學背景

鍾肇政《馬利科彎英雄傳》中，藉由民間故事的闡述，探尋其民族特點與文化特色，藉此瞭解原住民族的生活價值觀。在原住民族的被殖民、政治、經濟、風俗、民情之外，文化即為展現出族群精神的重要要素之一。

> 尚有為數不少的各地區各民族的民間故事。而這種沒有共通性的故事，適巧也最能代表該民族的民族特色、民族情感、以及民族性格。因此，我們也可以從這些形形色色的民間故事——不管是有沒有共通性，都可以看出這民族的風俗習慣、信仰、人生觀、價值觀等民族性格的根源。〔註30〕

在分析文學作品之際，亦需思考山地特色的發展，在歷經山地政策的衝擊與影響下，是山地進步，亦或是退步？儘管，山地平地化儼然已成為不可改變的趨勢。山地進步的口號越響亮，山地文化特色的獨特性即相形失色。因此，鍾肇政乃密切地集結、歸納、再現山地原住民族故事；此即成為刻不容緩的課題，與鍾肇政創作原住民文學的重要動機。

> 山地平地化的口號由來已久，這是時代的趨勢，似乎也是時代的需要，恐怕無人會反對。然而，固有的事物，傳統的東西，也就被破壞得更快而湮滅了。近年來欣見幾位年輕朋友致力於山地文化的踏勘，記錄了在繁華世界所無法想像的一些現象與現狀，但他們的作為也似乎止於為失去的歲月，譜出了一闋悼亡之曲，或只為尚未見陽光普照之地，照射一朵微弱的光圈而已。〔註31〕

鍾肇政在山地文化特色急速消減的趨勢下，語重心長的大聲疾呼、振筆疾書地呼籲，山地文化的保存與山地故事的流傳，仍尚待有志之士共同來蒐集與紀錄，以免在耆老逐一流失之際，寶貴的山地文化故事，方隨之消弭，「我們可以想像，隨著諸多舊有事物的破壞和湮滅，山地故事的失傳也在加速進行之中。不知是否亦有志之士注意及此，毅然地展開了蒐集與紀錄之工作？」〔註32〕因此，如何協助原住民族進行文化復振與口傳文學的傳承，即具有燃眉之急，故知識份子的時代使命感在此油然而現。

〔註30〕 鍾肇政，《鍾肇政全集 7‧馬利科彎英雄傳（序）》（桃園：行政院文化建設委員會，桃園縣政府，2000 年），頁 387～388。
〔註31〕 鍾肇政，《鍾肇政全集 7‧馬利科彎英雄傳（序）》（2000 年），頁 388。
〔註32〕 鍾肇政，《鍾肇政全集 7‧馬利科彎英雄傳（序）》（2000 年），頁 389。

　　鍾肇政同時也闡明當初對於原住民文學的創作動機，即由於早年居住環境的地緣關係，使他有機會可與原住民產生較多的接觸機會，因而觸發其創作動機。在此因緣際會下，漢族作家均著眼於日治時期的抗日議題，鍾肇政乃異軍突起，且難能可貴地關注於原住民族的被殖民情境。

> 筆者早年曾隨先父任所居住於與桃園縣山地鄉「復興」僅一河之隔
> 的地方，近五年之久，與山地同胞略有接觸。多年來，由於關心與
> 興趣所在，也涉獵了若干有關山地同胞的記載與著述。〔註33〕

　　在鍾肇政眼中，「深深覺得，如果撇開文明人的道德、價值標準不談，那麼我確實認為他們也是一支十分高貴、十分矜持的民族，他們尚武，以勇敢為最高美德，充滿正義感。」〔註34〕此乃有別於諸多族群對於原住民族，乃呈現著汙名化的認同，彷彿法農調查所得的族群歧視字眼，「作為一位心理醫生，法農曾經調查白人對黑人的想像，得到的答案不外乎是運動員、有力、拳擊手、強壯、生物性、野蠻、動物、魔鬼、恐怖、血腥，不一而定。」〔註35〕鍾肇政在書寫原住民時，即以公正持平的觀點加以陳述，而不帶有漢族中心主義觀點。鍾肇政對於經常接觸的泰雅族尤其喜好，其雄渾豪邁、剽悍勇毅、嫉惡如仇的民族文化性格，也構築原住民族形象的細膩再現。

> 這種精神，可以說是臺灣山地數達十餘種之多的不同部族的共同民
> 族性，而尤以北部泰耶魯族最為明顯。現成復興鄉的大料崁、馬利
> 彎一帶，以及霧社一帶的部族，更是剽悍勇毅，嫉惡如仇。〔註36〕

　　在鍾肇政眼中，山地原住民族的英勇抗日事件，諸如，「日據時期臺灣同胞反抗日人的諸戰役中，枕頭山之役、李崠山之役、霧社之役等，便是這裡的部族殲日人轟轟烈烈的事蹟。」〔註37〕故日治時期的原住民族抗日題材，即佔有舉足輕重的篇幅，也成為其書寫原住民族的重要切入觀點。鍾肇政曾言在接觸山地原住民族後，驚覺原住民族的族群寶藏之豐富、民族文化之多元，乃成為文學創作、電影拍攝、藝術文化……等領域，均具有無盡的取材領域，故鍾肇政即以原住民族文化故事創作《馬利科彎英雄傳》。

〔註33〕鍾肇政，《鍾肇政全集7‧馬利科彎英雄傳（序）》（2000年），頁389。
〔註34〕鍾肇政，《鍾肇政全集7‧馬利科彎英雄傳（序）》（2000年），頁389。
〔註35〕陳芳明，〈膚色可以漂白嗎？〉，法農，《黑皮膚，白面具》（2005年4月），頁16。
〔註36〕鍾肇政，《鍾肇政全集7‧馬利科彎英雄傳（序）》（2000年），頁389。
〔註37〕鍾肇政，《鍾肇政全集7‧馬利科彎英雄傳（序）》（2000年），頁389。

> 筆者曾經有過一個夢想，如果這些勇敢的部族的故事，我們能去挖
> 掘，去組織，去形象化，說不定在文學方面、電影方面等，會是個
> 取之不盡用之不竭的題材來源，……本書即在這種心情下，驅用有
> 限的知識與題材寫成。〔註38〕

　　鍾肇政闡述其創作山地原住民文學的主軸，即以民間故事為主；同時秉持著人道關懷精神，為原住民族發聲；進而喚醒更多普羅大眾，跨越族群隔閡與限制，展現對於原住民族的理解與關懷，此即為知識份子油然而生的時代使命感。

> 這本書並非民間故事，而是以民間故事為骨幹寫成的小說。一方面
> 是以做為熱愛並關心臺灣同胞的寫作者身分自居，來盡一己之力，
> 另一方面也希望能藉此引起更了解山地同胞，更有熱心與能力的人
> 士，不管以故事形態也好，小說形態也好，留下更可觀更深入的文
> 字記載。這也是我的一個心願。一九七九年仲春敬識於九龍書室。
> 〔註39〕

　　鍾肇政由於長期地在部落中，蒐集與探索著原住民的傳說故事與文化習俗。因此，第一篇原住民長篇小說〈馬利科彎英雄傳〉，乃生動活潑地如實呈現原住民部落風貌與文化特徵，舉凡出草、祭典、習俗、禁忌……等諸多原住民族的文化精神，均可在原住民族書寫中一窺究竟。

六、〈回山裡眞好〉文學背景

　　鍾肇政在〈回山裡眞好〉中，以一個送到平地唸書的山地青年故事加以鋪陳，還針對其原住民父母亞爸巴杜、亞亞古木的互動加以陳述。縱然在平地求學的山地原住民青年武達歐，「他的表情上有一抹若有若無的憔悴之色，也有似乎是過早來臨的，與他原本應是剽悍的血液不符的憂鬱。」〔註40〕武達歐仍存在著原住民族的剽悍氣質，卻又帶點憔悴之色。當亞爸送武達歐回到學校時，亞爸的日文對話讓武達歐感到驕傲，乃展現出日本皇民化運動的遺毒，使原住民有近似日本人的優越感，誠如薩依德述，「所有文化都會再現外來的文化最好能支配或以某種方式加以控制之。然而，不是所有文化都正

〔註38〕鍾肇政，《鍾肇政全集 7・馬利科彎英雄傳（序）》（2000年），頁389。
〔註39〕鍾肇政，《鍾肇政全集 7・馬利科彎英雄傳（序）》（2000年），頁389～390。
〔註40〕鍾肇政，《鍾肇政全集 15・回山裡眞好》（桃園：行政院文化建設委員會，桃園縣政府，2000年），頁247。

在再現外來的文化，且能在事實上支配或控制。」〔註41〕原住民乃以再現日本殖民文化而感到驕傲；縱然當初初見校長時的亞爸，曾讓武達歐感到羞愧，或許此乃基於原住民族群認同自卑感的油然而生所致。

> 那是日本話，武達歐雖然聽不懂，但兩個都說那麼流利那麼投契的樣子，使武達歐深深受到感動。與主任交談時，以及剛見了校長時的亞爸曾經使武達歐羞愧的幾乎無地自容的，這樣子也使得他對亞爸忽然增添了一份崇敬。〔註42〕

在漢族心目中，原住民族即帶有山中勇士英雄的氣質。山地原住民男人，諸多均為了不起的戰士，故期許武達歐也可成為英勇、高貴的戰士，武達歐當然也明白此點。但在平地的原住民，卻遭受到諸多不平等待遇而飽受委屈；完全無法展現山地原住民族本有的勇士氣勢。

> 「陳約翰，你知道你父親是一位了不起的戰士嗎？」「呃？」「不但了不起，而且還是一位高貴的戰士。高貴的，你懂不懂？」武達歐猛地點了一下頭。「你父親曾經在戰場上勇敢地殺過敵人，然後平安回來。你們族裡的男人有很多都是了不起的戰士，你知道嗎？」武達歐點了點頭。「好，知道就好。所以你也要多多鍛鍊身體，將來才能成為像你爸那樣的了不起的勇士。」……武達歐，你亞爸巴杜是一名了不起的戰士，高貴的戰士。你懂嗎？懂。武達歐太懂啦。武達歐也是呢。〔註43〕

在平地求學的武達歐，或許因適應不良，而要求父親答應他可回山上打獵，甚至於是到工廠做工；最後，文末在武達歐多次要求下，終於如願地回到山上而深感「回山裡真好」。此外，文中又以亞爸手裡的一瓶酒和幾個饅頭，傳達山上生活不佳與飲酒的習慣。此種山地原住民在平地適應不良的案例，乃時有所聞，甚至於造成回歸部落的現象，乃屢見不鮮。

> 「武達歐，在山上做工打獵吧。」「我也可以出去做工。」「工廠嗎？」……亞爸說要去買車票，回來時手上多了一瓶酒和幾個饅頭。不久，車子來了。武達歐跟父親背後去排隊。他偷偷地向自己說：「回山裡真好……」〔註44〕

〔註41〕薩依德，〈帝國的文化嚴整性〉，《文化與帝國主義》（2001年），頁193。

〔註42〕鍾肇政，《鍾肇政全集15・回山裡真好》（2000年），頁248。

〔註43〕鍾肇政，《鍾肇政全集15・回山裡真好》（2000年），頁250～251。

〔註44〕鍾肇政，《鍾肇政全集15・回山裡真好》（2000年），頁256。

　　鍾肇政在此文本中，將原住民族性格與適應不良議題，均逐一披露於此。此些議題即為原住民族群議題的冰山一角，與武達歐有相同困擾的原住民，或許不在少數，故鍾肇政以此故事情節，再現原住民族的生活困境。

七、《馬拉松·冠軍·一等賞》文學背景

　　鍾肇政在〈馬拉松·冠軍·一等賞〉中，描述山地部落的馬拉松賽跑，原住民青年想要贏得冠軍的過程，即與老瓦丹談論過去曾獲得冠軍的豐功偉業，更展現現代原住民如何藉由山地活動，展現出現代的部落勇士精神。

> 山脊上樹枝不安地搖擺著，就像此刻山普洛的心情。我是要搶冠軍的。冠軍。「一等賞」。那是老瓦丹說的。「什麼是一等賞？」「一等賞都不懂，就是第一名啦。」「那就是冠軍囉。」「冠軍？什麼是冠軍？」「就是第一啦。」「唉唉，第一就是一等賞啦。」〔註45〕

　　當山普洛榮獲冠軍時，諸多如雷的歡呼與鼓掌，與開懷的笑聲圍繞著。然而，去年這些歡呼、掌聲與笑容均屬於羅辛的。因此，在部落馬拉松賽跑冠軍，方為族人急欲爭取的榮耀。在馬拉松賽跑中，張阿財希望山普洛可獲得冠軍，希望山普洛可成為「泰耶魯中的泰耶魯」。縱然山普洛沒有把握，但為了展現泰耶魯的民族精神，山普洛還是盡力參賽。

> 「我沒把握。」「呸，你還是個泰耶魯哩。」「參加馬拉松的都是泰耶魯啊。」「你不是常常說你家人是泰耶魯中的泰耶魯嗎？」〔註46〕

　　在馬拉松比賽的最後，山普洛或許是承受太大的壓力，因此竟然在絕叫一聲後，跑離了跑道，出乎眾人意料之外，自顧自地往運動場的一端跑去。鍾肇政即由此隱含著原住民族的族群壓力，不僅承受著來自於族群的壓力外，也承受著外族的壓力。

> 山普洛絕叫般地喊了一聲。他的步子幾乎停住，但在幾乎停住的一個頓錯之後，他又邁起了步子。呼呼……呼呼……。他跑離了跑道。有幾個人攔他，替他指出跑道。但他沒有停也沒有理睬，筆直地向運動場一角跑去。〔註47〕

　　鍾肇政以此情節來鋪陳此文本的結局，出人意表的結果，留給讀者無限

〔註45〕鍾肇政，《鍾肇政全集 15·馬拉松·冠軍·一等賞》（桃園：行政院文化建設委員會，桃園縣政府，2000 年），頁 257。

〔註46〕鍾肇政，《鍾肇政全集 15·馬拉松·冠軍·一等賞》（2000 年），頁 266。

〔註47〕鍾肇政，《鍾肇政全集 15·馬拉松·冠軍·一等賞》（2000 年），頁 274。

的想像空間。鍾肇政也藉此增加文本的戲劇張力，將故事留下一連串的問號與驚嘆號。但文本中以馬拉松競賽的方式，展現出現代原住民的山地勇士氣勢，同時表現出原住民族傳統部落活動的轉型與變遷。

八、〈獵熊的人〉文學背景

鍾肇政在〈獵熊的人〉中，以獵熊活動來鋪陳出原住民部落，對於此活動的重視，因此活動乃爲現代原住民，得以展現山地勇士氣勢的重要途徑之一。在馬利科彎一帶，大家都認得文本中的主角——比拉克跟歐畢魯，這一對獵熊英雄兄弟。儘管比拉克跟歐畢魯爲同母異父的兩兄弟，但長相、個性迥然不同，「這一條馬利科彎溪流域一帶，人人都知道比拉克跟歐畢魯是一對兄弟，可是不管身材也好，長相也好，都那麼不相同，連做人做事，也完全不同。哥哥比拉克臉上四時都漾著一抹憂鬱，而弟弟歐畢魯卻是笑口常開。」〔註48〕不過比拉克從小就非常疼愛歐畢魯這個弟弟。

> 從兄弟倆的全名，也可以看出一點蛛絲馬跡來的。哥哥叫比拉克・西朗，弟弟是歐畢魯・布納。哈哈……原來他們雖然是同一個「亞亞」（母親）所生，可是「亞爸」可不是同一個人哩。比拉克的亞爸叫西朗，歐畢魯的亞爸就是那個又矮又胖的老布納。這就是難怪比拉克長得高瘦，歐畢魯則是較矮較胖的了。兄弟倆一起長大，不，應該說，比拉克是從歐畢魯幼小就疼他疼大的，因此感情非常好。〔註49〕

在馬利科彎部落中，比拉克個性較爲穩定，歐畢魯則較爲活潑。比拉克較似人人稱羨的泰耶魯，歐畢魯則因漢化而有著莫大的改變，鍾肇政由此文本來比較山地與漢化原住民族的迥異之處。直至獵熊事件的發生，才讓歐畢魯有些許的改變，成爲較有原住民族性格的山地青年。

> 「比拉克，你才是一個眞正的泰耶魯。你跟你的亞爸，好相像呢。」
> 「歐畢魯，看看你哥哥吧你幾時才能像你哥哥呢？眞是沒也用的東西啊！」……「歐畢魯，亞爸不在以後，你可要聽你哥哥的話，做一個了不起的泰耶魯……」說起來，歐畢魯叫亞爸及比拉克失望，已不是一朝一夕的事了。〔註50〕

〔註48〕鍾肇政，《鍾肇政全集15・獵熊的人》（桃園：行政院文化建設委員會，桃園縣政府，2000年），頁275。
〔註49〕鍾肇政，《鍾肇政全集15・獵熊的人》（2000年），頁275。
〔註50〕鍾肇政，《鍾肇政全集15・獵熊的人》（2000年），頁275～276。

　　鍾肇政除了刻畫出獵熊英雄的獵熊過程外，還將歐畢魯如何因漢化而產生轉變，由此諷刺原住民青年的漢化，有時反而染上惡習而失去原住民族的傳統美德。文本最後當比拉克與歐畢魯成爲獵熊英雄的短暫熱潮消散後，兄弟二人又重新回到現實生活；歐畢魯同樣去開計程車與打紙牌，再也不提及獵熊之事，一切彷彿一陣過往雲煙般煙消雲散。

> 歐畢魯又回到巴陵，有客時開開計程車，沒有客時，跟一群年輕伙伴打打紙牌。日子過得逍遙自在。他絕口不提那樁勇武的故事，連人家問起，他也懶得回答。似乎寧可這麼說：在他，那一場驚天動地的決鬥，都已經不是眞實的了。〔註51〕

　　獵熊英雄比拉克也重新回到工作崗位，在果園中打零工賺錢，或打獵以維持生活。唯一的改變，即爲那兩把長柄刀，成爲獵熊英雄的重要象徵。因此，比拉克有時還會拿出來耍弄、試煉一下。

> 哥哥比拉克也回到他的工作崗位——替果園主人打打零工，賺點錢。閒暇時，便入後山去打獵，設設陷阱。如果說，他的生活比以前有所不同，那就是豎在屋裡的兩把長柄刀吧。每隔幾天，他便要磨磨他們，提拭他們，並檢視一下綁住刀的藤皮是不是鬆了。〔註52〕

　　比拉克仍十分低調地面對獵熊英雄一事；若有人提及，也僅輕描淡寫地帶過。家中除了兩把長柄刀做爲獵熊成功的證據外，唯一重要的證據即爲那一條熊尾巴。

> 他之所以珍愛他們，是不是像某些村人所說，是爲了迎擊那隻巨熊前來尋仇？如果你拿這個問題來問他，也許他只是苦笑一下搖搖頭而已。還有，如果你願意到他家裡瞧瞧，便可以看到那所簡陋的房子的屋簷吊著的一條熊尾巴。那也是證實這整個故事的唯一證物呢。〔註53〕

　　鍾肇政在〈獵熊的人〉中，揭露現代部落生活中的變遷外、部落青年的觀念變遷、部落獵熊活動的過程與獵熊英雄的產生。主要以此情節鋪陳關於狩獵、馬嘎嘎與原住民青年，介於傳統狩獵活動與現實生活的變遷與影響。

〔註51〕鍾肇政，《鍾肇政全集15‧獵熊的人》（2000年），頁299。
〔註52〕鍾肇政，《鍾肇政全集15‧獵熊的人》（2000年），頁299。
〔註53〕鍾肇政，《鍾肇政全集15‧獵熊的人》（2000年），頁299。

九、〈阿他茲與瓦麗絲〉文學背景

　　鍾肇政在〈阿他茲與瓦麗絲〉中，藉由主角阿他茲與瓦麗絲的際遇，鋪陳原住民族的心路歷程。由阿他茲的生病與瓦麗絲的喝農藥自殺情節，鋪陳出阿他茲的懷疑無奈與原住民女人瓦麗絲的辛酸苦楚。首先，由阿他茲在診所工地工作的情形開始鋪陳，阿他茲擁有很大的力氣，磚塊可輕而易舉地往上拋，展現出原住民族的勇武有力。

> 那時，阿他茲是這所診所的建築工人。李醫師就看到不少次這個個子並不高的工人的絕技。人家是把磚頭一塊塊地往上拋的帶著白手套（多半是便黃變黑的）的右手，抓牢磚塊，從地面上拔起什麼似的，順勢地一股氣拋上。在二樓上的另一個工人，巧妙地把他接住。這是一般的情形。〔註54〕

　　阿他茲力大無窮，使磚塊彷彿是飄上去般，又可在墜落的瞬間被接住，「可是阿他茲每次拋兩塊。雙手捧好，先是身腰一沉，沉到磚塊比膝蓋還要低，然後往上一拋。兩塊磚疊得整整齊齊地，彷彿是兩塊磚輕木頭似地飄上去。不高不矮，總是恰到好處地飄到上頭工人的雙手邊。就在它們飄到頂點，正要墜落而為墜落的剎那間，就把它們給接住了。——真的就像是飄上去的。」〔註55〕此外，診所的李醫師，乃成為揭露阿他茲與瓦麗絲秘密的重要人物。

> 不過當它們不偏不倚地停留在上頭的那個工人手上時，八斤的重量感就顯出來了。它們在他手上一沉，這才被移到一旁的磚堆上。那時，李醫師就曾跟他搭過不少次話。「阿他茲，真是好功夫啊。真看不出來你有這樣力氣。」〔註56〕

　　筆鋒一轉，即描述阿他茲帶著生病的妻子瓦麗絲就醫時，瓦麗絲喃喃自語地訴說著，欲回到山上的願望，彷彿在囈語中低喃著，「她想回去山裡，回去母親、阿姊那裡？」由意圖自殺的原住民女人，在危急之際仍想回到山上的願望，乃展現原住民對於故鄉部落的眷戀。

> 阿他茲把妻子抱著，坐在後座上。「亞亞……卡布蘇羊……亞

〔註54〕鍾肇政，《鍾肇政全集15・阿他茲與瓦麗絲》（桃園：行政院文化建設委員會，桃園縣政府，2000年），頁302～303。

〔註55〕鍾肇政，《鍾肇政全集15・阿他茲與瓦麗絲》（2000年），頁303。

〔註56〕鍾肇政，《鍾肇政全集15・阿他茲與瓦麗絲》（2000年），頁303。

> 亞……」阿菊時高時低地發著囈語，大概是她自己的語言吧。……
> 「嗯……他在叫阿母、阿姊。還有……好像是山。」「山？」「剛剛
> 說雷夾，就是山。」……「是不是在說，她想回去山裡，回去母
> 親、阿姊那裡？」〔註57〕

藉由李醫師的問話，將平地的阿他茲如何會與山地的瓦麗絲相遇、結婚的過去揭露出來；甚至於認為一定是阿他茲哄騙山地女孩瓦麗絲，由此展現山地女孩嫁到平地來的部落現象，乃時有所聞，此原漢婚姻現象並非冰山一角。

> 「你真糟糕，你是怎麼把她討回來的？」「那一年，我去山裡做工，
> 碰到她。她，她喜歡我，要我娶她。」「你一定用花言巧語把她騙
> 了？」……「那時候她幾歲？」「十七或者……」「幾歲你都不知道！」
> 「是她自己不知道啊，我又怎麼能夠知道呢？」〔註58〕

阿他茲卻連妻子瓦麗絲，為何會喝農藥輕生也一知半解；甚至於認為瓦麗絲僅為想家，還陳述瓦麗絲淒苦的過去。她幼年喪雙親、喪姊，孤苦無依的山地女孩，只好選擇自願嫁給平地男人阿他茲，從此展開彷彿薩依德所謂的流亡生活，「你的家鄉其實並非那麼遙遠，當代生活的正常交通使你對故鄉一直可望而不可即。」〔註59〕阿他茲在李醫師的問話下，承認曾出手打過瓦麗絲；瓦麗絲在諸多複雜情緒下，乃選擇喝農藥，也冀望可重新回到故鄉的懷抱。

> 「阿他茲，我要回去，回去雷夾，回亞亞那兒，回卡布蘇羊那
> 兒。」……「不必吵她了。」醫生說：「讓她睡，以後可不許你欺負
> 她。」「是是……」可是，醫生，我可沒欺負她啊……我只不過是……
> 我只不過是……唉唉，是這樣的，因為她有時候不聽話，所以我不
> 得不打她。我是打過她幾次，不過也不算多麼厲害。真的，不算厲
> 害的。因為……因為……。〔註60〕

在李醫師與阿他茲的對話中，拼湊出山地女人瓦麗絲的身世，與她坎坷又悲慘的際遇，令人不勝欷歔。但瓦麗絲的命運不論多麼乖舛，生活如何悲

〔註57〕 鍾肇政，《鍾肇政全集15‧阿他茲與瓦麗絲》（2000 年），頁 308。
〔註58〕 鍾肇政，《鍾肇政全集15‧阿他茲與瓦麗絲》（2000 年），頁 309。
〔註59〕 薩依德，〈知識分子的流亡──放逐者與邊緣人〉，《知識分子論》（臺北：麥田人文出版社，1994 年），頁 86。
〔註60〕 鍾肇政，《鍾肇政全集15‧阿他茲與瓦麗絲》（2000 年），頁 312。

苦，唯一的冀望，即希望有機會可回到山上去生活。此種對故鄉部落的眷戀，即展現出原住民回歸部落的渴望與希冀。

十、〈矮人之祭〉文學背景

　　鍾肇政在〈矮人之祭〉中，描述賽夏族矮靈祭的由來。賽夏族人如何巧遇帕斯他矮族，如何舉行矮靈祭？首先，故事開頭即由於賽夏族的西巴吉和大隘兩社，連續兩年均歉收。兩社的男人不得不冒險上山去打獵，結果造成被泰耶魯馘首後，兩族即種下族群恩怨。

> 一連兩年，西巴吉和大隘兩社都歉收，刈不到多少粟子。就有那麼
> 湊巧，山野裡的野獸竟然也特別少，不容易獵取到。為了這，兩社
> 裡的男人們不得不冒險到吉那山麓去打獵，可是那兒是泰耶魯的土
> 地，結果接連地有兩社裡的戰士們被兇悍殘忍的泰耶魯馘去了頭。
> 〔註61〕

　　賽夏族的原住民青年阿島和他洛，在某次打獵時互吐苦水，「阿島和他洛雖然是不同社的人，但兩人感情非常好，與兄弟一般，並且兩人都是年輕的頭目，負有全社安危的重任。這一天，兩人都出去打獵，在卡魯黑布的山谷裡不期而遇，雙方都幾乎沒有獵取到什麼，不免互訴苦楚一番。」〔註62〕因此，兩人均興起舉家遷社的念頭。

> 阿島說：「……你看，我們是不是應該派幾個人去找找，看看哪裡有
> 可以讓我們兩社人搬去的地點。」……（他洛）「我們熟悉的地方，
> 不會有這樣的地點，不熟悉的地方，泰耶魯他們不會讓我們住下去
> 的。」〔註63〕

　　當賽夏族生活越來越困窘之際，也不敢奢望遷族移居，因屆時若遇到凶猛的泰耶魯族，或許會有被馘首危機出現；甚至於有被滅族的危機，令人感到不寒而慄，藉此描述賽夏族與泰耶魯族間的族群恩怨。

> 天下之大，總會有容納我們賽夏族人的地方，就算你找到了，搬去
> 時要翻山越嶺，每一個叢林，每一個峽谷，都可能遭遇可怕敵人的
> 伏擊。天哪，那些泰耶魯的兇殘成性，他們早就領略過了。說不定

〔註61〕鍾肇政，《鍾肇政全集7‧矮人之祭》（桃園：行政院文化建設委員會，桃園縣政府，2000年），頁579。
〔註62〕鍾肇政，《鍾肇政全集7‧矮人之祭》（2000年），頁580。
〔註63〕鍾肇政，《鍾肇政全集7‧矮人之祭》（2000年），頁580。

　　在攜家帶眷，遠途跋涉的當兒，他們的頭全給馘去，一個也不剩，

　　光是這麼想，就已經叫人不寒而慄了。〔註64〕

　　當阿島與他洛在狩獵途中，發現令人驚訝的歌聲，「在驚疑間，歌聲很快地就近了，然後從對面林子裡走出一群人，還以為是一群小孩子的，定睛一看才知，他們都確實是大人，可是最高的也僅及阿島與他洛兩人半胸模樣，一共有二十來個吧，有男的也有女的，有些男人手持弓箭，腰繫彎刀。臉上沒有刺青，不會是泰耶魯──當然不是泰耶魯，泰耶魯才不會有這麼矮的人。」〔註65〕矮人族們的男人迥異於賽夏族，此即賽夏族第一次遇見帕斯他矮族的景象。當這群矮人族頭目出來自我介紹時，說道「我們是帕斯他矮，來自帕斯他矮之地，我是頭目他愛，這次我的妻子托愛。」〔註66〕矮人族甚至於告知賽夏族連年歉收的因素，即為賽夏族觸怒帕斯他矮神，矮人族有方法可加以解決，「辦法當然有，告訴你們，你們是觸怒了帕斯他矮神，神才降災給你們的，祂要把你們消滅掉。」〔註67〕矮人族把關於帕斯他矮神的一切告知賽夏族。

　　「你們當然不知道帕斯他矮神。」他愛又說：「祂是真神，萬神之神，

　　無所不在的神。」……「祭神，舉行帕斯他矮祭典。」……「我會

　　教你們，你們能遇到我，這真是你們的大幸哩，只要你們願意照我

　　的話做，包你們以後年年豐收，大家都能夠吃個飽。」〔註68〕

　　在帕司他矮族的熱心協助下，每年即協助賽夏族進行「帕斯他矮祭典」。由此祈求賽夏族得以連年豐收，此乃賽夏族矮靈祭典的由來。此後，賽夏族即將帕司他矮族奉為恩人般地對待。

十一、〈蛇之妻〉文學背景

　　鍾肇政在〈蛇之妻〉中，以老獵人布康的狩獵生活，鋪陳出蛇郎君的民間傳說故事。首先出現的主角即為老獵人布康。當布康在狩獵時，首先想起當年與妻子瑪麗肯第一次邂逅的情景，「第一次馘取了人頭時的榮耀，第一次打死了一隻山豬時的得意，還有與她那軟軟的身子，又圓又大的乳房。她是

〔註64〕鍾肇政，《鍾肇政全集 7・矮人之祭》（2000 年），頁 581。
〔註65〕鍾肇政，《鍾肇政全集 7・矮人之祭》（2000 年），頁 581。
〔註66〕鍾肇政，《鍾肇政全集 7・矮人之祭》（2000 年），頁 581。
〔註67〕鍾肇政，《鍾肇政全集 7・矮人之祭》（2000 年），頁 582。
〔註68〕鍾肇政，《鍾肇政全集 7・矮人之祭》（2000 年），頁 583。

他拉馬考社的一朵花，人人愛慕的，成了他布康馬來的『瓦勞』。那曾教多少社裡的青年羨慕過啊！新婚之夜，瑪麗肯死死地抱住他，身子微微地顫抖著。」〔註69〕布康擁有著諸多令族人稱羨的過去。但瑪麗肯不在後，布康即身兼母職地照顧著女兒，爲了女兒奴奴拉和拉麗妲而出外來打獵。

> 布康，你不能空手而回──這是一連三天一無所獲了，今天如果再不帶回一些吃的東西，可愛的奴奴拉和拉麗妲就要餓肚子了。家裡剩下的，只有那麼一點點鹹鹿肉，我可以光吃粟飯一天又一天，可是她們不能沒有鮮肉吃，不然他們那美妙的臉龐會黯然無光啊。
> 〔註70〕

當布康爲了狩獵，不得不接近族中禁地時，心中不免心生恐懼，「發自本能的恐懼緊緊地裹住了他的整個身子。這怎麼成呢？司魯多多山脊是『布納答西』（註：不吉之地）啊，那兒是不能種粟，不能伐木，連打獵都不可以的禁地，你怎能跑到那兒呢？」〔註71〕當年布康即聽聞過關於族中禁地的傳聞，連優秀勇士布康也不得不遵守族中禁忌。

> 那時，老布康還好年輕好年輕，身子已經長得夠大了，跑起來像羌，跳起來有如鹿，箭術也嫺熟了，樹梢上的一隻百舌鳥可以一箭射下來。人人都說，他可以成爲一個最好的勇士，最好的獵人。所差的是還沒有機會出陣，未曾馘過人頭，也還沒獵取過山豬而已。〔註72〕

當年年輕力壯的布康，和父親一同打獵時，父親即告誡過他絕不可進入族中禁地「布納答西」，否則將會觸怒「茲馬斯」（註：天神）而使得災禍降臨。原住民族對於族中禁忌往往是深信不疑，但爲了飽餐一頓，布康也顧不得禁忌。

> 有一天，父親帶他去出獵，路過司魯多多山脊。父親鄭重其事地告誡他，那個山脊深處，是「布納答西」。事情發生是在祖父的父親的時候，後來在祖父那一代，這個血海深仇已索回了，不過該地一直仍然列爲禁地。人們都相信，只要有人踏進了該地，就會觸怒「茲

〔註69〕鍾肇政，《鍾肇政全集7・蛇之妻》（桃園：行政院文化建設委員會，桃園縣政府，2000年），頁611。
〔註70〕鍾肇政，《鍾肇政全集7・蛇之妻》（2000年），頁612～613。
〔註71〕鍾肇政，《鍾肇政全集7・蛇之妻》（2000年），頁613。
〔註72〕鍾肇政，《鍾肇政全集7・蛇之妻》（2000年），頁613。

馬斯」（註：天神），立即會有災禍降臨。〔註73〕

　　布康的祖父當時已十分年老，「那次出獵回來後，布康就問祖父事情發生的情形。祖父已非常年老了，兩眼都瞎，人也乾瘦衰弱得像一條百步蛇脫下的皮，彷彿一陣風就可以把他吹得飛飄起來。」〔註74〕當布康追問祖父時，「祖父還說了些往事，有個人進去了，結果被巨熊撕裂慘死。還有某某，雖然是因為追一頭山豬不小心踏進去，過了三天竟被鄰族馘去了頭。」〔註75〕因此，族人們均十分恪守此禁忌。鍾肇政在〈蛇之妻〉中，呈現族中禁地的傳說故事外，還藉著蛇郎君的傳說故事，記錄下原住民族重要的文化傳說故事。

十二、《川中島》文學背景

　　鍾肇政的《川中島》〔註76〕，以日治時代為背景，描述原住民族所受到的殖民壓迫。鍾肇政對於原住民族存在著特殊的情感，誠如在一九八五年的一月在九龍書室中所述，「為什麼這麼喜歡高山同胞？雖然從來沒有人這麼問過我，可是如果有人這麼問，我恐怕是不容易提出使自己，也使人家滿意的答覆。為什麼寫了那麼多高山故事？這個問話，恐怕也是差不多的吧──不，我也可以回答說：因為我喜歡高山同胞。然而，既然前面一個疑問，我沒有辦法回答，那麼這個答覆，或許也是毫無意義的。」〔註77〕在此因緣際會下，鍾肇政的原住民族文本，在早期文壇中算是質量俱佳。首先，由最早的《馬利科彎英雄傳》、《馬黑坡風雲》，到《高山組曲》中的《川中島》、《戰火》……等著作外，尚有其他的原住民族文學作品，均由不同層面的角度，切入原住民族議題，使原住民族的部落世界，再現於文本中。

　　　　我不曉得自己寫的高山故事算不算多，如果算，恐怕也只是比較上
　　　　而言。一本長篇小說「馬黑坡風雲」，一本高山民間故事集「馬利科
　　　　彎英雄傳」，包括一個長篇和數篇短篇，另外零星寫成的短篇小說，
　　　　大概有六、七篇，也許也夠集結成一本小書。如今再加上「高山組
　　　　曲」總題下的「川中島」和「戰火」兩部長篇小說，也許勉強可以

〔註73〕鍾肇政，《鍾肇政全集7‧蛇之妻》（2000年），頁613。
〔註74〕鍾肇政，《鍾肇政全集7‧蛇之妻》（2000年），頁613。
〔註75〕鍾肇政，《鍾肇政全集7‧蛇之妻》（2000年），頁614。
〔註76〕1982年起筆，1983年脫稿，1985年由蘭亭書店出版。
〔註77〕鍾肇政，《鍾肇政全集9‧高山組曲‧川中島‧自序》（2000年），頁3。

湊成五本書。這些，大約就是我寫高山同胞的總成績吧。〔註78〕

　　鍾肇政1985年《川中島》、《戰火》〈自序〉中，曾提及原先計畫中的《高山組曲》應有三部左右，爾後因資料不全，方停筆於第二部《戰火》爲止，「其實，在我的計畫中，『高山組曲』應該是三部曲的構成，易言之還有最後一部未曾下筆。當時，是打算一口氣寫完的，可是到了第二部『戰火』完成，我發現到第三部的資科還不全——豈啻不全，可以說種種缺漏到了比比皆是、無以下筆的地步，於是我只好在『戰火』脫稿後，暫告一段落。」〔註79〕鍾肇政對於原住民族故事的闡述，還有諸多尙可發展的空間，「在第三部裡，照預定是要寫到光復後的激盪的時代，我甚至也排定了到若干深山地區去訪問、調查的日期與步驟，都因種種緣故，未能實行。如今，算是時過境遷，而阻礙我前往的因素仍在，故而我這第三部依然懸宕著，下筆之日，遙遙無期，使我那再次到山裡去流浪的思念，魂縈夢牽，無時或釋。」〔註80〕雖然《高山組曲》第三部文本無法成書，但此份熱情使得鍾肇政撰寫大量的原住民族文學作品。鍾肇政對於山地的故事與文化，仍有一股深切的喜愛。不斷地到深山中去尋覓部落原住民文化的故事，「不錯，爲了前兩部，我已隻身跑過數趟霧社一帶，遊履亦曾涉及當年成爲舉世矚目焦點的馬黑坡遺址，諦聽過馬黑坡溪流水的嗚咽。」〔註81〕鍾肇政由文字來展現出對於原住民族不可言喩的喜愛。

　　　　我敢說，那兒是全臺灣最美、最寧靜，恐怕也是最富於靈氣的所
　　　　在。那兒有矜持、最純淨的山之子民們。他們之中，男的，勇敢而
　　　　富有正義感；女的，美而柔情。他們該也是最羅曼蒂克的族類吧。
　　　　〔註82〕

　　鍾肇政不斷地說明對於山地文化的喜愛，常以山地故事爲創作背景，「這些，也正是我特別喜歡山，而且一而再、再而三地，以高山爲背景寫作的原因了。而這「高山組曲」之寫作，主意已有年，乃因手頭上陸陸續續地積了些資料（我也是那種有什麼資料，才能寫什麼作品的笨拙的寫作者）。到了一九八二年秋，我約略已決定將「臺灣文藝」交卸出來，讓年輕一輩的朋友們

〔註78〕鍾肇政，《鍾肇政全集9‧高山組曲‧川中島‧自序》（2000年），頁3。
〔註79〕鍾肇政，《鍾肇政全集9‧高山組曲‧川中島‧自序》（2000年），頁3。
〔註80〕鍾肇政，《鍾肇政全集9‧高山組曲‧川中島‧自序》（2000年），頁4。
〔註81〕鍾肇政，《鍾肇政全集9‧高山組曲‧川中島‧自序》（2000年），頁4。
〔註82〕鍾肇政，《鍾肇政全集9‧高山組曲‧川中島‧自序》（2000年），頁4。

去接辦這份苦了我整整六年、寫作也陷入近乎停頓的刊物。我預料到以後可以有充裕的時間與精力，便開始準備。並一次又一次地往山裡跑。」〔註 83〕鍾肇政在卸下「臺灣文藝」的工作後，積極地往山裡跑，以催生山地文學的再現。

鍾肇政真實的記錄著山地故事，甚至於將真人真事的故事加以呈現。諸如書中要角畢荷‧瓦利斯，即為高永清先生，「我還訪問到了歷次入山都因為他病得下山住院而陰錯陽差錯緣慳一面的霧社靈魂人物，也是書中要角畢荷‧瓦利斯——日式姓氏中山——高永清先生。雖然晤面是在他大病甫露轉機的當口，然而分手才數日，這位一生在數次命運下屢屢被簸弄的傳奇人物，竟爾溘然長逝！我為此深覺悲痛，可是執筆卻也頗能全力以赴，歷時約半載，第一、二部全文脫槁，在報上則連載七個月而告結束。」〔註 84〕在陰錯陽差下，鍾肇政錯失與其深入交談的機會而深感惋惜；卻更全力以赴地完成《高山組曲》的文學作品。鍾肇政的《高山組曲》乃以霧社事件為主軸，但在此之前描述霧社事件的文獻資料，已不勝枚舉，「至於專寫霧社事件的書，更不知凡幾，直到近年來還有新書出版，手頭上的一本《霧社事件——高砂族的峰起》（中川、和歌森等人合著，一九八〇年十二月，三省堂）大概是最新的這方面的專著。」〔註 85〕尤其當時的新書《霧社事件——高砂族的峰起》更引起鍾肇政的注意。當初《高山組曲》的創作背景即始於副刊中，記載著五十年前的霧社事件。這段史實即如故事般地開展，如此辛酸血淚的歷史過往，成為原住民族刻骨銘心的扉頁。

> 去年底，「高山組曲」正式在「華副」開鑼登場，文前也一段介紹文字寫道：「本文的第一部，即寫『川中島』。它位於南投縣仁愛鄉北港溪畔，青山翠谷，碧流蜿蜒，是夢幻般美麗寧謐的地方。此地正是五十年前，霧社事件參加起義的六社山村部落，一千二百三十六個居民中倖存的二百九十八名被強迫移徙之地。這些老弱婦孺又如何熬過了兵燹後的艱辛歲月？歷史——或說事實，是儼然存在的。這篇鉅構是作者縝密而廣泛的查訪，為此段業經埋沒草萊的歷史作一見證。也是為這些最純潔，最矜持的山之子民所譜下的一首莊嚴

〔註 83〕鍾肇政，《鍾肇政全集 9‧高山組曲‧川中島‧自序》（2000 年），頁 4。

〔註 84〕鍾肇政，《鍾肇政全集 9‧高山組曲‧川中島‧自序》（2000 年），頁 4～5。

〔註 85〕鍾肇政，《鍾肇政全集 9‧高山組曲‧川中島‧自序》（2000 年），頁 8。

的安魂曲。」〔註86〕

　　根據鍾肇政的創作動機可知，《高山組曲》即紀錄著「霧社事件」的史實，「『高山組曲』即是『霧社事件』的史詩續誌。一如『臺灣人三部曲』所凸示的春秋意識，鍾肇政先生仍然從悲苦大地出發，以鄉土意念所延伸的民族感情做為為生命執著的根源，企圖為臺灣史上最被忽視，最為沉鬱的史實真相撥雲見日，從而探索出高山族在重重劫難中所賴以存活的奧秘。自積極面看去，見證的筆墨也正是作家捨生充做代言人的責任擔當。」〔註87〕。鍾肇政以忠義之筆，為臺灣人與原住民族記錄下這段曾被忽視的歷史，也見證原住民部落的生活樣貌。當初在日治時期五十年來的殖民統治下，臺灣人與原住民族同樣成為被殖民統治下的犧牲者，原漢族群在被殖民後所產生的抗日情結與事件，儼然為生命共同體般的命運；但兩者間所面臨的磨難與蹂躪，與被殖民情境的壓迫，仍有所差異。

> 雖然說，日據五十年是臺灣人民一段冗長陰暗的記憶，當時的島民在異族鐵蹄蹂躪下是無分彼此的被迫害者，可是不同種族的生存意識，就一定要產生相異的歷史流變。易言之，漢族和高山族對臺灣島所糾葛的一份篤厚感情絕對不可以劃上等號；漢族和高山族對日本人的仇恨和抵抗意識也不可貿然混淆。〔註88〕

　　在日治時期日本殖民階級對於臺灣人與原住民族的治理政策仍有所差異，「同樣的，日本在臺政府對臺灣人民所施行的奴化政策，也必然存在著漢族和部落族的差別用心。將兩個種族的歷史命運和遭遇任意地等同視之，實係知識份子良知的墮落，也可能是民族沙文主義的意識形態在作祟。這不是我們的良心所允許的。」〔註89〕原漢族群間所面臨的族群命運，與被壓迫的苦楚，想當然爾不可等同視之。由人類學的角度去觀察鍾肇政的《高山組曲》可知，種族創造文化觀點，使得諸多自認為優勢文化的殖民階級，可理直氣壯地去壓迫處於弱勢文化的被殖民階級，原住民族儼然成為被殖民統

〔註86〕呂昱，《鍾肇政全集9‧高山組曲‧川中島‧血染櫻花的後裔們（代序）》（2000年），頁12。

〔註87〕呂昱，《鍾肇政全集9‧高山組曲‧川中島‧血染櫻花的後裔們（代序）》（2000年），頁12。

〔註88〕呂昱，《鍾肇政全集9‧高山組曲‧川中島‧血染櫻花的後裔們（代序）》（2000年），頁12。

〔註89〕呂昱，《鍾肇政全集9‧高山組曲‧川中島‧血染櫻花的後裔們（代序）》（2000年），頁12。

治下的犧牲者，誠如薩依德所述，「殖民化是一種民族的擴張力量；那是它的
再生產力量；那是它經由空間的放大與多產；那是宇宙或是其大部分臣服
於這個民族的語言、習慣、觀念和律法之下。」〔註90〕原住民歷經日本、漢
族治理下，儼然即為少數中的少數、弱勢中的弱勢族群，次等中的次等被殖
民者。

> 準此，在論及小說本文之前，我們有必要從人類學文化的觀點對問
> 題稍作尋繹。到底是種族創造了文化，抑或是文化創造了種族？一
> 般的種族論者大致都傾向於強烈地支持前一種說法。唯其如此的論
> 證，才能使那些倚恃相對性優勢文明的種族得以狂妄自豪；也才能
> 為之壓迫、凌辱其他相對弱勢文明的種族之罪刑，找到理直氣壯的
> 依據。〔註91〕

此外，臺灣所處的地理環境，使臺灣人民發展出島民性格，「回觀到我們
所居住的臺灣島，歷史和地裡的因緣使然，島民性格無可避免地被各種『種
族沙文主義』所譏訕、所欺凌，特別是先住民的高山族，他們所遭受到的歧
視與誤解，比起漢族而言，毋寧是更其深刻隱晦的。」〔註92〕因此，在受到
各種充滿優越感的族群輕視與壓迫後，原住民族的處境更加雪上加霜；甚至
敢怒不敢言，默默地隱忍著諸多殖民壓迫。原住民族在臺灣的歷史洪流，「數
百年的歷史中，他們獨特的生活習俗、思維模式、信仰觀念、以及價值標準
等等文化型態，都因不斷在外來不同種族與優勢文明的侵擾破壞下，逐漸步
上全面瓦解崩潰的厄運。」〔註93〕原住民族文化被迫受到衝擊與變遷，甚至
於面臨族群崩解與文化消弭的危機。此外，僅有語言而沒有文字的原住民族，
面臨著諸多外族的誤解、訕笑與嘲弄，也毫無辯解的機會；僅能隱忍著血淚、
默默地承受這一切。在漢族眼中的生蕃，在日本帝國主義下的奴隸，文化與
帝國主義，早將原住民族隱沒於強勢殖民下，「說到歷史寫作和帝國的擴張緊
密結合，他所做的算是在宗主國裡面企圖將帝國主義理解為是對殖民者和被

〔註90〕薩依德，《東方主義》（臺北：立緒出版社，1999 年），頁 322。

〔註91〕呂昱，《鍾肇政全集 9．高山組曲．川中島．血染櫻花的後裔們（代序）》（2000
年），頁 12～13。

〔註92〕呂昱，《鍾肇政全集 9．高山組曲．川中島．血染櫻花的後裔們（代序）》（2000
年），頁 14。

〔註93〕呂昱，《鍾肇政全集 9．高山組曲．川中島．血染櫻花的後裔們（代序）》（2000
年），頁 14。

殖民者的文化磨難之最早和最具說服力者之一。」〔註94〕原住民族的生存尊嚴與族群精神，蕩然無存於歷史的洪流中，何時方有發聲的機會呢？原住民族書寫即為重要的發聲管道之一。

> 神曾賜以高山族一只聖杯。而今，他們那只聖杯破了，不是只破個小洞，而是已經破毀不堪，甚至連修補的材料也無復再尋了。尤為可悲的，面對外族倨傲的誤解與無理的嘲弄，高山族們究能有多少自我辯解的機會？當他們至今猶然被許多無知的、自大的漢人稱為「生蕃」時，他們又如何展現一己的憤怒與鄙夷呢？這些，都只是生存的尊嚴乃至生存意義的喪失而已。〔註95〕

原始的臺灣社會或許較無殖民政策的侵略，但隨著外族的衝擊而逐漸產生變遷。原住民文化隨著外來政權的衝擊下，乃逐漸崩解，「緊隨著山地社會與山地文化完全解體之後，整個高山族正面臨著滅族亡種的危機！此毋寧是更令人傷痛驚惶的啊！」〔註96〕在早期臺灣社會即預言原住民族的命運，所幸至今原住民族即逐漸找到自我族群的地位與文化精神。

> 冷靜逆溯臺灣的開發史，早期漢族的移民在臺灣墾荒闢地，幾乎都是個人的，或家族式的。既無政府勢力的介入，再加上儒道哲學的生命指導，其缺乏完整一致的惡毒的殖民侵略政策也是事實。
>
> 〔註97〕

在歷史記載中，「人類社會的發展自有其『優勝劣敗』的進化鐵律。尚屬部落文化的高山族之逐漸被相對優勢文化的漢民族所壓抑、所驅迫，實是必然現象。」〔註98〕處於弱勢的原住民族，始終遭受到居於多數的外族侵擾壓迫；甚至於連賴以生存的土地也慘遭侵佔，「高山族自然地讓出沃腴平原給漢人，自己退守在貧瘠山區。這史實，在山地人的角度來看，無可諱言的，漢

〔註94〕薩依德，〈事理之兩面〉，《文化與帝國主義》（臺北：立緒出版社，2001年），頁389。

〔註95〕呂昱，《鍾肇政全集9・高山組曲・川中島・血染櫻花的後裔們（代序）》（2000年），頁14。

〔註96〕呂昱，《鍾肇政全集9・高山組曲・川中島・血染櫻花的後裔們（代序）》（2000年），頁14～15。

〔註97〕呂昱，《鍾肇政全集9・高山組曲・川中島・血染櫻花的後裔們（代序）》（2000年），頁15。

〔註98〕呂昱，《鍾肇政全集9・高山組曲・川中島・血染櫻花的後裔們（代序）》（2000年），頁15。

民族就是侵襲服的始作俑者，是高山族數百年苦難的播種者。」〔註99〕長期
以來，原住民族所累積的辛酸血淚將不言可喻。當諸多漢族學者與作家在討
論原住民族議題時，總免不了要討論到對於原住民族的原罪議題；即由人道
關懷的角度出發，去思考原住民族所面臨的生存危機感。

> 我們要討論高山族的問題，就必須要有勇氣承認這項歷史罪負。否
> 則，缺少了一份內省的良知，我們誰也不配去指控世間的任何不平。
> 也唯有背負道德罪衍的識者們。在認知到山地人民瀕於種族滅絕的
> 危機時，才夠資格和山地人民共挽狂瀾。〔註100〕

在呂昱的引述下，如同潘妮黛夫人所言，文化即可代表著族群結合而產
生共同約定俗成的一切；誠如威爾杜蘭夫婦所述，各個民族均為文明發展有
所貢獻，因此每個民族均需要被尊重與平等視之。

> 潘妮黛夫人（Ruth Benedict）所說的：「真正使人們結合在一起的是
> 他們的文化，也就是他們共有的觀念和準繩。」我也相信「文明是
> 合作的產物。」威爾杜蘭夫婦曾在《歷史的教訓》（The Lessons of
> History）一書寫道：「各民族對文明均有貢獻，文明是我們共同的
> 遺產，也是我們共同的擔負。所以對任何人，不論其如何低下，均
> 應一視同仁，因其同屬創造文明的一員，這才是文明的精義。」
> 〔註101〕

在創作原住民族文學，與研究原住民文化之際，即需要思考，「如果我們
利基於民族間的團結與尊重，共同尋思山地文化的重建之道，力圖挽救山地
人民滅絕危機的惡化，則藉助於歷史回溯的過程，努力為他們複製一只可供
吸引祖先生命靈泉的聖杯，也應該是當前首要之務了。」〔註102〕此即為現今
原住民族研究學者與作家，所亟欲探討的重要課題之一。原住民族將面臨到
族群逐漸消弭危機，最主要的因素之一，即為有語無字的族群，「高山族有史
而無文，有歌而無詩，這其實亦是當前少數民族在面對強勢文化侵擾壓迫下，

〔註99〕呂昱，《鍾肇政全集9‧高山組曲‧川中島‧血染櫻花的後裔們（代序）》（2000
　　　　年），頁15。
〔註100〕呂昱，《鍾肇政全集9‧高山組曲‧川中島‧血染櫻花的後裔們（代序）》（2000
　　　　年），頁15。
〔註101〕呂昱，《鍾肇政全集9‧高山組曲‧川中島‧血染櫻花的後裔們（代序）》（2000
　　　　年），頁15。
〔註102〕呂昱，《鍾肇政全集9‧高山組曲‧川中島‧血染櫻花的後裔們（代序）》（2000
　　　　年），頁16。

而導致民族自尊的喪失，並使民族語言枯死的重要因素之一。」〔註103〕現今將如何保存原住民族母語，將成為重要的族群課題之一。

> 也許，抱持救贖之情的漢人作家們，以人類之愛的友誼和敬重為基礎，努力從高山族的立場去關照人性，借用漢文去寫出他們的史、他們的歌、他們的顛沛流離、他們的吶喊嗚咽，以及他們飽含血淚滄桑的悲運，庶幾能償付漢人曾犯的無心之過，並稍稍贖取山地人民共同的諒解與同胞愛。〔註104〕

在原住民族文學的創作道路上，鍾肇政乃為開路先鋒的著筆先驅，早在六○年代即振筆疾書地為原住民族歷史留下見證，「鍾肇政先生是山地文學的先驅者。早在五十九年，他就以貼近歷史真相的小說筆法『霧社事件』寫成『馬黑坡風雲』。用鮮血染紅的櫻花也因之而得以綻放在文學珍貴的真跡裡。」〔註105〕由最早《馬黑坡風雲》到《高山組曲》的催生，成為頗具指標性與代表性的原住民族文學創作者。在鍾肇政重新為原住民族寫下見證歷史的文本時，讓這段被遺忘的史實得以再現。那段辛酸血淚交織而成的歷史，對原住民族而言，乃為永難磨滅的歷史傷痛，將在鍾肇政的筆下，得以再現於世人面前。

> 這次重拾舊筆，即又選擇了這個幾至於被我們社會所遺忘的史材做為訴求，雖是冷僻，意義卻非凡。其對自己勇於挑戰，對歷史索取公道，對同胞喚起良知，對社會要求種種正義的種種用心，應該是值得我們深思再三的。在那埋骨烈士的霧社山崗上，櫻花仍如血紅般綻放否？而英雄後裔們的命運又邀誰來共泣？〔註106〕

鍾肇政在創作霧社事件相關文本的觀點，在何種歷史與文化背景下所產生的文本，將如何地見證著原住民族的歷史傷痛與淚痕。霧社事件儼然已走入歷史，但歷史傷痛將永存於原住民族心目中。呂昱為《川中島》與《戰火》寫下的數篇評論，源於1966年仍就讀高中的呂昱，因參與「520中國青年自

〔註103〕呂昱，《鍾肇政全集9‧高山組曲‧川中島‧血染櫻花的後裔們（代序）》（2000年），頁16。

〔註104〕呂昱，《鍾肇政全集9‧高山組曲‧川中島‧血染櫻花的後裔們（代序）》（2000年），頁16。

〔註105〕呂昱，《鍾肇政全集9‧高山組曲‧川中島‧血染櫻花的後裔們（代序）》（2000年），頁16。

〔註106〕呂昱，《鍾肇政全集9‧高山組曲‧川中島‧血染櫻花的後裔們（代序）》（2000年），頁16。

覺活動」，1969 年二月被以「意圖顛覆政府」罪名入獄，判刑 15 年，直到 1984 年出獄；因此，當年其對於《川中島》與《戰火》的數篇評論，均寫於 1983 年的牢獄中。

> 日據五十年異族統治，臺灣人無分族群都是鐵蹄蹂躪下的被迫害者，可是不同種族的生存意識，必然產生相異的歷史流變；漢族和高山族對臺灣島的感情絕對不可劃上等號，對日本人的仇恨和抵抗意識也不可冒然混淆；日本殖民政府的奴化政策，必然存在漢族和高山族的差別用心，將兩個種族的歷史命運和遭遇任意等同視之，是知識份子良知的墮落，也可能是民族沙文主義意識形態的作祟。〔註107〕

當呂昱在評鍾肇政的《川中島》時，曾提及「截至目前，在我們的文學領域內，以高山族的命運和歷史事件做為創作題材的小說，似乎並不多見。」〔註108〕鍾肇政的文本即具有重要的指標性意義。又如呂昱所述，「倘若從文學的表現來看，作家的創作觀大抵上總不免要受限於個人文學心靈和生活經驗的制約。而文學心靈對人間世界的諸多觀點與認知，則直接緣起於本位性文化模式的塑體。」〔註109〕縱然作家在創作時，經常會受到本位文化的影響，但如同鍾肇政所言，經過多次田野調查後，才如實地記載著山地故事與歷史。因此，在解嚴前的時代，鍾肇政能以漢族作家身分，如實地記載著山地歷史與部落文化故事，已深具有時代性的指標意義。此外，鍾肇政在當時的時代氛圍下，所創作出的文本特色，均具有苦悶的現象，乃回應著當時的種族、環境與時代氛圍。

> 泰納（H. Taine）揭示了「種族、時代、環境」為文學三要素，並且說：「藝術作品只是由精神和周圍的一般狀態的全體所決定的。」所謂「苦悶的象徵」，所謂「膚受之塑」等等的立論，其旨意無不在於說明：作品係作家對身處之環境的直接反射。〔註110〕

〔註107〕呂昱，〈血染櫻花的後裔們〉，鍾肇政，《川中島》（臺北：蘭亭出版社，1985 年 4 月），頁 14。

〔註108〕呂昱，〈解開苛政下隱忍圖存的奧秘──評鍾肇政的「川中島」〉，鍾肇政，《鍾肇政全集 9・高山組曲・川中島》（2000 年），頁 225。

〔註109〕呂昱，〈解開苛政下隱忍圖存的奧秘──評鍾肇政的「川中島」〉，鍾肇政，《鍾肇政全集 9・高山組曲・川中島》（2000 年），頁 225。

〔註110〕呂昱，〈解開苛政下隱忍圖存的奧秘──評鍾肇政的「川中島」〉，鍾肇政，《鍾肇政全集 9・高山組曲・川中島》（2000 年），頁 225。

　　鍾肇政縱然跨越種族的限制，時代的變遷，與環境的變異，「此類美學概念固有其實際適用的一面，到底並非就是唯一的眞理。對於某些企圖跨越種族、時代與環境的作家而言，總是努力地要使自己個人文學心靈穿透過文化模式的既有結構網，從人性的基本理念去尋找共相與殊相的交疊部分。」〔註111〕鍾肇政仍透過自身對於山地文化的認知，努力地建構出，在歷史洪流與空間變異下，山地文本的指標性議題。因此，鍾肇政的山地文本，在整個原住民文學歷史中，均具有開創性的象徵意義。由最早的《馬黑坡風雲》，到《高山組曲》中的《川中島》與《戰火》中，霧社事件首次如此詳盡地以文本方式披露。

> 鍾肇政以「霧社事件」爲時空背景所寫的「馬黑坡風雲」，則是臺灣
> 文學中此類作品最早範例。近期發表的「川中島」和「戰火」兩書
> 繼之，成爲第二部、第三部山地小說。〔註112〕

　　鍾肇政在最早的《馬黑坡風雲》中，曾自述爲此創作，無數次地到山地間進行田野調查，藉由史實的蒐集與當事者的言論記憶中，去刻畫出重要的歷史片段，故『馬黑坡風雲』成書於一九七○年，出版於一九七三年。作者動筆之初，已廣泛蒐集了可靠資料，執筆時又採取極貼近史實眞相的故事性筆法而敘述，體例上屬於『非虛構小說』（Nonfiction Novel）的類型。使既有其眞人眞事，爲了澄清史錄的偏差，爲了保存史實的原貌，作者的創作原意，我們自能體會得到。」〔註113〕霧社事件即在文本中如實地呈現。爾後，在《馬黑坡風雲》發表後的十二年後，鍾肇政蒐集更多詳實的田野調查資料，進而創作出更精彩的山地文本《高山組曲》中，《川中島》與《戰火》二部文本，刻畫出霧社事件的過程與眞相；甚至於還呈現關於馘首、頭目權力消逝、教育與文明近代化……等諸多議題的多元化分析。

> 十二年後，鍾肇政繼續以「霧社事件」劫餘者的淒苦際遇爲題材，
> 寫了「川中島」一書。同樣地採取用於史實原材，作者的處理卻有
> 了迥異的態度和技巧。在「川中島」裡，作者在特定的時空架構上

〔註111〕呂昱，〈解開苛政下隱忍圖存的奧秘——評鍾肇政的「川中島」〉，鍾肇政，《鍾肇政全集9·高山組曲·川中島》（2000年），頁225。

〔註112〕呂昱，〈解開苛政下隱忍圖存的奧秘——評鍾肇政的「川中島」〉，鍾肇政，《鍾肇政全集9·高山組曲·川中島》（2000年），頁226。

〔註113〕呂昱，〈解開苛政下隱忍圖存的奧秘——評鍾肇政的「川中島」〉，鍾肇政，《鍾肇政全集9·高山組曲·川中島》（2000年），頁226。

> 將史材打散、分解、消融，然後運用高度想像力，經由重塑新貌的
> 創作過程，賦予真人各自獨立的文學生命，也對真事注入完整的存
> 在意義。〔註114〕

在《川中島》中的主要人物畢荷，乃為真人真事，彷彿法農般，親眼見
證著原住民族被殖民的過程。文本的敘事觀點，即以畢荷·瓦利斯親歷霧社
事件的青少年眼光，延伸至其遷居至川中島後的內心交戰，呈現霧社原住民
遺族的處境與心路歷程。畢荷身為曾參加霧社事件荷戈社後代，遇上救命恩
人道澤駐在所主任小島源治，畢荷仍充滿著救命之恩的感謝之情。因此，畢
荷內心的衝突與矛盾，乃源自日本人同化教育政策與泰雅族傳統觀念的對
立；但又基於對族人的歷史使命感與責任感，努力地為原住民遺族寫下輝煌
的未來。

> 畢荷是真實人物，是川中島村民們景仰愛戴的領袖人物，也是霧社
> 後代刻苦奮勵、自學成功的地位為山地知識青年。他的地位和身分，
> 會使他對自己的族人自然孕育一份使命感。那麼，援引其智慧與內
> 省的自覺意識，為霧社遺族記錄下掙扎圖存的生活實蹟，自屬無庸
> 置疑。〔註115〕

畢荷還親眼目睹霧社事件悲劇的發生經過，「首先，在第一次霧社事件發
生時（一九三○年十月二十七日），畢荷十六歲的高中生，已有了相當的辨識
力和記憶力。在親歷目睹前後大規模的血腥鎮壓與圍剿行動中，可怕的夢魘
遂成為他終生的心靈重負。」〔註116〕此後，這段血腥鎮壓的屠殺歷史，即成
為他一生揮之不去的夢魘；文本乃由畢荷的記憶，去揣摩還原歷史，「作者藉
其憶述，使小說得以從另一角度去追記霧社事件發生的經過情形。」〔註117〕
鍾肇政經由不同的視角與觀點切入，還原歷史的原貌。

第二，畢荷之能夠逃過大屠殺的浩劫，時托命於日警小島源治的庇
護和小島家人的照應與鼓勵。同時的，小島的另一副面孔則扮演著

〔註114〕呂昱，〈解開苛政下隱忍圖存的奧秘──評鍾肇政的「川中島」〉，鍾肇政，《鍾
　　　　肇政全集9·高山組曲·川中島》（2000年），頁227。
〔註115〕呂昱，〈解開苛政下隱忍圖存的奧秘──評鍾肇政的「川中島」〉，鍾肇政，《鍾
　　　　肇政全集9·高山組曲·川中島》（2000年），頁227。
〔註116〕呂昱，〈解開苛政下隱忍圖存的奧秘──評鍾肇政的「川中島」〉，鍾肇政，《鍾
　　　　肇政全集9·高山組曲·川中島》（2000年），頁227。
〔註117〕呂昱，〈解開苛政下隱忍圖存的奧秘──評鍾肇政的「川中島」〉，鍾肇政，《鍾
　　　　肇政全集9·高山組曲·川中島》（2000年），頁227～228。

第二次霧社事件（一九三一年四月二十五日）的策動者之一，是教唆鄰族襲擊收容所，殘殺婦孺老弱的人物。這秘密，是畢荷無意間得悉的，是塞達卡族群唯一知道黑幕眞相的人。小島於他有恩，但又是蓄意謀殺族人的兇犯，恩仇愛恨的交織，昇高了畢荷心靈撕扯的痛苦。周旋於族人與日人之間，他是橋樑，由人踩踏而過。〔註118〕

在臺灣早期的文本中，「以臺灣歷史爲背景而寫的小說，幾乎不可能不去觸及殖民統治的奴化政策。」〔註119〕直至鍾肇政的文本創作後，方才將日治時期殖民化臺灣的樣貌再現於讀者的面前，「當拿刀動槍的武力抵抗被鎮壓，被擊潰以後，民族抗爭的力量會轉進到文化據點上。相對的，殖民統治者則恃其高壓的恐怖手段，透過各種教育管道，迫使深固強大的民族意識漸次扭曲。等到被統治者的民族尊嚴紛紛遺落淪喪之際，再因勢利導地，一面刻意塑造統治者尊貴高倨的幻象，一面則技巧地植下殖民的種苗。」〔註120〕鍾肇政藉由文字的力量去還原歷史的眞相。在殖民化的高壓統治下，漢族即經歷著被同化的命運，更何況是山地的原住民族呢？「在臺灣，平地的漢人儘管仗恃博大精深的民族文化爲依據，猶然掙不斷日本殖民的牢籠鎖鍊，則山地人民又何獨能脫卸得了歷史強加的鐐銬？」〔註121〕諸多描述臺灣殖民歷史的文本，均忽視原住民族的被殖民處境，直至鍾肇政乃以文本補足當時臺灣文壇的不足之處。

「川中島」裡，鍾肇政不從正面去抨擊奴化政策，不以激情鞭韃殖民地意識，反而抑低文字調門，讓畢荷個人內心的徬徨苦悶，從亦恩亦仇、有愛有恨的雙重理念底摩擦，緩緩擴及於全體族人的茫然與苦衷，如此地寓獨特於普遍，不說是高明的文學處理，至少也顯示了作者謙遜冷靜的自制力。〔註122〕

〔註118〕呂昱，〈解開苛政下隱忍圖存的奧秘──評鍾肇政的「川中島」〉，鍾肇政，《鍾肇政全集9・高山組曲・川中島》（2000年），頁228。

〔註119〕呂昱，〈解開苛政下隱忍圖存的奧秘──評鍾肇政的「川中島」〉，鍾肇政，《鍾肇政全集9・高山組曲・川中島》（2000年），頁229。

〔註120〕呂昱，〈解開苛政下隱忍圖存的奧秘──評鍾肇政的「川中島」〉，鍾肇政，《鍾肇政全集9・高山組曲・川中島》（2000年），頁229。

〔註121〕呂昱，〈解開苛政下隱忍圖存的奧秘──評鍾肇政的「川中島」〉，鍾肇政，《鍾肇政全集9・高山組曲・川中島》（2000年），頁229。

〔註122〕呂昱，〈解開苛政下隱忍圖存的奧秘──評鍾肇政的「川中島」〉，鍾肇政，《鍾肇政全集9・高山組曲・川中島》（2000年），頁229。

　　鍾肇政在《川中島》中，不直接正面書寫殖民統治的殘酷，乃以原住民青年畢荷內心的掙扎與糾結，不斷地深化原住民族在殖民統治下的矛盾與痛苦，展現出原住民族懷著滅族之恨，卻無可奈何的無奈心境。由此再現被殖民者，在殖民疆域的交錯歷史與文化背景下，無奈又矛盾的內心交戰。

　　此外，鍾肇政在描述歸順式後的原住民遺族，「歸順式甫才完成，三十二位『蕃丁』即被強行『留置』，從此一去不返。恐怖感再度襲擾無助的族人，明知他們凶多吉少，老村長瓦丹也還得咬緊牙關，控制村民們憤怒而心碎的蠢動。形勢比人強，除了隱忍，面對強權迫害，他們實在別無選擇的。」〔註123〕因此，好不容易可在川中島暫時安身立命的原住民族，仍不免遭到迫害地面對令人惶惶不安的生活型態；卻僅能咬緊牙關，強忍住心中的悲痛。當時原至民遺族，彷彿為在夾縫中求生存般，隱忍一切的仇恨與苦難，僅為求得苟延殘喘的生存空間，艱困地度日如年。

> 隱忍的意義在於圖存求生。就在這裡，種族延續的強烈意念浮凸出來了。這是恩仇交織的母題所延伸的一個子題，即藉用來讓人物情境在極端發展的緊張關係下壓縮而或得舒解，從而引出母題所假設的困境之轉移或再生。〔註124〕

　　巴堪所代表的即為原住民族女子堅忍不拔、不屈不撓的精神寫照。縱然犧牲掉自身的貞節，還要忍受族人的異樣眼光，「巴堪的存活則表現了另一重抗爭意義。霧社事件的發動者莫那‧魯道，在壯烈犧牲後已成為川中島村民共祀的神靈。因此，保護神只留下來的血胤馬紅，乃是族人共守的責任。」〔註125〕巴堪即象徵為保衛原住民族，無奈隱忍被殖民者辛酸的主要代表人物之一。巴堪乃挺身而出保護著馬紅的清白，象徵捍衛原住民族的尊嚴，卻遭受族人們的誤解，但也展現出原住民族在危機中，勇於承擔的意志。

> 昔日警杉山覬覦馬紅的美色而意圖對之非份之想玷辱時，巴堪乃一再挺身而出，用自己的肉體和女性本能纏住杉山，以圖延緩他對馬紅的騷擾與攻擊。這表面淫蕩與敗德之行，所蘊涵的偉大情操，該

〔註123〕呂昱，〈解開苛政下隱忍圖存的奧秘──評鍾肇政的「川中島」〉，鍾肇政，《鍾肇政全集9‧高山組曲‧川中島》（2000年），頁230。

〔註124〕呂昱，〈解開苛政下隱忍圖存的奧秘──評鍾肇政的「川中島」〉，鍾肇政，《鍾肇政全集9‧高山組曲‧川中島》（2000年），頁230。

〔註125〕呂昱，〈解開苛政下隱忍圖存的奧秘──評鍾肇政的「川中島」〉，鍾肇政，《鍾肇政全集9‧高山組曲‧川中島》（2000年），頁231。

是個懦弱女性在強權凌虐時所能行動的最大能耐了。〔註126〕

鍾肇政藉由巴堪懷了日本官員杉山政的孩子，象徵著被殖民者乃承受殖民者所種下的惡因，控訴著日本在殖民地所留下的惡行惡狀，「巴堪懷了杉山的孩子，這孽子在小說裡雖然沒有明白交代，亦能隱喻了日人在臺灣無意留下來的惡劣行蹟之證據。這不是作者對質民統治者間接的指控麼？」〔註127〕巴堪犧牲貞節，即象徵被殖民者的無奈妥協，「巴堪的犧牲終歸徒然，馬紅還免不了被逼上絕路。馬紅以死護住了自己的貞節，以死表明了個人違抗官式命令的決心。」〔註128〕馬紅即在此專制統治下選擇犧牲性命，象徵著被殖民者的壯烈犧牲。

在川中島世界中，無非是殖民式政權的縮小版，日本官方盡情地以絕對服從的各項命令，荼毒著川中島的原住民遺族。鍾肇政乃專心處理著霧社事件與殖民統治議題，對於史實盡可能地完整呈現。

> 「川中島」是個孤立的世界，除了苛政暴虐的發動體，外面的人進不去，村民們出不來。從小說的虛構本質發揮，作者大可創造出兩個鮮明對照的世界；一個是用山地神話所塑建的澄明理想的精神淨土；一個則是天災人禍的苦難人間？作者以其老練圓熟的寫實手法對後者盡力做了詳實的勾勒，唯獨對神話的大量運用付諸闕如，不能不說是山地小說的遺憾！也許這正是漢人作家創作山地小說的某種極限吧？鍾肇政顯然並未順利跨過種族間的一堵高牆。〔註129〕

自從1983年《馬黑坡風雲》後，鍾肇政又陸續完成《高山組曲》中的《川中島》與《戰火》，不同於以往的漢人視角，鍾肇政經由田野調查與詳細閱讀歷史資科後，以貼近原住民族史實的方式書寫，如實呈現霧社事件的真相；並以人道關懷精神，描述歷經霧社事件後的原住民族處境。因此，《馬黑坡風雲》、《川中島》與《戰火》，均可視為一系列關注於原住民族霧社事件史實的重要指標性文本。

〔註126〕呂昱，〈解開苛政下隱忍圖存的奧秘──評鍾肇政的「川中島」〉，鍾肇政，《鍾肇政全集9‧高山組曲‧川中島》（2000年），頁231～232。

〔註127〕呂昱，〈解開苛政下隱忍圖存的奧秘──評鍾肇政的「川中島」〉，鍾肇政，《鍾肇政全集9‧高山組曲‧川中島》（2000年），頁232。

〔註128〕呂昱，〈解開苛政下隱忍圖存的奧秘──評鍾肇政的「川中島」〉，鍾肇政，《鍾肇政全集9‧高山組曲‧川中島》（2000年），頁232。

〔註129〕呂昱，〈解開苛政下隱忍圖存的奧秘──評鍾肇政的「川中島」〉，鍾肇政，《鍾肇政全集9‧高山組曲‧川中島》（2000年），頁233。

十三、《戰火》文學背景

　　鍾肇政在《戰火》中，描述當原住民遺族成為保護蕃之際，在收容所中卻又遭到攻擊，造成第二次霧社事件，「小島因為『管理欠周』，以致所轄的套乍社眾偷襲『收容所』裡的『保護蕃』，一口氣殺死了二百多人，造成第二次霧社事件。」〔註130〕此後，原住民遺族們即遷徙至川中島生活，鍾肇政乃以《戰火》記載著遺族們在川中島後期的生活型態，再現日本殖民帝國的霸權宰制，如何衝擊原住民族的被殖民困境。

> 唯獨原本那些茅草頂的破陋「改良蕃屋」，全部失去了蹤跡，取代的是一棟棟小巧玲瓏，看起來十分牢靠的房子。屋頂是「日本瓦」，外牆是水泥基、木板牆，屋裡的地板還是打了水泥的。在構造方面，有一點像日本式房屋，不過都是單純的長方形，有不小的玻璃窗，入門還是兩扇式的玻璃格子門扇。根據官方的說法，這又比當年的所謂「改良蕃屋」更進了一大步。〔註131〕

　　《戰火》乃深刻記載原住民遺族在川中島生活，除了住所改變外，最主要面對的還是生活型態、風俗習慣、思想改造……等諸多層面的衝擊與影響。此外，《戰火》乃延續《川中島》，以太平洋戰爭為背景，展現在皇民思想的鼓吹下，川中島青年踴躍志願參戰的景象。此刻族人似乎遺忘歷史傷痛地競相參與志願兵，以身為日本皇軍為榮。原住民族的態度從反日抗日，轉而效忠天皇與日本帝國。因外，《戰火》「小說的背景係置放在日本所掀動的太平洋戰爭末期，亦即喧嚷著『一億總玉碎』的敗亡年代裡。」〔註132〕此即取材於原住民族青年參戰的際遇與思想變遷議題撰述，在當時乃為鮮見的文學題材。

> 「戰火」是鍾肇政近作「高山組曲」長篇系列的第二部。……真正必取材於山地人民的參戰經驗，且純粹以部落族性格和山民意識，做為小說之投影於現實世界的觀點作品，則寧非無有？〔註133〕

　　鍾肇政《戰火》即再現原住民族遭受日本殖民的奴化政策。原住民族儼

〔註130〕鍾肇政，《鍾肇政全集 9・高山組曲・戰火》（2000 年），頁 240。
〔註131〕鍾肇政，《鍾肇政全集 9・高山組曲・戰火》（2000 年），頁 242。
〔註132〕呂昱，〈歷史就是歷史：評鍾肇政的「戰火」〉；鍾肇政，《鍾肇政全集 9・高山組曲・戰火》（2000 年），頁 477。
〔註133〕呂昱，〈歷史就是歷史：評鍾肇政的「戰火」〉；鍾肇政，《鍾肇政全集 9・高山組曲・戰火》（2000 年），頁 477。

然成爲日本帝國殖民下的犧牲者，「帝國主義不只是一種支配關係，也是一種既定之擴張意識型態的投注心力。」〔註134〕原住民族甚至於拋卻過往的族群恩怨，而嚮往成爲日本殖民政策下的奴隸。

> 在文字背後所隱藏的經營深意——分明是要對奴化政策再算一次總
> 帳吧！……因此役使殖民地人民充作侵略的砲灰，正是皇民化運動
> 惡毒設計的要旨之一。在有計畫的奴化教育下，臺灣人民，無分漢
> 族、高山族，全被刻意的思想接枝移植，培養出追求或嚮往日本圖
> 式的武士假象。〔註135〕

在日本皇民化思想的洗腦中，原住民族儼然成爲「殖民帝國」奴化教條下的犧牲者；甚至由霧社事件中，壯烈犧牲的花岡二郎之遺腹子，代表日本官方來演講，呈現新一代的霧社遺孤，已對先人曾灑遍鮮血的抗日史篇乃渾然無知，以此現象深入諷刺著皇民化運動中，殖民帝國霸權的成功擴張。

> 這種「獻身報恩」的奴化教條，由一位年僅十四歲的孩子說出來，
> 就足以叫人心寒了！更何況這位慷慨陳詞的「蕃童」代表即是花岡
> 二郎的遺腹子！小小的心靈竟然對親身父親之死於日人槍下的記憶
> 完全空白，對族人的歷史一無所悉，反諷的筆意還不夠辛辣嗎？新
> 一代的霧社遺孤已不知先人以鮮血灑遍的史篇，作者是否正欲暗示
> 歪曲竄改史實的可怕與可恨？〔註136〕

文本中所揭露的部落被殖民現象，諸如當年遭遇苦難的原住民遺族，在苟延殘喘的存活後，即產生宿命的哲學，甚至於被洗腦成殖民帝國官方意識的強烈嚮往者，徹底地被奴化乃相當諷刺，且令人感到無限的悲哀。若以「對位式的閱讀」，可就日本殖民帝國意識的視角而言，乃將被殖民者汙名化成「有色人種的劣根性、他們應該被優越民族所統治的必然性，和他們絕對無可改變的本質，或多或少是現代生活不可置疑的公理。」〔註137〕但此即爲殖民帝國主義，堂而皇之宰制被殖民者的合理化說辭。

〔註134〕薩依德，〈對現代主義的註腳〉，《文化與帝國主義》（臺北：立緒出版社，2001年），頁332。

〔註135〕呂昱，〈歷史就是歷史：評鍾肇政的「戰火」〉；鍾肇政，《鍾肇政全集 9·高山組曲·戰火》（2000年），頁478。

〔註136〕呂昱，〈歷史就是歷史：評鍾肇政的「戰火」〉；鍾肇政，《鍾肇政全集 9·高山組曲·戰火》（2000年），頁479。

〔註137〕薩依德，〈帝國主義的享樂〉，《文化與帝國主義》（臺北：立緒出版社，2001年），頁275。

「只要堅強地活下去就一定會有希望」卻是苦難民族所深信不疑的
宿命哲學啊！就是這樣無可奈何的生命觀，使人們只能聽見「沐浴
聖恩，皇民化運動結出美妙的果實」的狂呼喧囂，卻又不聞那些暗
地裡咬牙切齒咒罵「三腳仔」、「日本狗」的怒氣與怨聲？等而下之
者，更要分不清東南西北的正確方位了。捻香照拜的盲從習性，可
以無知的解釋，其實又何嘗不是無奈的哀傷？漢人如此，高山族也
必然脫不開奴化的魔掌！〔註138〕

　　鍾肇政在《戰火》中，以諸多原住民族皇軍為代表，象徵被殖民者已徹
底被奴化，以彰顯皇民化運動的合理性，諸如以阿外的未成年弟弟沙坡（山
下次郎）、達巴斯・庫拉（中島俊雄）為例，「阿外未成年的弟弟沙坡（山下
次郎）割指頭、寫血書，爭著要做川中島第一位為『天皇陛下而死』的志願
兵；也看到達巴斯・庫拉（中島俊雄）拋家棄子、光榮赴死的一幕慘景——
賠上了岳母與妻子兩條人命。在作者筆下，他們所表現的大無謂精神並無一
絲矯飾，對『天皇』效忠到底的信念也肯定是出於至誠。」〔註139〕原住民遺
族究竟為真的欲對天皇陛下效命，抑或僅為皇民化奴化思想的毒害現象再
現。鍾肇政方深入分析「義勇隊」的戰鬥部隊成員，「其實，皇民化也好，仇
恨也好，充其量全都是聽憑命運之神擺佈的龍套角色。」〔註140〕原住民族皇
軍乃成為日本當局強制壓迫後，僅能絕對服從命令所產生的志願兵，甚至於
成為殖民霸權下的慘烈犧牲者。

作者也藉之對「義勇隊」的成員做了客觀的剖陳。這支徵集自臺
灣，總數多達十萬名山地人的戰鬥部隊，在性格上仍有部落間的差
異，但就「做為一個皇軍兵士」而論，大致可分為「皇民化型」和
「復仇型」兩類別。前者是奴化教育的必然產物，對「日本人有著
深深的憧憬」；後者則「有不能離開家鄉的理由，卻是被逼了才志願
的」。〔註141〕

〔註138〕呂昱，〈歷史就是歷史：評鍾肇政的「戰火」〉；鍾肇政，《鍾肇政全集 9・高
　　　　山組曲・戰火》（2000 年），頁 480。
〔註139〕呂昱，〈歷史就是歷史：評鍾肇政的「戰火」〉；鍾肇政，《鍾肇政全集 9・高
　　　　山組曲・戰火》（2000 年），頁 480。
〔註140〕呂昱，〈歷史就是歷史：評鍾肇政的「戰火」〉；鍾肇政，《鍾肇政全集 9・高
　　　　山組曲・戰火》（2000 年），頁 482。
〔註141〕呂昱，〈歷史就是歷史：評鍾肇政的「戰火」〉；鍾肇政，《鍾肇政全集 9・高
　　　　山組曲・戰火》（2000 年），頁 482。

　　出身布農族的林兵長（歐蘭·卡曼），乃為形象較鮮明的人物，方成為此場戰役中的悲劇英雄。他贏得日本殖民統治者的高度信任後，成為高深莫測的原住民族皇軍。林兵長怒掌平岡，反駁所謂討內地人歡心的譏諷；又為和田回報的暗示而哽咽，奮勇救回和田的目標究竟為何？均令人莫測高深。

> 倒是出身布農族的林兵長（歐蘭·卡曼）才稱得上是這場戰爭裡的悲劇化身。他身先士卒、奮戰作戰；他冒死馳救和田曹長。盡力和長官（悉數為日人）和睦相處，建立「朋友般」的袍澤之情，並贏得統治者的高度信任。〔註142〕

　　在皇民化思想的奴化教育下，林兵長彷彿當年的花岡一郎、花岡二郎，一心一意想成為被殖民者與自我爬昇的美夢實現者，「奴化教育使林兵長在思想上積極地向『神國』日本認同。皇軍制服和戰爭平等生活的感受，則使他的皇民思想得到具體印證與肯定——被殖民者的自我爬昇的美夢找到了落實點。只要聖戰打下去，他就有機會擢昇為皇軍軍官。」〔註143〕此種被殖民者的意識型態，彷彿法農被殖民心理的再現。

> 以法農的書寫策略來檢驗日據時期的文學作品，幾乎都可以找到對應的實例。在皇民化運動期間，四〇年代的臺灣知識份子竟然開始抱怨自己的身體流淌的不是大和民族的血液，竟然認為獻身大東亞戰爭可以使臺灣人「以血換血」。在這些文學背後潛藏著一個巨大的政治無意識。〔註144〕

　　在林兵長心目中，一心一意欲成為皇軍軍官；卻在日本戰敗後美夢終究消逝。此種被殖民者對帝國殖民的認同意識，已轉變為奴化意識。彷彿當年霧社事件爆發之際，或許也曾有原住民族，渴望成為日本官僚的美夢瞬間被打醒。

> 不過，時代常愛戲弄有夢的小人物。日本戰敗，林兵長的夢缺了口；日臺隔離，林兵長喪失了做一名皇軍的資格。一夕間他從「第

〔註142〕呂昱，〈歷史就是歷史：評鍾肇政的「戰火」〉；鍾肇政，《鍾肇政全集 9·高山組曲·戰火》（2000 年），頁 482～483。

〔註143〕呂昱，〈歷史就是歷史：評鍾肇政的「戰火」〉；鍾肇政，《鍾肇政全集 9·高山組曲·戰火》（2000 年），頁 483。

〔註144〕陳芳明，〈膚色可以漂白嗎？〉，法農，《黑皮膚，白面具》（2005 年 4 月），頁 17。

一等的日本國民」驀然轉變爲「最下等的支那人」。信仰崩潰，美夢
幻滅，情何以堪？觀念的錯亂和意志的衝突把最堅強的林兵長擊垮
了！〔註145〕

當日本戰敗後，不僅日本大東亞共榮圈的美夢破滅，被殖民者林兵長的
美夢也被擊潰，簡直無法置信地面對著日本戰敗的消息；縱然在叢林戰爭
中，彰顯出原住民族方爲眞正強者，但也僅爲殖民壓迫下的被殖民者。林兵
長在與殖民者日本小隊長和田的對話中，在意的僅爲能否成爲一名眞正的皇
軍，成爲殖民帝國下的被殖民者。

一天傍晚，和田向林兵長說：「哈耶西，我眞是受你照顧了，我這條
命，是你幫我撿回來的。」「小隊長殿，你眞這樣想嗎？」林兵長還
是像從前一樣，禮貌周到地說。「當然，這是我內心的話」「我是……
嗯，是幫了你們內地人的忙，不過這也是一名皇軍份內的事」「你眞
是最皇軍的一名皇軍啊。」「內地的報紙，會寫這種眞實的話嗎？」
「咦？你說什麼？」和田幾乎不敢相信自己的耳朵。「我說，內地的
報紙，會把眞實的情形報導出來嗎？」林兵長的口吻熱切極了。「會
的。當然會啊。」「那我就放心了。」〔註146〕

當林兵長聽聞美軍要將戰俘重新分組，依日本人與中國人分開管理時，
突然發狂般的衝出質問，「我們也是日本人！全部都是！爲甚麼這樣分？」
〔註147〕因日本戰敗的消息，讓林兵長一時仍無法接受。此時在阿外眼中的林
兵長已完全改變，竟爲了殖民帝國的戰敗而飽受衝擊，變得自暴自棄。

經過這一擊之後，林兵長人整個地變了。他落落寡歡，經常沉默
著，以爲他在想心事嗎？眼神卻是空洞的。偶爾，他也會有一些言
動，卻是輕浮的，甚至也給人自暴自棄的感覺。他的那一份布農的
矜誇，哪兒去了呢？怎麼會失落得這麼快，又這麼乾淨呢？〔註148〕

當阿外得知臺灣隨著日本戰敗，將要歸還給「支那」時，不禁思索著令
人意想不到的未來景況。在日本的奴化教育中，日本乃爲最高尚的帝國，之
那乃爲最下等的國家，面對如此的轉變，原住民族呈現出對於殖民政權的認

〔註145〕呂昱，〈歷史就是歷史：評鍾肇政的「戰火」〉；鍾肇政，《鍾肇政全集 9‧高
山組曲‧戰火》（2000 年），頁 483。
〔註146〕鍾肇政，《戰火》（臺北：蘭亭出版社，1985 年 4 月），頁 275～276。
〔註147〕鍾肇政，《戰火》（1985 年 4 月），頁 277。
〔註148〕鍾肇政，《戰火》（1985 年 4 月），頁 277。

同迷思。但原住民族對於自我的族群認同，卻再度被喚醒。

> 也就是說，臺灣不再是日本的土地了，而臺灣人，不管是本島人也
> 好，高砂族也好，全部不再是日本人了。那我們不成了支那人了？
> 支那，支那人，一向被說成是最差的國家，最下等的人民。而日本
> 則是神國、皇國，世界第一等的國家、國民。從第一等的，一下變
> 成最下等的，這是多麼難以忍受的事啊！……泰耶魯就是泰耶魯，
> 這一點是不會改變的。同樣，布農也是布農，排灣也是排灣。但
> 是，林兵長難道還不清楚這個道理嗎？〔註149〕

　　從阿外的內心獨白可知，原住民族乃將從世界第一等的日本人，轉變淪
為世界最下等的支那人；而且不論日本人或支那人統治，原住民族還是原住
民族，由此確認原住民族身分認同意識的存在。但在林兵長的內心世界，卻
因殖民政權的易主，掀起無法平復的波瀾，由此再現殖民霸權的荼毒，已深
化於原住民族的內心深處。

> 他一向都那麼元氣充沛，是個最英勇最機智的戰士，也是最皇軍的
> 皇軍。他該也曾是個最矜誇的布農吧。這一份矜誇，他把它從布農
> 的轉變成日本人的、皇軍的，因此當一名最好的日本人、最皇軍的
> 皇軍，也就是他發自心底最深處的願望。林兵長那一場嚎啕大哭，
> 幾乎是驚心動魄的。他不只是為了自己，也是為了全部的高砂族而
> 努力奮鬥過來的。他力爭做一個日本人、皇軍的榮耀，乃是為了提
> 高同胞的地位。這麼說來，林兵長豈不是最純潔的高砂族嗎？一個
> 時代已經結束了，新的時代雖然還不知道是怎樣的，但一定是不同
> 的，而林兵長在這個舊的時代裏，是一個悲劇英雄。悲劇英雄恐怕
> 命中註定必須隨一個時代而滅亡，然後從廢墟中重生。林兵長會活
> 過去的，並且也像過去的好長一段歲月那樣，他必定是個最堅強最
> 勇敢的生存者。〔註150〕

　　林兵長乃為小說中的悲劇英雄典型，乃為最矜誇的布農、最好的日本人
與最皇軍的皇軍，誠如薩依德所述，被殖民者已徹底地被殖民主義所奴化，
「殖民主義不僅只滿足於將一個民族牢牢掌握住，且將土著腦中的所有形式
和內容全然掏空。經由一種曲解的邏輯，它轉向民族的過去，扭曲、變形和

〔註149〕鍾肇政，《戰火》（1985年4月），頁278～299。
〔註150〕鍾肇政，《戰火》（1985年4月），頁279～280。

摧毀之。」〔註151〕鍾肇政以身分認同迷思，諷刺皇民化思想的奴化之深，刻畫出川中島後期的時代悲哀。

> 全書結束在此一段落上，在我讀來，不免覺得作者對人性的韌力過於信賴，對歷史延續的命運也太過樂觀。就小說情節的推展而論，悲劇所凝聚的撞擊力，竟為了作者不忍之仁，在挈矢中的前一刻整個地渙散了。實在是因小失大，不很成功的休止符。換個角度來看，如果將「濁流三部曲」和「臺灣人三部曲」拿來排列比對，不難求出鍾肇政執意維護這塊歷經劫難的島嶼底創作信仰。他是以一種源自鄉土的、深具包容的人類愛在寫其小說的。那麼，苦難再多、黑夜再長，人都一定存有得救的最後希望。既如是，我們除了深切的祝福，最好別再多說甚麼。〔註152〕

鍾肇政描述這段歷史乃將原住民族被殖民的受難過程，經由筆墨記錄下來。在《高山組曲》中，細膩地刻畫出原住民族如何在日本殖民霸權下求生存？將臺灣殖民地時期的奴化教育，鮮明的再現於文本中，以控訴日本殖民帝國的衝擊與殘酷。

> 我有一友名塚本照和其人，現任日本天理大學（以外國語學系斐聲日本學界）中國學系主任。……去年，我曾告訴他有個新的「主題」，是在一些雜讀過程中想到的：霧社事件後十年，為什麼高砂義勇隊的隊員，尤其事件的僥存少年，那麼踴躍地出征去了？也許我會寫寫這個作品。這也正是「高」作的直接動機了。塚本聽罷撫摩胸口說聽了我這話，心口便發疼了。意思該是我又要拿日本人過去的「罪惡」來開刀，他以一個日本人立場，不免感到痛苦。我與塚本友誼至深，這反應頗出乎我意科之外。當然，我相信他不會是碰到日人罪行被揭露就會痛苦的那一類人。

> 另一樁是去夏張良澤應邀到美參加「客家同鄉會」做了幾場演講，……其中論旨提到我的部分略謂：作品以日據時為主，有詆毀日人以討好當道之跡象等。這是對我的當頭棒喝。我曾以歷史見證者自許，甚至也自以為寫日人只有我這枝筆，卻也可以有張力這種

〔註151〕Fanon, Wretched of the Earth, p.210。薩依德，〈葉慈與去殖民化〉，《文化與帝國主義》（臺北：立緒出版社，2001 年），頁 439。

〔註152〕鍾肇政，《戰火》（1985 年 4 月），頁 293～294。

看法。以上兩點，成了我寫《高》的心理負擔，因此你已看出來，我寫的某些（例如馬紅之死，你已指出）情節，尤其日人罪行，不是追到爲止即輕描淡寫，連小島的滔天罪行（第二次霧社事件）都淡化了！被你指出後，我心中有所痛苦，忠於史實倒在其次而已。……但我也確實覺得寫日據時代，我才能放手一搏。《高》三部（或許還有四部）進入光復後。寫光復後立即面臨的是一堵厚牆，我也沒有良方去衝破它，這堵牆衝不破，光復後的臺灣只是一幕假象而已。這是身爲「弱小」者的悲哀！

以上，也許可以解開你說的「無法強烈到讀之令人血脈賁張的亢奮」的（謎）。《馬黑坡風雲》時代無此「禁忌」，寫起來也就不同面貌了。至於我期待以壓制者與被壓制者爲意，該是一種時流之影響。現今之世，畢竟仍存尖銳對立，非僅以歷史事實爲念也。說起來，這恐怕也是「弱小」的另一堵牆。弱小之反抗強權，是全面性的，臺灣殖民地時期的奴化教育，只能說是其中一端而已。見微以知著，該也是我所企圖的吧。……我想，如果《高》給人的印象只是一個小小原始部族的受難記，那我是不如不寫。因此，《戰火》的結尾才格外困難。……〔註153〕

在鍾肇政致呂昱書簡中，再次回應呂昱對《戰火》結尾的評論。鍾肇政小說中諸多人物形象均有類似性的描寫，例如莫那・魯道、畢荷、阿外、林兵長，均一致性地再現被殖民者的辛酸、無奈與無可選擇式的被奴化生活。

「歷史就是歷史」已聞過第二次，仍然感動，感觸亦多。尤其論到「戰火」的末尾，深深擊中要害，……。林兵長是我預定中第三部要角之一，我不能使他從我這部小說天地裡消失，從莫那・魯道──畢荷──阿外，到林兵長，性格有異，精神該是一貫的──幾乎也是這相承的精神促發了我立意寫這「三部曲」。……我不能，也根本沒想到（未必是不忍）要給林兵長安排死亡，以升高悲劇的張力。〔註154〕

當年鍾肇政冀望在《高山組曲》中，得以完成第三、四部的願望縱然沒有實現。但鍾肇政對於原住民族的關注，實地深入原住民族部落的田野調查

〔註153〕鍾肇政，《鍾肇政全集》，《書簡集（五）》（2001年），頁251～253。

〔註154〕鍾肇政，《鍾肇政全集》，《書簡集（五）》（2001年），頁263。

行動，與用心追尋其文化故事的精神，均令人敬佩。

> 又：「山」之第三四部，我已接受你的意見，把執筆延後到明、後年，
> 這一方面也是因爲與青年朋友們接觸之後，感覺題材之挖掘，必須
> 改弦更張之故。而吳鳳鄉之行，遲遲未能實現，也使我非轉移目標
> 不可。不過我仍要跑一趟吳鳳，那裡正是「林兵長」的故鄉，我要
> 好好追蹤他。……〔註155〕

鍾肇政在《戰火》中，以布農族林兵長與泰雅族阿外的角色形塑，再現日治時期被殖民者，乃存在著原住民族自我身分認同的游移。由第一等日本人、最皇軍的皇軍、最下等支那人、原住民——最矜誇的布農……等族群身分認同，不斷地在內心天人交戰著；甚至於由 1983 年鍾肇政與呂昱的書簡往返中，可知《高山組曲》創作，隱藏著原住民族內心深處「弱小者的悲哀」，再現被殖民者的被殖民心態，隱藏著族群的強烈自卑感。當年鍾肇政在《馬黑坡風雲》中，所形塑的塞達卡精神幾乎蕩然無存，而被皇民化精神所取代，殖民帝國的霸權已深化於原住民族的內心深處；而原日族群間的族群認同情結，矛盾而複雜的再現於原住民身上。因此，《高山組曲》除了持續關注原住民族在霧社事件後的際遇外，方再現被殖民者的集體意識型態。

鍾肇政以前後兩代原住民知識份子眼光，觀察原住民族與日本的關係。在《川中島》中，原住民族與日警乃爲主奴關係，原住民被不合理的勞役所壓迫；但在《戰火》中，南洋戰場上的原住民得到的平等待遇，取得與日人一較高下的機會，高砂義勇隊的表現甚至於逆轉其被殖民者地位。鍾肇政由《川中島》至《戰火》中，在日治末期皇民化運動時期，霧社事件時的小孩阿外轉而成爲「皇國青年」，以高砂義勇隊身分在太平洋戰爭中，展現原住民族尙武的馘首精神；布農族的林兵長，也被鍾肇政塑造爲原住民皇軍青年典型。此外，《戰火》中的畢荷已不具有《川中島》的朝氣，畢荷雖曾目睹日人虐殺族人的悲壯景象，卻仍相信努力必可擁有大好遠景。在《戰火》中，畢荷已是地位崇高的公醫，但仍可深刻體會到原日族群間的差別待遇。在原住民族青年心目中，高砂義勇隊提供他們與日本人間殖民與被殖民的關係，有機會得以逆轉過來，這也正驅使他們願意爲日本天皇、日本帝國犧牲。鍾肇政對南洋戰場的描寫，展現原住民族在南洋戰場上，渴望獲得平等待遇的心態，林兵長即爲最典型的例證；甚至讓日本人反思而推翻過去認爲原住民族，

〔註155〕鍾肇政，《鍾肇政全集》，《書簡集（五）》（2001 年），頁 266～267。

僅爲兇殘馘首的野蠻人之汙名化刻板印象。

十四、《卑南平原》文學背景

鍾肇政在《卑南平原》中，藉由幾位研究生與研究團隊的活動，陳述關於原住民族的歷史、故事與與習俗。首先提及「排灣族的古老民間故事。」〔註156〕說明排灣族的民族文化特色與歷史發展。

> 排灣族的獵頭風俗，……最勇敢尚武的部族。牡丹社事件……就是把漂來的日本漁民殺光了，然後日本人派軍來，你們就和他們結結實實打了一仗。……排灣也是藝術的民族，工藝品是一流的。崇拜百步蛇，算是個奇異的風俗吧。〔註157〕

當研究生石頭對著野獸說：「我是想找出山裡的美麗姑娘。像深山裡的精靈化身的，最純粹的，最純潔的，最純美的山地女孩，就像……。」〔註158〕由此再現漢族眼中的原住民族，推翻過去對原住民族乃爲野蠻、殘暴的汙名化印象。鍾肇政即由歷史、社會的角度，再現屬於原住民族的時代悲情。

> 普優馬也好，排灣也好，阿咪斯，還有泰耶魯、賽夏、布農、曹、魯凱……她們背負著歷史的、社會的、時代的悲苦，在全臺灣每個角落討生活——我不曉得那是不是也可以稱爲生活。如果可以，那又是怎麼一種生活啊。〔註159〕

鍾肇政藉由現代研究原住民族歷史、文化的研究團隊角度，切入歷史洪流中的原住民族，以虛實相間的敘寫方式，多元視角地再現原住民族群特色。鍾肇政還在普優馬的卑南王部落中，以漢族女人羅姍曜和漢族青年阿篤融入部落，而逐漸改變部落陋習與生態，描述原漢族群在歷史情境中的相處境況。

十五、《日安·卑南》文學背景

鍾肇政自述到臺東進行田野調查的經驗，進而感嘆卑南遺址的破壞殆

〔註156〕一對兄妹因爲卑南平原的洪水被沖走，由於拉住「拉加加茲」的草才獲救，後遇半截蚯蚓變成山，甲蟲帶來了火，開始種植蕃薯、山芋、粟子，最後兄妹結婚，經過幾代才生下健康後代。鍾肇政，《鍾肇政全集10·卑南平原》（桃園：行政院文化建設委員會，桃園縣政府，2000年），頁223～224。
〔註157〕鍾肇政，《鍾肇政全集10·卑南平原》（2000年），頁232。
〔註158〕鍾肇政，《鍾肇政全集10·卑南平原》（2000年），頁330。
〔註159〕鍾肇政，《鍾肇政全集10·卑南平原》（2000年），頁333。

盡，「甫抵臺東，稍事休息之後，我就迫不及待地，要世姪全剛陪我到卑南文化遺址去看個究竟。雖然從不以爲這麼小的一個臺灣島，還會有任何落後的城市，然而臺東的進步與現代化，頗使我覺得驚奇。……原來我涉獵的一大堆文獻紀錄裡，臺東全是後山邊陲的寂寞小鎮；……想到此，禁不住爲自己的迂腐失笑了。」〔註160〕當鍾肇政抵達臺東時，「馬蘭、卑南，繼而是南王，……前面展現了坡度極緩的山坡。」〔註161〕鍾肇政乃立即前往山地部落。

> 都鑾山！在爲數不少的文獻裡，我早知道有這麼一座山，海拔一千二百公尺不到，只因是夾著臺東縱谷、聳立在太平洋岸，因而看來仍有其挺拔傲岸的氣勢。……我還在內心裡稱它爲「聖山」，因爲在甫出土的先民墓葬，一隻隻石棺都是朝向它下土的。易言之，此山該是先民們靈魂之所寄託；在他們的信仰裡，必有它的神聖意義在內。〔註162〕

在臺東的山地原住民族部落，乃居住著諸多原住民族，諸如「這一塊小小的平原上聚集了叫人料想不到的那麼多的不同種族，阿美、排灣、卑南、魯凱，加上山區的布農，一水之隔的孤島上還有個雅美，外加後期移民過來的閩粵苗裔，自然也還有更後期，於戰後渡海而來的不同省籍的移民者。」〔註163〕因此，諸多人類學家、考古學家均前往進行研究。

> 始於民國六十九年的考古活動，在這裡挖出了無數的出土物，證明約在三千年前，這裡就有了如今已查不可知的部族，留下了珍異的古文化遺物。事情起因於南迴鐵路卑南站擴建工程，施工中掘了豐富的遺物，一時引起了嚴重的盜墓行爲，乃由縣政當局出面邀請以宋文薰教授爲首的臺大考古隊，利用假期前來發掘，到七十一年夏秋之間爲止，總共實施了八梯次、工作天計達二百五十四日的掘工作。〔註164〕

當鍾肇政前往卑南遺址後，「我面對的就是曾經因貪婪的盜墓人，好奇的

〔註160〕鍾肇政，〈日安・卑南〉，《願嫁山地郎》（臺中：晨星出版社，1989 年 3 月），頁 164。

〔註161〕鍾肇政，〈日安・卑南〉，《願嫁山地郎》（1989 年 3 月），頁 164。

〔註162〕鍾肇政，〈日安・卑南〉，《願嫁山地郎》（1989 年 3 月），頁 164～165。

〔註163〕鍾肇政，〈日安・卑南〉，《願嫁山地郎》（1989 年 3 月），頁 166。

〔註164〕鍾肇政，〈日安・卑南〉，《願嫁山地郎》（1989 年 3 月），頁 166。

觀光客，以及在烈日下苦苦做工的考古隊員等而熱鬧一時的卑南文化遺址。……一塊平坦的黃褐色泥地而已，它平整得可恨可恥，也寂寞得令人想哭。」〔註165〕當被視爲珍寶的卑南遺址，卻全然被忽視至此，令人不勝欷噓。

> 正如一位好友在信中告訴我：「卑南遺址徹底被破壞了！」我不知道有多少學界人士曾經夢想過這麼一所博物館，提供中外學者一個研究的機構及環境。人類學、民族學、民俗學、語言學、考古學等等學術分野上，這裡都是最可能的一個寶庫，在全世界的學術界，它可以使我們這塊寶島揚名立萬的。但是，展現在我眼前的，只有中央山脈的層巒默默，以及卑南溪的流水鳴咽而已。〔註166〕

當鍾肇政抵達卑南遺址後，見到竟被忽視的亙古遺跡，先民立石甚至於同樣被遺棄路旁，「它該是音遠往昔的居民們熙來攘往的目擊者，可惜它也只能默默鵠立於夕風之中，面對千古歲月而已。」〔註167〕由此可見，當時對於原住民族文化遺址的保存乃極爲忽視。

> 石，我倒看到了一塊先民立石。也許，它也可以稱爲「巨石文化」的一種吧。一塊約十公分厚，高兩公尺、寬五六十公分，據稱可能是先住民房屋的構造物。它被圓形鐵柵欄圍起來，只有一棵椰子樹陪伴著，顯得那麼孤獨無依。〔註168〕

鍾肇政由此展現出原住民族文化保存的困境與傳承困難。如此被忽視的原住民族文化遺址，正見證著原住民族文化的凋零與消逝。因此，如何傳承與保存原住民族文化，乃爲刻不容緩之務。

第三節　原住民族抗日下的霧社事件

一、霧社事件抗日精神

（一）馬黑坡之霧社開端

鍾肇政《馬黑坡風雲》中，深刻地記載霧社事件的過程。關於「霧社事

〔註165〕鍾肇政，〈日安・卑南〉，《願嫁山地郎》（1989年3月），頁167。
〔註166〕鍾肇政，〈日安・卑南〉，《願嫁山地郎》（1989年3月），頁167。
〔註167〕鍾肇政，〈日安・卑南〉，《願嫁山地郎》（1989年3月），頁168。
〔註168〕鍾肇政，〈日安・卑南〉，《願嫁山地郎》（1989年3月），頁168。

件」的社會背景，即為「那些長年累月被壓迫的人們是不肯就此罷休的，何況他們有泰耶魯的矜持，他們，不是一個塞達卡‧達耶所能忍受的。於是大家紛紛表示不滿起來。」〔註169〕泰耶魯已無法忍受日本殖民者的強烈壓迫，因泰耶魯一直自認是高貴而充滿正義感，但受到日本殖民官員的屈辱後，還要賠禮道歉，對於原住民族而言，簡直為雙重屈辱。因此，原住民族即群情激憤地表達對日本統治者的不滿，而主動對莫那‧魯道提及要為原住民族復仇，霧社事件乃一觸即發。

> 「莫那，這樣我們不是成了一群沒有膽子的豬嗎？」「莫那，你是我
> 們的大頭目，你向日本人那樣低頭，丟盡我們泰耶魯的面目了。」
> 「莫那，奧托歐夫一定會為我們這些沒出息的子孫痛哭啊！」……
> 「我們要幹！」「我們要殺光他們！」〔註170〕

原住民族發動「霧社事件」的因素，除了長期以來原住民族的積怨已深，最主要的因素，即為了原住民族的後代，「『我們是為了下一代，為了讓他們有好日子過，不像我們這麼做牛做馬，受苦受難，所以我們寧願犧牲自己。』『莫那！』一郎終於看清了莫那心中，這麼崇高，這麼偉大。為了完成這個心願，讓上一代人來犧牲。這是聖人的襟懷啊！」〔註171〕原住民族因此決定要發動霧社事件來奮力一搏，為爭取自由平等，已非起義不可。因日本殖民官方的山地巡查，簡直不把原住民族當人看待。

> 「我以前也告訴過你了。在內地，那些巡查都是親切而和氣的，可
> 見日本人大部分也是有人性的。壞的，只是那些山地巡查，他們不
> 把我們當人。這是一種最嚴重的偏見，可怕的歧視，我們把這個糾
> 正過來，讓他們明白，非徹底改革不行的。所以為了爭取自由爭平
> 等，非幹不可！」「……」一郎說不出話，只能點點頭，讓雙眼淚流
> 不已。「當然，我也不會輕易下手，最好能不幹，只要他們有一點兒
> 改變的樣子，我就會忍下來的。不過當我們忍受不了時，我是要徹
> 底幹的，把這山裡的日本人殺得精光的。」〔註172〕

諸多原住民族均同樣存有奮力一戰的想法，「可以感受出他達歐那興奮喜悅的氣氛。雖然在下弦月的光亮下，可以辨認面部輪廓，但並不能看清表情，

〔註169〕鍾肇政，《鍾肇政全集 7‧馬黑坡風雲》（2000 年），頁 252。
〔註170〕鍾肇政，《鍾肇政全集 7‧馬黑坡風雲》（2000 年），頁 252～253。
〔註171〕鍾肇政，《鍾肇政全集 7‧馬黑坡風雲》（2000 年），頁 263～264。
〔註172〕鍾肇政，《鍾肇政全集 7‧馬黑坡風雲》（2000 年），頁 264。

可是從他達歐的每一方皮膚，都發散著好似出獵的人，正面臨一隻最強悍最狡猾的老山豬一樣的情緒。」〔註173〕此刻原住民族身上每一滴血液，均流著屬於泰耶魯的正義感。當他達歐得知，泰耶魯真正地要出草之際，「當他達歐聽完父親和一郎的話後，那猜疑的表情，一變而為驚喜與感激，然後再變，而為面對強大獵物的獵人，也許，那也是出草時的泰耶魯吧。」〔註174〕霧社事件對於原住民族而言，彷彿為睽違已久且神聖而令人激憤的出草任務。在霧社事件的事前籌劃工作中，「那時，他洛旺的畢荷・沙坡，還有羅安・羅阿齊、瓦利司・判、峨東濱等人也都還沒散去。於是這六七個人，就以莫那為中心，訂下了一套縝密的計畫。他們的目標，是在短時間內，使他們霧社的每個兵丁，都熟悉三八式步槍的一切，以便一旦人手一把槍桿時，能夠操作自如，發揮威力，克敵致勝。」〔註175〕原住民族以莫那為中心，訂下縝密的計畫，霧社事件將一觸即發。

（二）川中島之霧社回憶

畢荷曾回想起當年霧社事件爆發時的景象，「去年秋，為了慶祝一年一度的霧社神社祭，照例有霧社地區各校各教育所的聯合運動會，聯合學藝會。那也是這一帶一年一度的最大祭典、集會的日子。」〔註176〕當時畢荷在兒童劇中擔任男主角，飾演著日本人的角色。

> 畢荷被命演兒童劇「軍神廣瀨中佐」的男主角。被派到旅順港，執
> 行鑿沉坐艦以封鎖港口任務的廣瀨中佐，在艦隻徐徐下沉之際，得
> 力的助手杉野兵曹兵長竟不見了人影。廣瀨四處找尋，以便及時脫
> 險。幾句「杉野！杉野！杉野！」的臺詞，唸得悲壯之極，在預演
> 的期間就轟動了整個霧社。〔註177〕

霧社事件即在運動場上爆發，「就在這次的運動會上，驚天動地的事件發生了！霧社的六社，幾乎毀滅！——是沒有完全毀滅，至少還剩下二百九十八人。但是，畢荷的師範學校，或者更高的學校，光明的前途，比花岡一郎更大的成就，這一切都毀滅了！」〔註178〕在霧社事件爆發之際，日本人與原

〔註173〕鍾肇政，《鍾肇政全集7・馬黑坡風雲》（2000年），頁271～272。
〔註174〕鍾肇政，《鍾肇政全集7・馬黑坡風雲》（2000年），頁272。
〔註175〕鍾肇政，《鍾肇政全集7・馬黑坡風雲》（2000年），頁272。
〔註176〕鍾肇政，《鍾肇政全集9・高山組曲・川中島》（2000年），頁49。
〔註177〕鍾肇政，《鍾肇政全集9・高山組曲・川中島》（2000年），頁49。
〔註178〕鍾肇政，《鍾肇政全集9・高山組曲・川中島》（2000年），頁50。

住民族所產生的想法乃大相逕庭。爾後，縱然在川中島中，原住民遺族生活獲得改善，但在心目中抹滅不掉，仍爲族群被犧牲的仇恨；甚至於在原住民孩童阿外眼中，仍可見到因族群仇恨所產生的怨氣，此即原住民族不可忘卻的族群傷痛。

> 阿外的臉色，是有濃濃的憤怒和仇恨的。難道小小年紀，就已經知道那些「突奴」就是殺死父母的仇人嗎？說不定那不是憤恨，而只是在大人物前的一種畏怯？不，不，畢荷明明看到的，那小小的眼睛曾經甩過來一把狠亮的眼光。分明是仇恨的。錯不了。〔註179〕

在阿外幼小的記憶中，當年霧社事件的驚恐仍存在其心中；阿外的家人，均全數犧牲。對阿外而言，爲家人復仇乃爲重要的心願。當初在阿外幼小的心靈中，突奴均爲魔鬼；但豈知日後阿外逐漸長大後，卻被日本殖民政權的皇民化教育所影響，而徹底地夢想成爲可爲日本天皇而戰的皇國青年。

> 「是。好多人，馬黑坡的，荷戈的，坡阿隆的……」小阿外在吃力的想著。「好多好多人，好多好多『突奴』（指人頭）。」……「還有哩。莫那又說：『但是，咱們，勝不了突奴，但是，起來了，就要戰到，最後。』」小阿外吃力地想，好想一時想不起來。……「當然，記得。我就在，莫那旁邊。莫那說完，看到我，問我，你怎麼，在這裡？我說，我要找，爸爸，媽媽。莫那，問了幾個人，有人說，死了，都死了，突奴，殺的。莫那，要我帶，兩個弟弟，回家。」……
>
> 「畢荷，我長大了，也要，殺，突奴。突奴，是魔鬼。」〔註180〕

阿外的年紀雖小，但志氣卻很高，因切身經歷過親人的慘痛犧牲，在面對日本人的仇恨當然是與日遽增，「『我不怕，咱們的生命，都沒有將來，咱們，勝不了突奴，但是，要戰到，最後。』……阿外說完了。那盯住畢荷的眼光，原來是含著這個意思的，那是仇恨，也是拚死的。那是發自塞達卡的不屈的眼睛裏的眼光呢。」〔註181〕縱然明知不可爲而爲之，阿外仍是滿腹的怨氣地眼露兇光，冀望以塞達卡的不屈精神爲族人復仇。在早期川中島的原住民遺族中，如同阿外般對日本人懷有怨恨的被殖民者不在少數；但處於弱勢的族人，也僅滿腹的辛酸無奈，敢怒不敢言的苟延殘喘著。

〔註179〕鍾肇政，《鍾肇政全集9·高山組曲·川中島》（2000 年），頁 178。
〔註180〕鍾肇政，《鍾肇政全集9·高山組曲·川中島》（2000 年），頁 204。
〔註181〕鍾肇政，《川中島》，收錄於《鍾肇政全集9》（2002 年 12 月），頁 203。

二、霧社事件抗日行動

（一）馬黑坡之霧社事件

自從日本剛柔並濟的治理後，大小零星的抗日行動此起彼落，鍾肇政即曾以原住民族青年他達歐為例，描述其受到日本巡查侮辱所發生的衝突事件，「他達歐從手上受了一記重擊，倒打的那幾秒鐘之間，憤怒得成了一團燃燒的火，可是這火，此刻，突然地就冷卻下來了。他那麼冷靜，冷靜得就像一棵歷經一千年的老檜木。」〔註182〕他達歐把日人巡查吉村舉起擲下，重擊日本巡查而犯下大罪；乃肇因於吉村巡查不肯接受敬酒，使他達歐認為受到侮辱所致。

> 「佐塚桑說，雙方都可以不處分，還要他達歐拿出慰問金來給吉村桑，向您賠罪。」……「什麼話，蕃人打了警察，哪有不逮捕處罰的。」「可是，這一次是因為吉村桑不肯接受敬酒，所以佐塚桑也認為他達歐是受到侮辱，不能當作一般的反抗來處理的。他說吉村桑這邊，也不能說沒有過錯。」川野暴跳起來了。另一個巡查松田也附和說警察對付蕃人，不能說是侮辱。〔註183〕

在爆發此抗日衝突之際，他達歐對於將面臨的際遇也心中有數，「他達歐知道，大家也都知道，把日人巡查打倒在地上，那是多麼嚴重的事。他達歐一定會惹上麻煩的，逮捕、酷刑、監禁，恐怕沒有一件可以避免，除非……。」〔註184〕原住民族乃七嘴八舌地討論著，「大家又在嚷，一時群情激憤。有的罵吉村，說一定要出草，把他的頭砍下來。也有的罵花岡一郎，說是走狗、奸細。」〔註185〕此乃由於被殖民者已長期受到日本殖民鎮壓式的脅迫而飽受委屈。

> 他達歐吃力地想著，五十圓……五十圓，是一筆大數目，敬酒被拒，受了這麼嚴重的侮辱，還要賠這樣一大筆款子，這是雙重的屈辱，一個泰耶魯，一個賽達卡·達耶，寧可被殺頭也不應該聽從的。不聽話呢？只有一條路，上埔里坐牢——那個一天二十四小時，不分白天晚上都點著五燭光電燈的地牢。真該當場就把吉村的頭割下來

〔註182〕鍾肇政，《鍾肇政全集7·馬黑坡風雲》（2000年），頁180。
〔註183〕鍾肇政，《鍾肇政全集7·馬黑坡風雲》（2000年），頁204～205。
〔註184〕鍾肇政，《鍾肇政全集7·馬黑坡風雲》（2000年），頁245。
〔註185〕鍾肇政，《鍾肇政全集7·馬黑坡風雲》（2000年），頁246。

> 的……不！那也得賠上好多條命，妻子的，兒子的，甚至父親的，
> 還有馬紅這可愛的妹妹，正如畢荷的爸爸那樣……。〔註186〕

他達歐在心中盤想著受嚴重侮辱，還要賠一大筆款子，乃爲雙重屈辱；甚至於還可能要在黑暗的地牢受苦。但出草吉村的話，可能會賠上一家人的性命。再加上日本殖民官員吉村，還曾企圖要非禮恬娃絲〔註187〕，但恬娃絲的體力與腳力均優於吉村而幸好逃過一劫。但在恬娃斯心目中，怒氣仍舊難以平復，深感飽受屈辱；就像大姪子他達歐事件般，同樣令人憤恨難平。但恬娃斯在權宜整體局勢後，選擇隱瞞以免引起更大的風波。

> 總算沒有遭到毒手，該可說是萬幸了。但是，她仍然覺得受到了莫
> 大的恥辱——在恬娃絲，這是前所未有的恥辱，就好比大姪子他達
> 歐敬酒被拒，還挨了一記手杖一樣。——對啦，恬娃絲想，這是不
> 但要告訴瓦當，也該讓他達歐知道才好，還有哥哥莫那。不能讓吉
> 村佔便宜的，莫那和他達歐一定會替她出頭，爲她申冤，爲她雪恥
> 的。最好是向霧社分室的佐塚主任，告他一狀。〔註188〕

恬娃絲心中雖然憤恨，卻不敢輕舉妄動，「但是……恬娃絲忽然又想到，也許他達歐聽了，忽然發怒起來，就像那一天晚上一樣，把吉村痛揍一頓，然後拿起大刀來，要砍下他的腦袋……上次是莫那在場，適時地制止了他達歐，才沒釀成巨禍。這次呢？誰能制止他？莫那有沒在這兒。說不定他達歐會那樣蠻幹呢。」〔註189〕此後果將不堪設想，因此恬娃斯選擇隱忍受辱的委屈。但恬娃斯的神情有異，還是被大家察覺異樣而坦承一切。想當然爾引起族人的憤怒，因日本殖民霸權，早令原住民族忍無可忍。因此，他達歐肆無忌憚地發言，冀望引起族人的共鳴。

> 那個吉村巡查呢？不但沒有悔改，沒有自省，竟然還對恬娃絲非
> 禮。這是什麼道理？他們不把我們放在眼裡，不，把我們當和牛一
> 樣的東西，這以不足爲怪，但是，他們這麼狂妄，這麼跋扈，我們

〔註186〕鍾肇政，《鍾肇政全集 7・馬黑坡風雲》（2000 年），頁 246。

〔註187〕吉村顯然已落在不利的地位。在這樣的遍地灌木蔓草的山坡上，他怎麼也沒法追上赤著足，奔跑如飛的恬娃絲。因此，兩個人的距離漸漸地拉遠了。最後，吉村眼巴巴地望著恬娃絲，消失在密林當中。鍾肇政，《鍾肇政全集 7・馬黑坡風雲》（2000 年），頁 290。

〔註188〕鍾肇政，《鍾肇政全集 7・馬黑坡風雲》（2000 年），頁 291。

〔註189〕鍾肇政，《鍾肇政全集 7・馬黑坡風雲》（2000 年），頁 291。

怎麼可以原諒呢？怎麼可以忍受下去呢？他達歐說到這兒就停下
來，眼光還掃視了一周在座的，有莫那大頭目之外，還有從附近幾
個社請來的頭目，他洛旺社的，荷戈社的，羅多弗社的，波阿隆社
的，一共四位頭目。論輩份，論年紀，他達歐還是個後輩，但他是
大頭目的兒子，而且足智多謀，勇武過人，將是沒有人反對的下一
任大頭目，因此發言也就肆無忌憚了。〔註190〕

　　血氣方剛，勇武過人的他達歐，當然忍不下這口氣，「他達歐果然暴跳如
雷起來，但是，他的這一怒，比恬娃絲所想像的更嚴重，更可怕。他當下就
下決心，不只要取吉村的頭，所有在這一帶的全部日本人，他都發誓要他們
的命了。」〔註191〕他達歐立誓絕不讓日本殖民統治者壓迫族人，讓族人受到
屈辱；甚至於鼓動大家對日本發動抗爭而引起族人共鳴。連他洛旺社的畢荷‧
沙坡也憶起對日本殖民者的血海深仇。

他達歐繼續說下去：「我主張，我們來揀個日子，大家一起站起來，
給他們顏色看，讓他們知道，泰耶魯不是好欺侮的！」「我同意！」
等不及他答歐說完話似地，來自他洛旺社的畢荷‧沙坡有力地喊了
一聲。彷彿殺父、殺母、殺兄弟姊妹的血海深仇，都包含在這一句
簡短的話裡似的。是的，自從他十一歲時，他的一家人全被日人逮
去處死了以後，他就等著要說這一句話了。〔註192〕

　　原住民族對於日本殖民霸權的積怨已深，在族人忿忿不平的抗日情緒高
漲，與大小零星抗日行動的影響下，抗日史上最著名的抗日事件，「霧社事件」
乃一觸即發。原住民族即準備從長計議地，密謀著最重要的抗日行動。

1. 第一、二次密謀起義

　　當「霧社事件」正在醞釀之際，整個馬黑坡社均為此事做準備。整個事
件的規劃，即由霧社各社的總頭目莫那‧魯道詳細地規畫著，「他就是這馬黑
坡社的頭目，也是整個霧社一帶各社的總頭目莫那‧魯道，並且也是恬娃絲‧
魯道的哥哥。」〔註193〕連荷戈社的阿烏伊，也決定要共襄盛舉。

　　阿烏伊其實也只是副頭目，荷戈本來的頭目那拜就是在十五年前在

〔註190〕鍾肇政，《鍾肇政全集7‧馬黑坡風雲》（2000年），頁293〜294。
〔註191〕鍾肇政，《鍾肇政全集7‧馬黑坡風雲》（2000年），頁294。
〔註192〕鍾肇政，《鍾肇政全集7‧馬黑坡風雲》（2000年），頁295。
〔註193〕鍾肇政，《鍾肇政全集7‧馬黑坡風雲》（2000年），頁163。

> 布凱受到甘卓蕃偷襲時遭了毒手的。那一役，霧社蕃各社的頭目全
> 部被殺，就只剩下莫那一個人，他憑自己的饒勇，加上部分幸運，
> 才得倖免。當時，他還是三十出頭最精壯的大頭目，此役之後，他
> 的聲望更高更大了，連日本軍也聽到他的名字，就禁不住害怕起來。
> 阿烏伊也是該役的少數倖存者之一，那拜死後就升上了頭目，不過
> 如今年紀已不小了——他也不知道自己的年齡，不過由頭髮的斑白
> 來判斷，至少已經五十好幾了吧。就憑這身分與經歷，他也是很受
> 尊重的長者之一。〔註194〕

阿烏伊縱然對日本人積怨已久，深知當年日本人乃如此無情毒辣地對待
原住民族，而語重心長地主張，「我以為莫那是對的。你們大都沒有和日本
人交過手，不知道他們有多麼毒辣狡猾，我們是不能輕舉妄動的。莫那是
我們的大頭目，我們要服從他，聽他的命令行事，這才是對的。」〔註195〕
但原住民族一切均要從長計議，以免造成更大的傷亡。豈料大正九年（一
九二〇年）第一次的密謀起義失敗，莫那還因此被送入監獄。大正十四年
（民國十四年），莫那·魯道再次密謀第二次的起義行動又失敗，而被送入
鐵牢。

> 大頭目莫那·魯道下定了決心，此恨此仇，非報不可。舉行了「歸
> 順典禮」後的第五年，即大正九年（民國九年），他第一次密謀起
> 義，……結果莫那被抓了起來，在埔里的監獄，給關了一年之久。
> 又過了五年，大正十四年（民國十四年），莫那第二次密謀起義，仍
> 然是事前就敗露了，又一次嚐了近一年的鐵窗風味。〔註196〕

日本殖民官方乃輕視莫那·魯道這二次的起義行動，「把莫那的舉動歸之
於他的無知。卻未想到，他們的血液裡，流的是不肯向強權與暴力輕易屈服
的傳統精神。就在莫那起義被捕後的第二年，日人把莫那送到日本內地去觀
光，讓他看看東京這個大都市。那往來奔馳的各種車輛，川流不息的行人，
還有強大的陸海軍。在他們是以為讓莫那看過了這些以後，一定會明瞭抵抗
之無益與獲勝之不可能的。」〔註197〕日本殖民官方甚至於天真地將莫那·魯
道送到日本帝國參觀，企圖說服莫那·魯道不必再做無謂的掙扎，豈料一場

〔註194〕鍾肇政，《鍾肇政全集 7·馬黑坡風雲》（2000 年），頁 254。
〔註195〕鍾肇政，《鍾肇政全集 7·馬黑坡風雲》（2000 年），頁 254。
〔註196〕鍾肇政，《鍾肇政全集 7·馬黑坡風雲》（2000 年），頁 198。
〔註197〕鍾肇政，《鍾肇政全集 7·馬黑坡風雲》（2000 年），頁 198。

眞正的風暴乃即將引發。其實，眞正無知的乃爲日本殖民者，無法眞切地掌握住原住民族的心態與民情，才會引爆「霧社事件」。

2. 第一次霧社事件

在莫那‧魯道密謀霧社事件之際，事先詳細地評估原住民族的戰力與兵力，「以霧社山胞而言，全部人口也只有兩千多而已，能出戰的兵丁，最多也不超過此數的三分之一。而且武器也被統治了，只有少數狩獵用的舊式火銃，此外就是弓箭和刀了。照說以這樣的力量，要反抗日本，是絕不可能得勝的。日人把莫那的舉動歸之於他的無知。卻未想到，他們的血液裡，流的是不肯向強權與暴力輕易屈服的傳統精神。」〔註198〕莫那‧魯道深知原住民族簡直爲以卵擊石，因此原住民族要如何以智取勝，便成爲重要課題。在霧社事件要爆發前，另一位飽受天人交戰的原住民族即爲花岡一郎，內心一直在族人與日本人間拉鋸著。

> 自己是被不可抗拒的力量，安置在同族的人們與內地人中間的。對一邊，雖然是異族，但一郎以爲知道得多些。他們不外希望這些「蕃人」，從此安穩下來，做個大日本帝國國民，好好兒供他們統治。對另一邊呢？是同族人，可是一郎覺得隔膜多了。〔註199〕

在原住民族大頭目莫那‧魯道，與日本人的溝通橋樑——花岡一郎的對話中可知，「『我們這次起義，一切都是爲下一代。讓他們能接受更好的待遇，更好的教育。如果他們看到我把槍口指向他們，他們會怎麼想呢？』『晤……』莫那呻吟了。『給他們好教育，還是沒有用，改變不了他們，如果日本人這樣想，那結果不是很可怕的嗎？我們的用意，不是完全要落空了嗎？』」〔註200〕其實兩人無非均爲了原住民族著想。花岡一郎對於霧社事件爆發的後果臆測，也令莫那‧魯道陷入深思。豈料，花岡一郎的這一番話，卻引起族人的誤會；僅有莫那‧魯道深知花岡一郎的用心而解釋說道，「達其司是要日本人看到他並沒有參加起義的，只爲了我們的下一代，能有好些的日子，好些的教育。希望大家不要誤會了達其司的苦心……」〔註201〕莫那‧魯道發聲爲花岡一郎解釋，並思考著霧社事件起義的可行性。在莫那‧魯道聽取大家的建

〔註198〕鍾肇政，《馬黑坡風雲》（1973年9月初版），頁39。
〔註199〕鍾肇政，《馬黑坡風雲》（1973年9月初版），頁54。
〔註200〕鍾肇政，《馬黑坡風雲》（1973年9月初版），頁54。
〔註201〕鍾肇政，《馬黑坡風雲》（1973年9月初版），頁54。

議，與不同的聲浪後，陷入一番天人交戰的抉擇，「荷戈社的老頭目，銀白色的髮鬢顫了一下說：『是的，是時候了，應該幹了。我們就等莫那的一聲命令。我這把老骨頭，快要不中用了。哈哈……』阿烏伊豪爽地笑了幾聲。」〔註202〕在莫那・魯道與日本人數次的大小交戰後，深知日本殖民者的毒辣，而無法妄下斷論。

> 老英雄莫那・魯道面臨抉擇了。一瞬間，過去的幾場戰役的情形，在他腦子裡倏然掠過去。那已是多少年以前的事了呢？他達歐都還沒出生啊。一連地和前來「討伐」的日軍交手了，大小戰役，恐怕不下十次吧，直到最後遭到受了日人挑撥離間的干卓蕃的偷襲的布凱之役。那也是莫那的唯一吃了敗仗的一仗，而且又敗得那麼慘，損失了近一百個勇敢善戰的戰士，並且還被迫訂下了屈辱的「歸順條件」。……他可以指得出這兒的幾個年輕人的爸爸，瓦利司・判的爸爸，沙坡・泰的爸爸，巴旺・莫興的爸爸，還有……全都是在布凱之役飲恨戰死的！〔註203〕

莫那・魯道深知雙方的武器與實力差距甚大，「莫那知道他和他的手下，如果以差不多的武器作戰，可以敵過十倍的日軍，甚至日軍以前來『討伐』時，他們用的是『村田式』火銃，而莫那他們大部分都只有弓箭和刀，加上少得可憐的就是火銃，仍然可以把他們打得落花流水。」〔註204〕因此，以實力取勝的原住民族，仍有自信勝過日本人。但隨著日本人的武器日益先進後，莫那・魯道深知雙方武力差距而無法妄行。

> 然而，如今情形大不同了。首先，三八式步槍就可以一發一發地連打五發。還有機關槍，山炮等厲害的東西。泰耶魯已不容易取勝了。
> 一旦起事，免不了一場浩劫的。這可以撇下不想，因為死不足惜，而且此舉是為了下一代，可是他仍不免猶疑。〔註205〕

莫那・魯道憶起當年也曾密謀起義，二次卻都遭到日本人的識破而敗北，「五年前一次，十年前一次，一共兩次，莫那就計畫要轟轟列列地幹一番。可是如今年屆四十八的莫那，更能顧到大局了，不再像從前憑一股熱血就付諸實行。同胞們，可愛的子弟們，他們得灑多少血，拋下多少頭顱

〔註202〕鍾肇政，《鍾肇政全集7・馬黑坡風雲》（2000年），頁295。
〔註203〕鍾肇政，《鍾肇政全集7・馬黑坡風雲》（2000年），頁297。
〔註204〕鍾肇政，《鍾肇政全集7・馬黑坡風雲》（2000年），頁297。
〔註205〕鍾肇政，《鍾肇政全集7・馬黑坡風雲》（2000年），頁297。

啊……」〔註206〕如今老謀深算的莫那‧魯道更加能顧全大局；因若此舉一起，族人又將面臨一場浩劫。當年的布凱之役後，飽受屈辱的族人，爲了要一雪前恥，「養兵千日，用在一時」。最後，當莫那‧魯道決定要背水一戰而登高一呼，群起效尤之餘，尚待更多族人的響應。

> 布凱之役後，不是向奧托歐夫發過誓嗎？囤積了這麼多的火藥和糧食，不是爲了跟他們一拼嗎？只要……莫那緩緩地站起來了。一時，大家的呼吸都窒住了。「我也以爲，終不免要一戰的，不過……」緩慢，充滿威嚴的話語，從莫那的嘴裡流出來，說到這兒就停頓下來，看了一周眾人，「需要每個社的響應與支援，才好下手的。」〔註207〕

畢荷‧沙坡響應著莫那‧魯道的指示，「『莫那，相信每個社的人們都會聽你的指示。你是我們的大頭目，大家的領袖啊。』畢荷‧沙坡的聲音含著一股近乎焦躁的味道。年輕的一帶紛紛嚷起來了。聲聲句句，都是主張要幹，每個蕃社都會響應，都會跟隨他。『他達歐，你分派幾個人，到巴蘭、他卡南、卡茲克、拖干、西寶。還有蘇克等各社，看看他們是不是願意幹。』莫那下了第一道命令。」〔註208〕接著，分派族人前往各社去遊說各族，一起響應此次的出征計畫，共同爲族人的榮耀而戰鬥。縱然布內‧皮丹面對殺父的血海深仇，仍理性的評估現實情勢。

> 頭目名叫布內‧皮丹，是皮丹‧瓦來的兒子。皮丹‧瓦來曾與莫那‧魯道並肩作戰，是多年的戰友，可惜也是在布凱之役，遭到暗算戰死了。那時，布內還是個十歲左右的孩童。他是沒有一天忘記過殺父之仇的。雖然下手的是干卓蕃，但幕後教唆的是日本人，他當然是很明白這一點的。也因此，他達歐以爲布內會無條件響應。可是他達歐估計錯了，布內並沒有如他所料，一口就答應下來。〔註209〕

理性的布內‧皮丹斷然拒絕響應此抗日行動，「布內所持的理由，是沒有戰勝的希望，只有死路一條。他堅持那是無謂的犧牲，而日本人未必會因爲他們起事就會改善他們的統治態度。他達歐說盡了話，都沒有能使布內回心

〔註206〕鍾肇政，《鍾肇政全集7‧馬黑坡風雲》（2000年），頁297。
〔註207〕鍾肇政，《鍾肇政全集7‧馬黑坡風雲》（2000年），頁298。
〔註208〕鍾肇政，《鍾肇政全集7‧馬黑坡風雲》（2000年），頁298。
〔註209〕鍾肇政，《鍾肇政全集7‧馬黑坡風雲》（2000年），頁300。

轉意，到最後還是一句話：沒有成功希望。」〔註210〕他達歐不斷地遊說部落族人。此次任務縱然在評估雙方戰力後，深知獲勝的機會十分渺茫，仍要為了洗刷原住民族的汙名化而奮戰。

> 「我們是為了爭取自由和平等，是為了我們的下一代不再受到歧
> 視，不再受到虐待。我們要打倒在山地逞強逞暴的人們，可是我們
> 是沒法打倒日本的。我真希望能打倒日本，可是那是辦不到的，莫
> 說我們霧社一帶，就是全臺灣的族人，甚至能聯合全臺灣的平地人
> 山地人，也辦不到。這麼想來，我們的力量，也只能夠達到我們的
> 目標而已，所以就是只有六社，不是夠了嗎？」〔註211〕

在霧社事件爆發前夕，原住民族為了避免打草驚蛇，均不動聲色地工作，但一場風暴正醞釀著，「在山場，在沒有人拖木材。可憐的泰耶魯們個個咬緊牙關，把沈重的木頭扛在肩頭上，一步步吃力地扛下山來。偶爾碰到督工的巡查，都好言好語，而且笑臉相向。沒有一個日人巡查會想到，巨變正在默默地醞釀著，殺身之禍就在眼前。」〔註212〕原住民族在日本殖民統治壓迫下，個個身型消瘦地賣力工作著，同時默默準備著霧社事件的起義。

> 好多好多的山胞們都形削骨立了，只有他們一雙雙的眼睛，越來越
> 沈陷，也越來越尖銳。白天，他們不聲不響地賣力工作，到了晚上，
> 更是忙得不可開交。他們需要儲備更多的弓箭與食糧，霧社郵政局
> 的存款，一筆一筆地給領出去了，變成了一袋袋的米、鹽，悄悄地
> 抬進秘密的儲藏地點藏起來。〔註213〕

除了糧食與武器外，火藥的準備方為不可或缺，「他們也沒有忽略了火柴棒頭的一點一點的火藥。萬一攻取霧社分室的武器的計畫失敗——這大約是萬無一失的，因為他們殲滅分室的警察。易如反掌，而二三十個警丁，半數以上是山地人，其餘是平地人，不會有人認真起來抵抗的——不過果真有萬一的情形發生，那麼這些火藥是他們賴以抗禦日軍的重要武器之一。」〔註214〕莫那・魯道在詳盡的規劃下，一步步地醞釀著霧社事件的啟動，「他達歐已想不起有多少個晚上幾乎沒睡。父親莫那是發號司令的首腦人物，

〔註210〕鍾肇政，《鍾肇政全集 7・馬黑坡風雲》（2000 年），頁 301。
〔註211〕鍾肇政，《鍾肇政全集 7・馬黑坡風雲》（2000 年），頁 302。
〔註212〕鍾肇政，《鍾肇政全集 7・馬黑坡風雲》（2000 年），頁 305。
〔註213〕鍾肇政，《鍾肇政全集 7・馬黑坡風雲》（2000 年），頁 305。
〔註214〕鍾肇政，《鍾肇政全集 7・馬黑坡風雲》（2000 年），頁 305。

而他達歐則是隨時都隨侍在側的副手。大部分命令，不是由他達歐執行，便是經由他傳出去。」〔註215〕他達歐成為傳達與執行命令者，一刻也閒不下來。

　　在霧社事件的爆發之初，莫那・魯道兵分多路地多頭進行著，「每路都是三個或四個，當然都是馬黑坡社最精壯最饒勇的兵丁。第二路還是由他達歐自己帶領的，因為他要第一個馘下吉村巡查的頭，來向奧托歐夫獻祭。」〔註216〕他達歐乃決定要自行馘下吉村巡查的頭，以洩心頭之恨地向奧托歐夫獻祭。

　　　　「便宜了你。」他達歐字語似地說了一聲，就馘下了吉村的頭。羅
　　　　安把渡邊的頭放進被上的挑干，接著他又撿起了吉村的頭，也放進
　　　　去了。這時，巴旺也過來了。挑干下邊還滴著血。〔註217〕

　　他達歐如願地馘下吉村的頭後，即心滿意足地帶著吉村的頭，準備回去向奧托夫獻祭，「莫那後面，已經用幾根木頭架起了個架子。羅安和巴旺把四個首級首級擺上去了。沒有風。天上星光燦爛。也沒有燈光，所以連莫那都看不清那四個首級的面目。可是那又有什麼關係呢？莫那拿起酒壺，把甜甜的西瑪瑙對著那四個首級的嘴各倒了一些。然後又餵給它們一塊鹿肉。莫那早已告訴大家，不舉行首級祭，也不舉行出草祭，所以儀式這樣就算完成了。」〔註218〕此次原住民族低調地慶祝霧社事件爆發前的牛刀小試。此外，「派往各地駐在所的四路人馬，從天亮前就陸陸續續地回來了。預定中的十二所駐在地，全部襲擊成功，各駐在所的巡查們無一漏網，全成了刀下之鬼。」〔註219〕莫那目前的突襲行動，均可順利告捷。

　　　　郡守的另一隨員是管野理蕃課囑託，是郡守理蕃課的主管，此人遲
　　　　了五六步，從後面走去。莫那和他的手下，也剛好來到。莫那手一
　　　　揮，隊伍就一分為二，從兩邊進入校內。羅安・羅阿齊跑在前頭，
　　　　沒幾步就趕上管野囑託，只見在陽光下，刀光一閃，管野的頭就一
　　　　個球般地掉落。〔註220〕

〔註215〕鍾肇政，《鍾肇政全集7・馬黑坡風雲》（2000年），頁305。
〔註216〕鍾肇政，《鍾肇政全集7・馬黑坡風雲》（2000年），頁306。
〔註217〕鍾肇政，《鍾肇政全集7・馬黑坡風雲》（2000年），頁319。
〔註218〕鍾肇政，《鍾肇政全集7・馬黑坡風雲》（2000年），頁320。
〔註219〕鍾肇政，《鍾肇政全集7・馬黑坡風雲》（2000年），頁324。
〔註220〕鍾肇政，《鍾肇政全集7・馬黑坡風雲》（2000年），頁326。

在原日零星衝突發爆發之際，日本殖民者頓時明白，「眞是夢魘也似的，但人們已明白過來了。看！那些手持大刀的人，發狂地往司令臺，往貴賓席怒濤般地一湧而去。這不是夢，是眞的，是發怒的山地人，在行使他們傳統的顯示勇武的手法——馘首。」〔註221〕此時，積怨已久的原住民族正在爲族人的未來而奮戰，爲部落的榮耀而努力。霧社事件乃正式爆發，「昭和五年十月二十七日（民國十九年，公元一九三〇年）。用鮮血寫成歷史的一頁，終於掀開。」〔註222〕除了派往各地駐在所的族人外，其餘十二所駐在地，全部襲擊成功，爲霧社事件正式揭開序幕。至於花岡一郎經過內心的一番掙扎後，此時僅努力保護著族中孩童。

> 今天，一郎沒有特別的任務，跟大多數族人們一樣，他將只是個普通的兵丁，參加行動。……爲了這，他幾經考慮，想了一套妙法。就是向公學校方面，爭取到一個聯合大會操的表演節目，由他親自指揮，他要公學校及幾所蕃童教育所的小學生們，一律穿大紅大黑的衣服。他所持的理由，是因爲大紅大黑的衣服，是山地特有的顏色，學童們一律這樣的打扮，可以充分地表現出山地特色，貴賓們看了，一定會大加讚賞。〔註223〕

在動亂發生之際，花岡一郎即加入抗日行列中，「一郎自己也迅速地轉身。奔入一個教室，那兒他放著一套山地衣服，是爲了這一刻派上用場的。把白帽、白襯衣、白長褲等脫掉，換上山地衣服——當然也是大紅大黑的，繫上大刀，又奔出來。」〔註224〕花岡一郎乃共同爲族人的未來而努力著。在這場紛亂中，日本殖民者遭遇到最驚心動魄反抗，「一郎也向司令臺走去。到處都是躺臥著被殺的人，有的身首異處，有的還沒斷氣，在呻吟爬動。所看到的每個人，差不多都身上浴著斑斑血漬，有的大刀上還淌著血。撲面而來，是陣陣血腥味兒。」〔註225〕霧社事件中一幕幕慘不忍睹的景象歷歷在目，見證原住民族的怒氣，再也忍抑不住地發洩出來。莫那更加堅定奮戰到底的決心，與族人並肩作戰，向日本殖民者宣示塞達卡‧達耶，不再是被奴化的被殖民者。

〔註221〕鍾肇政，《鍾肇政全集 7‧馬黑坡風雲》（2000 年），頁 327。
〔註222〕鍾肇政，《鍾肇政全集 7‧馬黑坡風雲》（2000 年），頁 317。
〔註223〕鍾肇政，《鍾肇政全集 7‧馬黑坡風雲》（2000 年），頁 329。
〔註224〕鍾肇政，《鍾肇政全集 7‧馬黑坡風雲》（2000 年），頁 330。
〔註225〕鍾肇政，《鍾肇政全集 7‧馬黑坡風雲》（2000 年），頁 331。

莫那頓了頓，又掃視了一週。「不過，幹上了，當然要戰到最後，做
個堂堂正正的泰耶魯。大家當然知道，我們是不得已的，被逼出來
的，現在不幹，我們只有當他們的牛馬，永遠作一個下賤的奴隸。
爲了下一代，爲了教他們知道塞達卡・達耶不是好欺侮的，爲了教
他們反省，我要你們勇敢地打，勇敢地死！可以嗎？」〔註226〕

　　在場戰役中原住民族孩童不但不害怕，還爲父兄輩的奮戰而感到榮耀，
「小學生們一哄，一大群小鹿般地奔跑過來了。那爭先恐後的樣子，看來那
麼興奮，那麼快樂。儘管那些配著劍，蓄著小鬍子的先生們反覆地告訴過他
們，馘首不是好事。可是泰耶魯的血總是泰耶魯的血，塞達卡・達耶總是塞
達卡・達耶，小小年紀，也是充滿不服強權的自由精神的，何況他們平日不
時都被打被罵，早就希望有這樣的一天了。此刻他們的爸爸、哥哥們終於幹
上了，他們爲得不欣喜若狂呢。」〔註227〕原住民族孩童們留著泰耶魯的血，
且在學校也早就積怨已深，因此乃以身爲塞達卡・達耶而感到驕傲。當莫那
遇見馬紅時，說道羅安英勇的表現，「羅安今天可眞了不起呢。他跑在前頭，
也是第一個建功的，眞希望你也看到那一刀，乾淨俐落，敵人的頭，一個球
也似的滾落下來了。哈哈……」〔註228〕莫那陳述著族人英勇的表現時，可知
殲滅眾多日本人而戰功驚人，彷彿勝利在望地自信滿滿。

這一次的起事已有了最大的「收穫」了。據確實的統計，霧社一帶
日本人共三十六戶一百五十七個人，不過這天因爲來看運動會的人
不少，當日日本人人口是二百二十七人，被殺的有一百三十四
人，……平地人當日一百四十二人，其中除了遭誤殺的二個以外，
都平安無事。〔註229〕

　　在霧社事件爆發後，身分特殊的花岡一郎選擇穿著日服而自縊，「莫那立
刻教部眾分路去找，沒多久，報告就來到莫那那兒。花岡一郎自殺了！二郎
也自殺了。還有……那兒叫花岡山——當然也是日本人取的名字，是霧社後
山中的一座矮山，只因那兒有幾百棵櫻花，每到春天，花朵如雲。日人給了
一郎取了這個姓，也就是因爲有這麼一座美麗的山。」〔註230〕花岡一郎用心

〔註226〕鍾肇政，《鍾肇政全集7・馬黑坡風雲》（2000年），頁331～332。
〔註227〕鍾肇政，《鍾肇政全集7・馬黑坡風雲》（2000年），頁333。
〔註228〕鍾肇政，《鍾肇政全集7・馬黑坡風雲》（2000年），頁337。
〔註229〕鍾肇政，《鍾肇政全集7・馬黑坡風雲》（2000年），頁339。
〔註230〕鍾肇政，《鍾肇政全集7・馬黑坡風雲》（2000年），頁345。

良苦地為族人著想，也避免為難的窘境發生而選擇結束生命；不久當族人也發現花岡二郎，莫那乃親自地視察花岡二郎的屍首，深知原住民族寧願自縊，也不願受辱的民族精神。

> 莫那來到一看，不禁倒抽了一口冷氣。在樹下的綠氈上，竝排地躺著二十一個人，排得那麼整齊，一絲不亂。每個都用大紅大黑的山地布裹著，在夕陽的微光中，紅綠相映，淒美無比！另有一個人，還吊在一枝樹枝上。那是二郎。很明顯，他是先讓大家縊死，然後再把大家的屍首收拾好，自己在最後才吊死的。〔註231〕

花岡一郎乃身穿日本服飾，選擇切腹自殺。族人無法理解花岡一郎的用心，而不斷地辱罵著，「『莫那！達其司他……』去收拾的一個人，掀開了一郎屍身上的布，脫口大喊。『他切腹，穿日本和服！』『達其司是走狗！他想做日本人！』『割下他的頭，向祖宗謝罪啊！』」〔註232〕莫那卻明瞭花岡一郎的用心良苦，乃要讓日本人誤以為花岡一郎仍忠心不二。莫那此刻彷彿預見整個族人的命運。

> 「不必收拾了，就讓他們留在這兒吧。達其司要日本人看到他並沒有參加起義的，只為了我們的下一代，能有好些的日子，好些的教育。希望大家不要誤會達其司的苦心……」莫那其實也在一郎和他的族人們身上，看到了自己和族人們的命運。不過他沒有多說。〔註233〕

族人無法明瞭花岡一郎的用心，強調若要泰耶魯成為日本人，為塞達卡‧達耶所寧死不屈，「在以後的日子裡，下一代的人們生活，就算能改善了，其實又如何呢？還不是做一個『日本人』嗎？泰耶魯要做一個日本人，塞達卡‧達耶要做一個日本人，那是什麼世界？什麼好日子呵……不做呢？莫那實在不能往下想。他沒那樣的腦筋——恐怕也不會有人有這種腦筋的吧？」〔註234〕就算日本殖民可改善原住民族生活，但原住民族仍無法屈辱於此。接著，原住民族即要面對日本軍團大舉入侵與鎮壓的惡夢。霧社地勢完全在日本軍團的掌握中，他們除了要鎮壓原住民外，即要讓日本罹難者親屬認屍。

〔註231〕鍾肇政，《鍾肇政全集7‧馬黑坡風雲》（2000年），頁345。
〔註232〕鍾肇政，《鍾肇政全集7‧馬黑坡風雲》（2000年），頁346。
〔註233〕鍾肇政，《鍾肇政全集7‧馬黑坡風雲》（2000年），頁347。
〔註234〕鍾肇政，《鍾肇政全集7‧馬黑坡風雲》（2000年），頁347。

日軍倒越來越多了。首先是臺北部隊，經由大湖、東勢等地，來到
卑亞南山一帶，由花蓮來的花蓮港部隊，越過了中央山脈，抵達了
能高，更有臺中宮本部隊、川西部隊等等，也繞過北邊的崇山峻嶺，
出到霧社以北的干卓蕃蕃社，經由白狗，進駐沒有參加起義的特落
克社。……十一月一日，霧社在日軍完全掌握中，並且天氣又放晴
了，所以從埔里有大批的罹難日人遺屬進來認屍。二郎的妻子初子
也回來了。由她證實了花岡一郎、二郎家族已全部自殺。〔註235〕

原住民遺族則遭到日本殖民官方的囚禁與俘虜，「羅多弗社的這所俘虜營
裡的俘虜，人數約有一百個，大多數都是她所認識的，有一部份還是馬黑坡
社的人。雖然大家在一起，可以互相安慰，互相幫忙，然而大家也都是朝不
保夕。那些警察雖然說大家都安全，可是態度那麼蠻橫，那麼兇暴，偶然有
人犯了小小過錯，便要招來一頓毒打，揍得你死去活來。因此，這些哀哀無
告的婦孺們不得不認定，前途仍然是死路一條。」〔註236〕俘虜營中的原住民
經常遭到日本警察無理的毒打，沒被俘虜的族人躲藏在洞窟的日子，也十分
克難地飽受餐風露宿之苦。

逃進馬黑坡洞窟的人們，處境也是夠悽慘，夠悲涼的。他們分開來，
一部份在第一洞窟，一部份在第二洞窟。可是窟窿裡，當然容納不
下這麼多人，只有受傷的和帶病的人，還有年老的，才可以在洞窟
內住，總算可以免於雨露風霜之苦，大多數的人們在附近的大樹下、
林子裡露宿。〔註237〕

莫那在洞窟內觀察後發現情勢不妙，「幸好莫那派有十個兵丁在那兒守
著，很輕易地就把敵人殺退了，還馘得了三隻人頭。但也由此發現了一個很
嚴重的事實，那就是沒參加起義的幾個社，不僅在這件大事上不肯給他們幫
助，同心協力來打擊敵人，而且還參加了敵人陣容。因為引導刺探隊前來打
探消息的，正視兩個他們同族的人。有別社的同族人參加敵人的陣容，這對
他們是一個不輕的打擊。」〔註238〕原住民甚至於受到日本的反間計，被說服
來共同對付自己的族人，使得整個事件發展更加雪上加霜，「莫那自從在布凱
之役，吃到干卓蕃的苦頭之後，雖然有不少次互馘人頭的事發生，但他儘可

〔註235〕鍾肇政，《鍾肇政全集7‧馬黑坡風雲》（2000年），頁349。
〔註236〕鍾肇政，《鍾肇政全集7‧馬黑坡風雲》（2000年），頁357～358。
〔註237〕鍾肇政，《鍾肇政全集7‧馬黑坡風雲》（2000年），頁358。
〔註238〕鍾肇政，《鍾肇政全集7‧馬黑坡風雲》（2000年），頁358～359。

能地和他們修好，每有機會，便不忘爲消除彼此的敵對態度而努力。」〔註239〕當初，莫那自信滿滿地認爲，長期飽受欺壓的族人必定會紛紛響應；豈料，族人反成敵人乃著實令人難以接受。

> 莫那已有了自信，一旦他登高一呼，舉起義旗。他們也是同受日本
> 人迫害的可憐蟲，是沒有理由不加盟他的旗下的。這個期望已粉碎
> 了。這還不算，他們還倒戈相向，甘願成爲敵人爪牙了！也許那是
> 由於日本人的威逼利誘，可是未免太使人難堪了。〔註240〕

除了日本軍隊的進攻外，先進武器也紛紛進駐，「一連七天，這些飛機飛臨第一第二洞窟上空，低低地從樹上掠過，緊接著，轟隆轟隆的爆炸聲將起來，把大樹炸倒，在山坡上挖出了一隻一隻的窟窿。好多義民還不知那是敵人的有力武器，以爲是天神奧托歐夫發怒了，派了巨鳥前來下蛋，那蛋成了可怕的爆炸物，把人們炸死。」〔註241〕此時族人僅能坐以待斃；日本殖民官方不僅努力進攻外，甚至於還派身著山地服飾的莫那女兒馬紅來勸降，但原住民義軍仍英勇抵抗日本的攻擊。

> 十一月十三日，轟炸突然停了。義軍們雖然死傷不少，仍然鬥志高
> 昂，毫無屈服的景象。他們正在奇怪，那些下蛋的巨鳥爲什麼沒再
> 出現。就在這當兒，放哨的人發現到三個人影，從外面摸進來了。
> 本來正準備一槍打死的，可是仔細一看，那三人正式穿著山地女裝
> 的女人。並且近了以後，便看出其中之一，正是失蹤多時的莫那的
> 女兒馬紅！〔註242〕

在莫那心目中，自詡寧死不屈的民族精神乃不容挑戰，「真是笑死人了。泰耶魯會投降嗎？塞達卡‧達耶會向敵人投降嗎？哈哈……」〔註243〕因此，頑強抵抗的原住民族人，爲了下一代族人的未來堅持著。但日本官方除了以爆炸物攻擊外，接著即進行毒瓦斯攻擊，不聲不響地奪走族人性命，讓莫那的戰力雪上加霜地大肆減損。

> 二十日，日軍飛機仍下了幾個「蛋」，卻是不爆發的，只是冒出一股
> 灰色的煙。那灰色的煙把那一帶罩住，不過也很快地就被風吹散了。

〔註239〕鍾肇政，《鍾肇政全集 7‧馬黑坡風雲》（2000 年），頁 358～359。

〔註240〕鍾肇政，《鍾肇政全集 7‧馬黑坡風雲》（2000 年），頁 359。

〔註241〕鍾肇政，《鍾肇政全集 7‧馬黑坡風雲》（2000 年），頁 360。

〔註242〕鍾肇政，《鍾肇政全集 7‧馬黑坡風雲》（2000 年），頁 360。

〔註243〕鍾肇政，《鍾肇政全集 7‧馬黑坡風雲》（2000 年），頁 362。

萬萬沒料到，那些嗅到灰煙的人，喊了一會兒好臭好臭之後，一個
個倒下了。沒多久就死了。殺人的煙！好臭好臭的殺人的煙那比會
炸裂的「蛋」，不知要厲害多少倍。炸裂的，最多也只能傷害或殺死
少數幾個人，大部分還是只會炸倒樹木，挖成一個個的坑而已。這
好臭好臭的煙，卻一下子把一群群的人殺死了！〔註244〕

在原住民族奮力抵抗，「這一群義民，淒苦無依，並且孤獨無援。儘管在
海外，有不少仗義執言的友邦人士，要求日軍放下屠刀，可是聲援終歸只是
聲援而已，發生不了實際作用。日本總督府嚴密監視言論，不讓使用毒瓦斯
的消息外洩，因此日本國民沒有人知道他們用了違反人道的很毒手段。在臺
灣民間，這消息倒是很快地傳開了，但沒有人敢起來說話。」〔註245〕日本釋
放毒瓦斯的消息，甚至於還被封鎖，使原住民面對著慘無人道的對待。因此，
諸多深具氣節與骨氣的族人，選擇以自縊來保全自己的聲譽，寧死不屈地抗
日著。

在馬黑坡溪上游的第一個洞窟附近，許多被殺死親人的人們，紛紛
上吊自殺。在第二洞窟那邊，更有一大群人，集體從懸崖上跳下自
殺。有的扶著老人跳下，有的懷抱著幼兒縱身一躍。與其被那好臭
好臭的煙燻死，他們寧願這樣結束自己的性命。這就是泰耶魯中的
泰耶魯，塞達卡·達耶。〔註246〕

在面對日本人連日以來的攻擊後，「十二月一日，莫那·魯道明白大勢已
去。日軍所以沒有任何求和的意思，乃是因為他們儘管沒法打倒泰耶魯，卻
靠好臭好臭的煙，還有砲彈與炸彈，可以殺死全部的泰耶魯。與其被敵人殺
死，當然是要自己來解決的。這一天早上，莫那就宣布把指揮權交給兒子他
達歐·莫那，並表示他要進入內山，找個適當的地點，來結束自己。」〔註247〕
莫那·魯道深知已無回天之力之際，即暗自決定私了自己。此外，族中還有
諸多族人同樣壯烈犧牲，因此原住民族對於日本殖民官方，均懷有不共戴天
之仇。

峨東濱結婚才不過兩個月的妻子路比，是在敵人扔下了那發臭的
「蛋」時死的。那時峨東濱奉命去放哨，回來時，路比已死了好一

〔註244〕鍾肇政，《鍾肇政全集7·馬黑坡風雲》（2000年），頁366。
〔註245〕鍾肇政，《鍾肇政全集7·馬黑坡風雲》（2000年），頁366。
〔註246〕鍾肇政，《鍾肇政全集7·馬黑坡風雲》（2000年），頁367。
〔註247〕鍾肇政，《鍾肇政全集7·馬黑坡風雲》（2000年），頁367。

> 陣子。峨東濱帶著屍首，哭了好久好久。他的胸臆裡，一定還充滿
> 著無可名狀的憤怒吧。〔註248〕

原住民族乃痛恨著日本人的無情對待與鎮壓，也明瞭無力回天的情勢
後，均決定要遵循傳統習俗，為自己編織「布西奧可」的小人形，證明族
人自縊的決心。當族人均決定要自縊與共同慷慨赴義之際，「沒有人願意留
下來，為大家收屍，用大紅布包裹。只好大家一起來了。紅布放在樹下，
反正有人會來的吧。引導日本人來的，必是他們的族人，這些族人會替他
們裹上的。」〔註249〕族人渺小的心願，即冀望有族人可為他們裹上紅布來
收屍。

> 「好了。」他達歐說：「峨東濱，你也不必再說了。咱們這就去編
> 『布西奧可』吧。」沒有人回答，不過大家倒個個開始編自己的布
> 西奧可了。那是用菅草葉編的小小人形。依照他們習俗，上吊前要
> 編這樣的東西，讓它來指示自殺地點，以便尋找的人能找到他們的
> 屍首。〔註250〕

果然不出族人所料，在大家集體自縊後，「十二月二日，下午，馬紅被田
澤巡查部長帶領著，來到馬黑坡洞窟附近，為的是要認屍。警方已接到消息，
兩個洞窟都不再有活人了，這就是說，抵抗者已全部死去。幾個首腦的屍首
也被發現了，唯獨缺大頭目。」〔註251〕原住民族一個活口都不剩，唯獨不見
莫那·魯道的屍首。族人均壯烈犧牲後，處處均為慘不忍睹的景象，一塊塊
紅布代表著一個個犧牲的靈魂，也為原住民族的命運哭泣著。

> 鬱鬱蒼蒼的一片叢林裡，到處點綴著點點大紅色彩。不用說，那是
> 死者身上的衣裳了。他達歐和他的好友們已經放下來了，用大紅大
> 黑的布包起來，放在那棵大榕樹下。馬紅一看就認出了這位兄長，
> 大聲哭著衝向他，然後伏在死者身上痛哭。〔註252〕

在日本官方的統計數據中，原住民族各社人口，均在此霧社事件中，死
傷慘重，人口銳減，「除了少數失蹤者外，死者與俘虜的數字，約略可以和原
有官方檔案裡的人口相符。羅多弗社原有二百八十五人，剩下一四三人。荷

〔註248〕鍾肇政，《鍾肇政全集 7·馬黑坡風雲》（2000 年），頁 372。
〔註249〕鍾肇政，《鍾肇政全集 7·馬黑坡風雲》（2000 年），頁 372。
〔註250〕鍾肇政，《鍾肇政全集 7·馬黑坡風雲》（2000 年），頁 372。
〔註251〕鍾肇政，《鍾肇政全集 7·馬黑坡風雲》（2000 年），頁 372～373。
〔註252〕鍾肇政，《鍾肇政全集 7·馬黑坡風雲》（2000 年），頁 373。

戈社由六十九人，銳減到只剩下六十一個。蘇克社原有二百三十一人，生存者一百二十人。坡阿隆的一百九十二人，尚存九十四人。馬黑坡社的二百三十一人，剩下七十四人。他洛旺社的二十八人，尚存二十一人。總計起來六社原來人口一千二百三十六人（其中兵丁共四百零一個），死了七百二十三人，佔五十九％，僅餘五百一十三人了。」〔註253〕此乃使原本人數就不多的原住民族更加銳減。在日本殖民官方的強烈鎮壓，完成認屍程序與統計傷亡數據後，正式宣佈霧社事件已被敉平。但此乃成為原住民族心目中，永遠無法弭平的族群傷痛。

> 日本官方正式宣佈霧社事件已結束，「兇蕃」作亂被敉平。日本動員的兵力，計有警察隊一千四百餘民，軍隊約一千七百名，其中死傷是警方死六傷三，軍方死二十二傷二十三。〔註254〕

原住民族的傷亡情況，相較之下，遠遠地高出日本軍方的統計數據。由雙手搏擊的原住民族，哪抵得過日本官方的新進武器，甚至於毒瓦斯的攻擊。因此，誠如後殖民家法農所述，「他們的族人，都受盡舊新殖民帝國主義的荼毒，於是他們奮然而起，要帶著族人衝出一片新天。但因為舊新殖民帝國主義是如此的強大綿密，因而他們的反抗之路都走的悲愴慘烈，甚至連他們自己也都在屈辱中仆倒在地。」〔註255〕霧社事件即為原住民族寫下血淚交織的一頁，見證原住民族的抗日悲歌。

3. 第二次霧社事件

在霧社事件弭平後的半年，原以為日子可平靜度過的原住民遺族；豈料，狡詐的日本殖民官方，竟又設計一套反間計，「半年後一九三一年四月二十五日，日方更秘密唆使套乍、白狗等社的山地同胞，告訴他們馘首時機已到，可任意去出草。……那是一場近乎瘋狂的屠殺，亂舞的大刀，肆意地砍向手無寸鐵的婦女小孩，任意的馘取首級。結果，五百一十三名俘虜，竟只剩下二百九十八個，泰耶魯中的泰耶魯，自稱塞達卡‧達耶的這六社具有崇高正義感的山胞，已瀕臨毀滅了。」〔註256〕原住民族在日本殖民的強勢威脅下瀕臨毀滅。此時，狡詐的日本殖民官方乃謊稱要套乍、白狗社舉行和解儀

〔註253〕鍾肇政，《鍾肇政全集7‧馬黑坡風雲》（2000年），頁374。
〔註254〕鍾肇政，《鍾肇政全集7‧馬黑坡風雲》（2000年），頁374。
〔註255〕南方朔，〈後殖民論述的第一道聲音〉，法農，《黑皮膚，白面具》（2005年4月），頁5～6。
〔註256〕鍾肇政，《鍾肇政全集7‧馬黑坡風雲》（2000年），頁374～375。

式,「然而,日方猶未能滿足。日警鬼稱要讓他們的『和解儀式』,把生存者中十五歲以上的男子全部傳去。結果還是一樣的,都是一去無回。」〔註 257〕日本殖民者無所不用其極地,要將原住民族加以殲滅殆盡。最後,被俘虜的原住民被遷徙到所謂的川中島。

> 五月,警方強迫他們移居北港溪上游的「川中島」。那是一片尚未開墾的一片河川荒地。平坦,肥沃,且水量充足,在一般情況下,可以說是一片充滿希望的新生之地。然而,在這些劫後餘生的女人們小孩們來說,卻無異是一所地獄。他們求生已不易,更何況這二百多人的新部落裡,竟派有五十名駐在警官,日夜監視他們言行,一有不慎,照樣拳打足踢,橫加彈壓。〔註 258〕

在原住民族移居川中島後,人口乃逐漸銳減,「因此移居後,續有人自殺,也有餓死、病死的。日方正式資料顯示,在一九三七年舉行的『國勢調查』(即人口普查),川中島有戶數七十三,人口二百三十人。這就是六社二百八十戶,二千一百七十八人當中僅有的最後生存者。」〔註 259〕整個原住民族乃面臨著滅族的危機。至於傳說中的莫那・魯道,即選擇逃到深山中自縊,「義軍統率莫那・魯道和他的家族二十一人,從洞窟離開後,一直地進入內山深處,在密林中的一塊平坦窪地,靜悄悄地結束了自己的生命。這位英雄,以四十八歲的壯年,含恨而終。」〔註 260〕當時日本官方尋獲不著他的屍骨;直至多年後,才被偶然尋獲。關於莫那・魯道的傳說即繪聲繪影,「有山胞入內山打獵,偶然發現了他們的遺骨……日人將它送到臺北帝國大學(即今臺大)的考古人類學係的資料陳列室,被裝在一隻玻璃箱內展覽。據傳,莫那的白骨,每到深夜時分就會發出哭聲,……後來,莫那的遺骨又給移到醫學院的標本室,這才安定下來。」〔註 261〕莫那・魯道家族中的唯一倖存者,莫那的女兒馬紅,在川中島集中營中的日子同樣不好過。爾後,甚至於失蹤,真相乃眾說紛紜地無一定論。

> 至於莫那的女兒,美麗的馬紅,在集中營受到鄰社的襲擊時失蹤了。
> 有人說是被馘去了頭,也有人說僥倖逃過了這一場劫難,跑進內山

〔註 257〕鍾肇政,《鍾肇政全集 7・馬黑坡風雲》(2000 年),頁 375。
〔註 258〕鍾肇政,《鍾肇政全集 7・馬黑坡風雲》(2000 年),頁 375。
〔註 259〕鍾肇政,《鍾肇政全集 7・馬黑坡風雲》(2000 年),頁 375。
〔註 260〕鍾肇政,《鍾肇政全集 7・馬黑坡風雲》(2000 年),頁 375～376。
〔註 261〕鍾肇政,《鍾肇政全集 7・馬黑坡風雲》(2000 年),頁 375～376。

裡，隱姓埋名，保全了性命。到底眞相如何，如今是個謎團。〔註262〕

　　姑且不論第一次霧社事件，還是第二次霧社事件，原住民族始終爲死傷慘重的壯烈犧牲者。不論是爲了下一代的未來而戰，還是爲了民族精神的氣節而戰，最終仍雖敗猶榮地，見證原住民族壯烈抗日的歷史。誠如薩依德所述，「當我們重新檢視文化檔案時，我們開始以非單方面意義地，而是對位式重新解讀，並同時體認到被敘述出來的宗主國歷史與反抗（以及同時並存）其支配性論述運作的其他歷史兩者。」〔註263〕在日本殖民者與原住民族被殖民者間，進行對位式的閱讀，方可多元地瞭解日治時期文化與帝國主義的殖民情境。

（二）川中島之霧社事件

　　鍾肇政在《川中島》中，比起《馬黑坡風雲》對於霧社事件的描述更加注重細節，關於原住民族如何逐一擊破駐在所，與如何逐步地進擊日本統治者，均有較爲詳盡的鋪陳與呈現。在《川中島》中，霧社事件即爲整個文本的書寫主軸，以莫那・魯道爲重要主角之一，方爲霧社事件的總指揮，「那是馬黑坡社大頭目莫那・魯道帶來的。他策劃一切，指揮一切。莫那，人人敬愛的大頭目，把大家帶上毀滅之路。」〔註264〕莫那・魯道明知此爲毀滅之路，卻爲了民族尊嚴與後代子孫的未來，勇於迎戰這場歷史的挑戰，「塞達卡・達耶的戰士都是視死如歸的。應該死的時候死。這有什麼好怨的呢？」〔註265〕原住民族均無怨無悔地迎戰霧社事件的爆發。

> 不錯，那正是應該死的時候。從第一次受騙，而出了慘重犧牲的布凱之役起，受了「突奴」多少次騙呢？而後這十幾年的欺壓，「突奴」從來沒有把塞達卡・達耶當人。任意打人、捧人，任意的強迫勞動，對他們姊妹的凌辱，還有每次發生了事，便採最殘忍的報復手段……塞達卡終必與「突奴」決一死戰。那是以民族的生存以及塞達卡・達耶的矜持做爲賭注的一戰。〔註266〕

　　在原住民族眼中，霧社事件乃爲不得不戰之役。因長久以來，日本人即

〔註262〕鍾肇政，《鍾肇政全集7・馬黑坡風雲》（2000年），頁376。

〔註263〕薩依德，〈串連帝國與世俗的詮釋〉，《文化與帝國主義》（臺北：立緒出版社，2001年），頁106～107。

〔註264〕鍾肇政，《鍾肇政全集9・高山組曲・川中島》（2000年），頁50。

〔註265〕鍾肇政，《鍾肇政全集9・高山組曲・川中島》（2000年），頁51。

〔註266〕鍾肇政，《鍾肇政全集9・高山組曲・川中島》（2000年），頁51。

所謂的「突奴」，從沒將原住民族塞達卡・達耶當人看待，長期累積的民怨，乃爲官逼民反，民不得不反所致。縱然在霧社事件傷亡慘重後，「沒有人怨恨莫那，這一點是可以肯定。在『收容所』裡的這許多日子裡，沒有人說過對莫那抱怨的話。塞達卡・達耶的戰士都是視死如歸的。」〔註267〕原住民族仍無怨無悔地欣然接受失敗。畢荷乃在記憶中思索著，當年對於霧社事件的回憶。

> 塞達卡・達耶寧可一死！──是這樣嗎？畢荷的思緒在吃力地轉動著。這些想法，是每一塞達卡・達耶共通的，甚至也是所有泰耶魯共通的。畢荷能夠完全理解。然而，那滴血的人頭，失去了頭的肢體，腥臭的血液，樹枝上連串的縊死者，甚至連孩童都不能免。這是莫那和他的四百戰士所期望的嗎？〔註268〕

在畢荷記憶中，霧社事件爆發之際，「是最可怕的一刻，偉大的歷史之一刻開始的喊叫。是戰士們奮勇上前殺敵的吼叫。吼叫聲裡，夾雜著慘叫，而且越來越多。風裡，有了強烈的腥味。高峰浩的歡欣與鼓舞，在這一瞬間，整個地崩潰、消失了。代之而起的是一陣恐懼與慌亂。」〔註269〕在畢荷的回憶中，腥臭味撲鼻，彷彿族群受辱的記憶迎面襲來。在畢荷母親的口中得知的霧社事件，「人人在亂闖亂撞，耳朵裡一片嗡然。那麼奇異地，只有鼻子還清醒著。那濃烈的腥臭味，使他幾乎想嘔吐。……好久以前，布布（註：母親。）就告訴過他了。塞達卡・達耶快要活不下去了。快要忍不下去了。還早，事情會發生的……。」〔註270〕原住民族長期以來積怨已深，族人快要無法生存，才不得不出此下策。當初，在霧社事件爆發前，原住民族內部仍有爭議，分爲主戰派與主和派的不同聲浪。主戰派即主張要爲原住民族的未來而戰，主和派則認爲毫無獲勝的機會，爲何要白白犧牲呢？原住民族面對殘酷無情的日本殖民官方，均戒愼恐懼。

> 「突奴」是大家共同的敵人，我們不參加，這是不信不義的最可恥的行爲。可以看出來，這一派的領袖是副頭目波可・布涅，這人甚至還直指頭目巴斯耶是親日的走狗。另一派顯然居下風，所持理由，不外是打不過突奴，爲什麼還要打？而且一旦打了，換來的必然是全村的毀滅，許多往例，都可以證明這一點。突奴是殘忍的，不留

〔註267〕鍾肇政，《鍾肇政全集9・高山組曲・川中島》（2000年），頁51。
〔註268〕鍾肇政，《鍾肇政全集9・高山組曲・川中島》（2000年），頁51。
〔註269〕鍾肇政，《鍾肇政全集9・高山組曲・川中島》（2000年），頁54～55。
〔註270〕鍾肇政，《鍾肇政全集9・高山組曲・川中島》（2000年），頁55。

情的，付出一分，必定要索還數十分的代價。〔註271〕

霧社事件爆發之際，族人均義無反顧地向前邁進，盡情地馘首，盡情地爲族人的未來奮戰，「這些人都陸續回到套乍，帶回來的消息有：沙克拉臺製材料所的巡查全部被殺，並被縱火，正在焚燒；幾個駐在所也遭了同樣命運。並且，被襲擊、縱火的駐在所，刻刻在增加，遠如能高、尾上，近的如荷戈、馬黑坡、冬巴拉、羅多福斗，總共部下十所。」〔註272〕部落中的數個駐在所全部遭受攻擊，族人也紛紛傳回殲滅駐在所的捷報，「最後一個消息是：霧社分室的日本人全滅了，武器庫也被攻下，很多參加的壯丁，人手一把三八手槍，殺進運動場！」〔註273〕最後，最終戰場即在運動場上，展開原住民族抗日史上，可歌可泣的歷史扉頁。

> 「看！突奴，被殺光了！」副頭目波可‧布涅大聲說：「我們，連一
> 個頭，也沒取到！」畢荷偷偷問姑丈，這才明白過來。以套乍爲例，
> 附近幾個駐在所的警察和他們的家族，全部逃來了，由頭目安排，
> 避到頭目家，一共有十三人。〔註274〕

族人逐一傳回駐在所均被擊破，霧社事件正如火如荼地展開。但部分日本官員，乃退居到親日派頭目的家中避難，「立鷹、三角峰兩個駐在所也受到襲擊，建築物被燒，武器也給搶去了。不過這兩個駐在所，警官部已走光，沒有能馘取人頭。原來，這兩個駐在所，加上託洛克的駐在所人員，全部都已撤退，避到巴耶斯頭目的家。……巴耶斯‧泰莫向來就是親日派，而且很堅定。」〔註275〕一場風雨欲來的戰事，即在此種詭譎的氣氛中展開。族人在駐在所與運動場上，馘取諸多日本首級後，即聚集到洞窟中避難；但日本人所發動的先進武器攻擊，乃嚇得原住民勇士不知所措。

> 忽然要替這個套乍社的命運下一個決定般地，天空上隨著巨響，兩
> 隻「巨鷹」出現了。「轟——」有兩層翅膀的巨大飛鳥，在部落上空，
> 從這邊山頭上掠過，然後從另一邊山頭上消失。許多人嚇得紛紛躲
> 進林木裡。〔註276〕

〔註271〕鍾肇政，《鍾肇政全集9‧高山組曲‧川中島》（2000年），頁60。
〔註272〕鍾肇政，《鍾肇政全集9‧高山組曲‧川中島》（2000年），頁61。
〔註273〕鍾肇政，《鍾肇政全集9‧高山組曲‧川中島》（2000年），頁61。
〔註274〕鍾肇政，《鍾肇政全集9‧高山組曲‧川中島》（2000年），頁61。
〔註275〕鍾肇政，《鍾肇政全集9‧高山組曲‧川中島》（2000年），頁61。
〔註276〕鍾肇政，《鍾肇政全集9‧高山組曲‧川中島》（2000年），頁62。

原住民縱然知道此即日本人的先進武器，卻不知此武器的威力；光是武器的轟然巨響，就已讓原住民膽怯，「他們知道那是『突奴』的武器，而且是最可怕的──他們大多數不一定明白它的厲害，然而光是那麼大的東西，而且又是在天上飛，這事實就已經能夠使他們喪膽了。『巨鷹』消失後沒多久，那轟轟聲又傳來，分明是又飛過來。不少在第一次飛來時沒有躲的人，這次也顯出了害怕的樣子，拔腿便要跑開。」〔註 277〕原住民在此戰役中，乃逐漸居於弱勢而身陷危機。當時年紀尚小的畢荷，置身於族人的爭論中，處境更加危險，「那他畢荷·瓦利斯，一個小『敵蕃』，現在正在孤獨地置身於『友蕃』當中呢！」〔註 278〕畢荷面臨著未知的未來，心情乃惶惶不安。此外，在主戰派的觀點中，「何況副頭目波可·布涅昨晚一直在強調：『突奴』才是敵人。荷戈也好，馬黑坡也好，跟套乍，一直都是鄰居、親戚，而且孩童樣是泰耶魯啊！」〔註 279〕原住民族乃認為日本人方為真正的敵人，其他族人均為泰耶魯同胞，豈有馘首的必要性呢？

在霧社事件爆發之際，日本理蕃警察小島躲入親日派原住民頭目家中，「小島矮矮胖胖的身材，看來那麼鎮定自若。此人年紀三十五六歲的樣子，在山地當『理蕃警察』，已經有十幾年經驗，是這一帶出名的山地通之一，還是新近從馬黑坡調到套乍才幾個月的。目前的職位是巡查部長、駐在所主管，換一種說法，就是主宰套乍社整個村的太上皇。」〔註 280〕小島對於霧社事件乃深知不妙，「今天的運動會，是這次祭典的高潮，母子們必定也是在運動場上的。陸續傳來的報告，使他明白妻小的命運是凶多吉少。然而，他無計可施，連自己都成了一名待宰的羔羊，聽憑命運之神來裁決。」〔註 281〕小島仍不畏懼霧社事件對他所產生的影響。

> 平時，小島也是高高在上、作威作福慣了的人物。至少到昨天為止，
> 他相信這些深山「野人」們是十分聽他的話的，即使貴為頭目，對
> 他的一言一語，也只有卑躬屈膝，不敢違拗。〔註 282〕

原住民在爭論霧社事件應如何應對時，有主戰派與主和派的立場差異；

〔註 277〕鍾肇政，《鍾肇政全集 9·高山組曲·川中島》（2000 年），頁 62。
〔註 278〕鍾肇政，《鍾肇政全集 9·高山組曲·川中島》（2000 年），頁 71。
〔註 279〕鍾肇政，《鍾肇政全集 9·高山組曲·川中島》（2000 年），頁 71。
〔註 280〕鍾肇政，《鍾肇政全集 9·高山組曲·川中島》（2000 年），頁 63。
〔註 281〕鍾肇政，《鍾肇政全集 9·高山組曲·川中島》（2000 年），頁 63。
〔註 282〕鍾肇政，《鍾肇政全集 9·高山組曲·川中島》（2000 年），頁 63。

甚至於有族人在覬覦著小島的首級，不過多數族人均主張非戰以保全原住民
族的未來。

> 照剛才爭論的情形來看，不只一半的人隨時都會舉起大刀，一揮把
> 他的頭砍下來的。……那張臉也微胖，頭好大，族裡就有人說過：
> 小島的頭是最好的頭，又圓又大，砍下來必定是最漂亮的頭。現在
> 面對這麼多壯丁，也許其中就有不少人也在想著他那顆頭，有多麼
> 好吧。〔註283〕

聰明的小島明知有諸多族人均覬覦著其首級，卻語帶威脅地恐嚇大家，
「你們，一定有人，想要，我的頭。是吧？可以，過來，砍下。來，砍下。」
〔註284〕又說道，「但是，討伐，馬上就來。討伐，就是打仗，大砲，機關
槍，都會來。沙拉毛，討伐，萬大，討伐，大家記得。砍了，討伐就來。
你們，戰士，妻子，兒子，全部，死！」〔註285〕弭平這場紛爭後，小島更進
一步地威脅原住民，馘首殺人乃為犯法之事，原住民即在此威脅加利誘下被
說服。

> 「大家，想要，人頭，砍人頭，犯法，死。但是，你們，可以，當
> 『友蕃』。『友蕃』，可以，砍，『敵蕃』，頭。砍多少，都可以。你
> 們當『友蕃』，當『敵蕃』，好好想，慢慢想。砍，我的頭，是『敵
> 蕃』，不砍，是『友蕃』，可以，砍，『敵蕃』，頭，砍多少，可以！」
>
> 〔註286〕

日本殖民官員的威勢，除了展現於宣告政策外，在發號各種命令時，均
為展現官威的最佳時機；甚至於狐假虎威地以天皇陛下的命令逞威風，「官要
你做，也就是最大最高的，比天神還大還高的天皇陛下，要你做的。」〔註287〕
因此，「突奴的話，也就是命令。那也是天皇陛下的命令。命令要絕對服從。
這就是自從他進了蕃童教育所以後六年間來，不住地被灌輸的知識中最重要
的一項。」〔註288〕畢荷與原住民族人們，均恪守著天皇陛下，與日本殖民官
員的命令，同時惦記著傳統的部落規範。因此，雙方的命令不斷地在畢荷與

〔註283〕鍾肇政，《鍾肇政全集9‧高山組曲‧川中島》（2000年），頁66。
〔註284〕鍾肇政，《鍾肇政全集9‧高山組曲‧川中島》（2000年），頁67。
〔註285〕鍾肇政，《鍾肇政全集9‧高山組曲‧川中島》（2000年），頁67。
〔註286〕鍾肇政，《鍾肇政全集9‧高山組曲‧川中島》（2000年），頁67～68。
〔註287〕鍾肇政，《鍾肇政全集9‧高山組曲‧川中島》（2000年），頁103。
〔註288〕鍾肇政，《鍾肇政全集9‧高山組曲‧川中島》（2000年），頁132。

族人們的內心拔河著。

> 而他還另外承受著一項族裡的誡命：泰耶魯——尤其塞達卡，必須
> 忠誠、誠實，撒謊是最大的敗德行為，甚至也是恥辱。那知識、那
> 誡命，就有如一根根藤條，層層密密地，而且那麼緊緊地縛住他，
> 使他動彈不得、喘不過去來的感覺。〔註289〕

　　自從日本統治山地部落後，部落中的原住民族就不斷地面臨著族中傳統戒律，與日本官方規範的矛盾中。但形勢比人強的日本規範令原住民不得不遵守；原住民唯有服從，方得以保全性命。此外，在日本殖民的理蕃工作中不斷討伐原住民，卻無法弭平紛擾。因此，零星的小衝突經常在部落中上演，「幾曾有過好幾個社，共同來做此有計畫而且大規模的叛亂呢！而且這嚴重的事件，偏偏發生在十餘年來即成為『模範蕃社』，經常吸引一些來自內地的觀光客造訪的霧社！」〔註290〕像霧社事件般如此重大的原日衝突，在原住民族抗日史上乃史無前例。

> 自有「理蕃工作」的這三十年來，大小「討伐」的軍事行動不下數
> 十次，而這些討伐，都是以大吃小。要不是各地的山地人十分驍勇
> 善戰，加上有廣衰的天險可守，否則就把這些「蠻人」們滅族了。
> 軍事討伐告一段落之後，若干年來也偶爾發生過少數幾次「騷擾事
> 件」，但無一不是個人性的，即使山地人因個人恩怨，向理蕃人員尋
> 仇馘首，充其量也只不過是幾個人來結夥行兇。〔註291〕

　　鍾肇政藉由霧社事件的描述，不斷地交叉辯證主要人物的心理狀態。在霧社事件爆發之際，畢荷心目中產生一番衝擊，日本人究竟是敵是友？「敵，友……不！畢荷在心中猛地絕叫一聲。都是自己人，怎麼還分敵友呢？那麼突然地，鼻腔裡湧起了血腥味。那是昨天，在運動場上嗅到的。那麼濃烈、那麼嗆人。它在倏忽間，擴散到整個體腔裡。使他感到自己又置身在一大片薰人嗆人的腥味中。」〔註292〕在霧社事件發生後，小島獨自反思事發因素，「小島在馬黑坡待了幾年。他相信在他與莫那·魯道之間，建立成功深厚的友誼。他甚至也相信，自己是以兄弟之情，真誠與他相處的。在小島的印象中，莫那是明理的、有知識的人。而最重要的，卻是他是個很乖很聽話的大

〔註289〕鍾肇政，《鍾肇政全集 9·高山組曲·川中島》（2000 年），頁 132。
〔註290〕鍾肇政，《鍾肇政全集 9·高山組曲·川中島》（2000 年），頁 63～64。
〔註291〕鍾肇政，《鍾肇政全集 9·高山組曲·川中島》（2000 年），頁 63～64。
〔註292〕鍾肇政，《鍾肇政全集 9·高山組曲·川中島》（2000 年），頁 72。

頭目。這樣的一個人物，怎麼會把族人帶入毀滅的境地呢？」〔註293〕為何會有霧社事件的發生呢？乃令小島納悶，他曾非常有自信地表示，絕對可將野蠻部落帶往文明的境界。

> 當然，小島沒有放棄他的最後一線希望。這些「野人」們雖然嗅到了血腥味，原始的對馘人頭的慾望又發了，但他認為他的威望，早已深深地刻在他們的心版上。只要有適當的機會，他相信可以在他們發作以前，把野性壓抑下去。〔註294〕

尤其在日本當局派出飛機轟炸，與毒瓦斯殲滅原住民族之際，「看吧，這些『野人』，看到飛機臨空，便嚇成那個樣子。很明顯的，這次飛行只是一種偵察行動，大概還談不上作戰吧。說不定也含有威嚇的意思。如果是這樣，那麼這次飛行，可以說收到了莫大的效果。能夠這麼快就看到飛機，真是太好，太了不起了。」〔註295〕原住民驚恐又慌張的樣貌，徹底地讓日本當局達到威嚇原住民的目的；甚至於再次鞏固日本治理山地部落的信心。當諸多族人面臨飛機轟炸時，幾乎都快嚇破膽。但畢荷深知此僅為一種文明的先進武器，甚至於暗自取笑著族人們的無知與驚恐。

> 畢荷並沒有躲。他早就有對飛機的起碼認識，不用說是在課堂上，聽老師說的。它是「文明利器」的一種，是交通工具，也是軍事用的武器，可以投炸彈，也可以撒有毒瓦斯，是一種最新最現代化的屬害武器。他甚至也覺得，族人們把它當作妖魔，是可笑的。〔註296〕

當霧社事件爆發時，畢荷眼看著族人對於飛機、武器、毒瓦斯如此驚恐的狀況，感到十分不解，「因此，當姑丈倉皇逃開時，他沒有跟著跑。姑丈是怕得慌了手腳，忘了把他也拉著逃，太沒膽子了。」〔註297〕畢荷回憶族人對於諸多文明景況均處於無知的狀態，令人感到可笑。在畢荷心目中，或許日本殖民方為部落文明進步的契機。

> 畢荷很慚愧，他是唯一的二十歲以下的青年。但是，他早有個自覺，從上教育所的四年，到小學校的將近四年之間，他被灌輸了太多的日本精神。甚至看到割下來的人頭，他都會嘔吐。在他身上，早就

〔註293〕鍾肇政，《鍾肇政全集9・高山組曲・川中島》（2000年），頁65。
〔註294〕鍾肇政，《鍾肇政全集9・高山組曲・川中島》（2000年），頁65。
〔註295〕鍾肇政，《鍾肇政全集9・高山組曲・川中島》（2000年），頁65。
〔註296〕鍾肇政，《鍾肇政全集9・高山組曲・川中島》（2000年），頁66。
〔註297〕鍾肇政，《鍾肇政全集9・高山組曲・川中島》（2000年），頁66。

沒有塞達卡‧達耶的氣魄了。阿外說要教畢荷打獵呢。不知是有意
或無意，這小傢伙竟然看透了他的腦子裡塞達卡的傳統精神，是不
是可以在阿外身上延續下去呢？〔註298〕

畢荷在原住民族傳統精神的不斷呼喚，與日本皇民化精神的薰陶下，早
已逐漸忘卻傳統的塞達卡‧達耶氣魄。因此，畢荷乃冀望泰耶魯的精神，得
以在阿外身上延續下去。

1. 第一次霧社事件後遷徙川中島

鍾肇政在《川中島》中，縱然詳盡地描述著霧社事件的發展過程，但敘
事重點即著重於霧社事件後，原住民遺族如何地移居川中島？如何地在川中
島生活？在移居川中島後發生過什麼事件？均為書寫重點之一而詳盡地記錄
著霧社事件的事發細節。第一次霧社事件後，遷徙川中島的原住民族，即成
為所謂的「保護蕃」。

第一次霧社事件，發生於一九三〇年十月二十七日，次年四月二十
五日，發生第一次霧社事件。參加起義的六個村落：馬黑坡社、荷
戈社、羅多福社、蘇克社、波阿隆社、他洛旺社等，原本有人口一
千二百三十六人，最後僅剩二百就十八人。這些劫後餘生的倖存者，
其後以「保護」為名，被強迫移徙他處，時在一九三一年五月七日，
地點就是──川中島。〔註299〕

在霧社事件後，移居川中島的原住民族，無奈又無言地踩著沈重的腳
步，「陽光照在人們的身上。那是正要移徙的一群山的子民，男女老幼，總共
二百七十八人。這些人約略地排成一個縱隊。有三三兩兩成一堆的，有扶著
老人，有牽著幼兒的。能背的人，背上都一隻『挑干』或包袱，也有提著
的，挽著的。這是個奇異地沈默著的隊伍，連應該只知嬉戲的小孩都怯怯地
閉著嘴，或者被牽著，或者自己趕路，把那麼不相稱的寂寞長影投在山徑
上。」〔註300〕原住民告別已生活數十年的故鄉，五味雜陳地步行至未知的川
中島，展開全新的被殖民生活。原住民僅能帶著平日賴以生存的簡易炊具同
行，留下的僅有對於故鄉的不捨與回憶。

有些挑干上，還掛著鍋子、水壺一類炊具，給沈甸甸的負荷增加一

〔註298〕鍾肇政，《鍾肇政全集 9‧高山組曲‧川中島》（2000 年），頁 178。
〔註299〕鍾肇政，《鍾肇政全集 9‧高山組曲‧川中島》（2000 年），頁 17。
〔註300〕鍾肇政，《鍾肇政全集 9‧高山組曲‧川中島》（2000 年），頁 19。

份重量。衣服倒還不致於襤褸破爛，只是失去了他們身上應有的大
紅大黑。這也難怪，他們要遠離父祖之地，且需長途跋涉，因此，
所以家當都被簡化了，帶在身上；原就極有限的舊衣，便也多數被
棄置。〔註301〕

　　在原住民遺族即將告別故鄉之際，回頭望向父祖之地，「那麼可憐的破陋
茅屋，那麼少的舊物件，對他們來說，無一不是用慣了，留有無數手澤的。
還有那山園、林地，乃至一草一木、一塊屋邊的石頭，他們都有著無盡的依
戀。他們最後的，也是唯一的願望，就是在這不得不離開的故園之際，能
夠親手將之付諸一炬。不爲什麼，只因那故居，正也是他們祖靈棲止之處
啊。」〔註302〕此刻原住民族卑微地祈求，可將故園付之一炬，以免被他族侵
佔之際，竟被日本殖民官員婉拒，並承諾不會讓他族侵佔此故園；但此承諾
相當然爾，付諸實現的機會乃微乎其微。因此，原住民遺族僅能抱著遺憾離
開父祖之地。

　　他們之中唯一的副頭目瓦丹‧比拉卡，曾經帶領著幾個人，去向能
　　高郡警察課長寶藏寺警部請求，說出了他們的這一項大家最熱切的
　　共同願望。可是替瓦丹‧比拉卡翻譯的畢荷‧瓦利斯口譯出來的話
　　是這樣的：不用擔心別社的人會把它怎麼樣，我不許。寶藏寺警部
　　說。〔註303〕

　　在日本殖民官方眼中，對於原住民遺族乃懷恨在心，「他們是『兇蕃』。
在半年多前的那個日子裡，他們一下子殺掉一百三十四個『內地人』（指日本
人），另外還誤殺了兩個『本島人』（指漢人）。當然啦，他們也付出了慘重的
代價：參加起義的六個社人口一千二百三十六人，先後陣亡的陣亡，自殺的
自殺，被馘首的馘首，如今剩下的，就只有這三百個人不到。而這些倖存者，
還是靠天皇陛下的『恩典』才存活下來的。他們又如何能夠有任何的願望、
任何的希冀呢？」〔註304〕最令原住民遺族不堪的即爲長久居住的父祖之地，
竟被當作獎賞賜給其他支持日本殖民政權的部落。

　　然而，他們做夢也想不到，他們的父祖，他們的故園，都被當作獎
　　賞，交付給那些不僅未響應義舉，還參加「討伐叛亂」的日方陣容，

〔註301〕鍾肇政，《鍾肇政全集9‧高山組曲‧川中島》（2000年），頁19。
〔註302〕鍾肇政，《鍾肇政全集9‧高山組曲‧川中島》（2000年），頁19〜20。
〔註303〕鍾肇政，《鍾肇政全集9‧高山組曲‧川中島》（2000年），頁20。
〔註304〕鍾肇政，《鍾肇政全集9‧高山組曲‧川中島》（2000年），頁20。

> 建立「殊勳」的部落。看，這些自稱泰雅魯中，自稱「賽達卡・達耶」的最純、最矜持，也公認最勇敢、最富正義感的部族，此刻只剩下三百不到的老弱婦孺，那麼無力地，那麼悄然地移著步子，徐徐前進。〔註305〕

當原住民遺族前進到半路之際，族人均淒楚痛切又無助地望著從小生長的故鄉，「那些待宰的羔羊一般的人們，都停止前進了。人人一律回過身子，面向剛來的方向，有的在路上坐下去，有的雙膝落地跪下來，那麼無助地，那麼淒切地哀號痛哭著。」〔註306〕日本殖民官方允諾不讓他族佔領故鄉卻食言，而使原住民遺族的故鄉輕易地被燒毀。

> 他們每個人心頭上，就只有一個悲慘哀切的事實：有人放了火，在燒他們的故園，他們的祖靈棲止之處。而這一別之後，他們不可能再回來住了。甚至也可能永遠不能再看到那可愛的家園了。〔註307〕

在原住民遺族告別祖靈之地時，「這一群無告的羔羊當然不會知道，那是因為論功行賞，分得了他們的父祖之地的人——也是族人呢——看看他們離開的時辰到了，迫不及待地就放了火，把他們的故居燒掉了，以便另外築住屋定居下來。」〔註308〕原住民遺族的千愁萬緒，乃為筆墨難以形容。在川中島的移徙隊伍中，「車伕都是『本島人』。他們多半穿著簡單輕快的臺灣杉褲，腳板上則是草鞋。每到平坦處，車行慢了，車伕就會從車上跳下來猛推一陣，然後又一躍而上。畢荷這一輛的，是個年約二十來歲的漢子，一臉精悍。」〔註309〕在車陣中隨行的原住民遺族，不乏諸多原住民勇士。

> 波波克・瓦利斯人稍矮，肩膀很寬，面目黧黑，是波阿隆社出名的勇士之一。年紀大概三十出頭了，有兩個孩子，可惜不在這移徙隊伍裡，因為他的妻子和兩個孩子都在第二次事件時被馘去了頭。倒也看不出他表情裡有多少悲哀痛苦之色，但見那深陷的眼眶裡，一雙眼眸不時都露著懾人的寒光。〔註310〕

波阿隆社出名的勇士波波克・瓦利斯，乃充滿著怨恨地行走於移徙隊伍

〔註305〕鍾肇政，《鍾肇政全集9・高山組曲・川中島》（2000年），頁20～21。
〔註306〕鍾肇政，《鍾肇政全集9・高山組曲・川中島》（2000年），頁24。
〔註307〕鍾肇政，《鍾肇政全集9・高山組曲・川中島》（2000年），頁25。
〔註308〕鍾肇政，《鍾肇政全集9・高山組曲・川中島》（2000年），頁25。
〔註309〕鍾肇政，《鍾肇政全集9・高山組曲・川中島》（2000年），頁27。
〔註310〕鍾肇政，《鍾肇政全集9・高山組曲・川中島》（2000年），頁28。

中，因其妻兒均被馘首而犧牲，因此內心充斥著滿腹傷痛；甚至於還要憂心是否會被日本人所殺害？原住民遺族彷彿刀上之俎地任人宰割般，隨時處於誠惶誠恐的心理意識。

> 波波克沒有回答，鼻子裡重重地響了一聲，那寒光在畢荷身上一掃，
> 就不理了。是輕視，抑不屑，也許只有波波克・瓦利斯自己知道。不
> 過沒多久，波波克倒開口了。嗓門是壓低的，說：「畢荷，突奴（指
> 日人），如何？」……「會殺，咱們，塞達卡・達耶？」……瓦丹・
> 比拉卡插進來說：「你說，突奴，不殺塞達卡・達耶啦？」〔註311〕

相較於波波克的衝動，畢荷相對較為冷靜，「『波波克，你，千萬不要，亂來。再殺，塞達卡全部，死。』畢荷的話近乎哀求。『塞達卡死，突奴也死。』從波波克的口吻和表情，可以看出來，他取突奴的頭，眉毛也不會皺一下。」〔註312〕原住民遺族面對日本殖民官方的脅迫，衝動行事僅會讓泰耶魯與日本人兩敗俱傷。畢荷經過一番思索後，努力地勸誡著波波克要懂得選擇明哲保身，與三思而後行，不要再節外生枝。

> 「我，要殺，森田。」……就在這時，畢荷又想到了一件事，恍然
> 大悟。那些竹子，從大小與長短來看，是要當武器的。每一根，把
> 一端用山刀斜斜劈斷，就可以殺人了！原來如此。〔註313〕

波波克一直在心目中默默地懷疑著，日本殖民官方還是會對原住民展開攻擊報復行動；因此一有機會，波波克就打算要襲擊日本人。畢荷乃好言相勸地希望波波克打消念頭，畢竟與日本相抗，根本是以卵擊石地無濟於事。

> 「也許，突奴，還要殺，塞達卡・達耶。突奴，殺，塞達卡；塞達
> 卡，殺突奴。」瓦丹說。……「大家說，」波波克的低沈嗓音又傳
> 來：「到排拉克，突奴，會殺。殺，全部，塞達卡・達耶。」……「波
> 波克，你，千萬不要，亂來。再殺，塞達卡全部，死。」畢荷的話
> 近乎哀求。「塞達卡死，突奴也死。」〔註314〕

在畢荷的勸誡下，波波克終於鬆口，「從波波克的口吻與表情，可以看出來，他取突奴的頭，眉毛也不會皺一下。不過瓦丹也再向畢荷說明了。只要突奴不再騙人，不是要全部處死他們，波波克是不會胡幹的。畢荷總算放心

〔註311〕鍾肇政，《鍾肇政全集9・高山組曲・川中島》（2000年），頁28～29。
〔註312〕鍾肇政，《鍾肇政全集9・高山組曲・川中島》（2000年），頁31。
〔註313〕鍾肇政，《鍾肇政全集9・高山組曲・川中島》（2000年），頁30。
〔註314〕鍾肇政，《鍾肇政全集9・高山組曲・川中島》（2000年），頁31。

了。」〔註315〕在移徙川中島的隊伍中，另一位令人矚目的即為將要臨盆的娥賓，堅持要挺著大肚子跟著隊伍浩浩蕩蕩地一同遷徙川中島。

> 娥賓肚子好大了，該已快臨盆了吧。官方允許有病不能遠行的人，
> 在收容所留下來，還讓每個病人都有一個人一塊兒留下來照顧，這
> 便是二百九十八個人中，移徙的只有二百七十八人的緣故。娥賓原
> 本也在其中。可是臨行前，她堅持不肯留下來，挺著大肚子，加入
> 這一行人之中。〔註316〕

除了娥賓之外，另一位受到矚目的女孩，即為馬黑坡大頭目莫那・魯道的女兒馬紅，方為畢荷所心儀的對象，「不知從什麼時候開始，畢荷看到馬紅，就會禁不住地臉紅心跳。這馬紅・莫那，就是馬黑坡大頭目莫那・魯道的女兒。跟畢荷不同社，不過唸了幾年書以後，在學校，有時也會再運動場等場合碰面，大家都面熟。事情發生後，成了『保護蕃』，被集中在一起，見面的機會就多了。」〔註317〕馬紅與畢荷所屬於不同蕃社，至今才增加見面的機會。

另一位女子蘇克社的巴堪・羅賓，即見證原住民女子忍辱負重的堅毅精神，「巴堪・羅賓是蘇克社的人，三年多以前，嫁給蘇克社勢力者的兒子，可是結婚還不到一年，丈夫就因一次意外而死了，成了一名年輕美貌的寡婦。在蘇克社，巴堪不是很受稱讚的女性，尤其傳聞中，與馬黑坡大頭目莫那・魯道的兒子他達歐・莫那有親密的關係，曾經在他達歐家引起過一些風波。」〔註318〕巴堪在川中島中，乃極力地保護著馬紅的貞節。

鍾肇政在移徙川中島的隊伍中，介紹數位在文本中較具代表性的重要人物。此人物形象在霧社事件與川中島的生活樣貌，方為諸多原住民遺族的生活寫照，「這個移徙隊伍，中午時分抵達了埔里。午餐、略作休息之後，便又搭上官方預先安排的糖廠五分車，到牛眠山下的史港，最後，大隊人馬又扶老攜幼地，徒步越過了三角嶺，腳程約三個半小時，在日落前平安抵達了目的地——川中島。」〔註319〕在翻山越嶺歷經千辛萬苦後，原住民遺族終於來到所謂的「川中島」。其實，「川中島」並非是島，實乃為一個尖形山裾。族

〔註315〕鍾肇政，《鍾肇政全集9・高山組曲・川中島》（2000 年），頁 31。
〔註316〕鍾肇政，《鍾肇政全集9・高山組曲・川中島》（2000 年），頁 32。
〔註317〕鍾肇政，《鍾肇政全集9・高山組曲・川中島》（2000 年），頁 32。
〔註318〕鍾肇政，《鍾肇政全集9・高山組曲・川中島》（2000 年），頁 34。
〔註319〕鍾肇政，《鍾肇政全集9・高山組曲・川中島》（2000 年），頁 35。

人在歷經崇山峻嶺後，終於來此展開新生活。

> 川中島，其實並不是島。發源於合歡山塊與白狗山塊之間的峽谷的
> 北港溪（即大肚溪上游），一路在層層疊疊的崇山峻嶺間穿行，經過
> 目卡布布、馬勒山、馬西多邦、拜巴拉等許多大小部落，在快要流
> 入平地村莊「國姓庄」的地方，又容納了一條來自北邊阿冷山山麓
> 的小支流。就在這兩溪匯合的地方，形成了一個尖形的山裾。這就
> 是川中島。〔註320〕

原住民遺族乃渾然不知，未來即將面對一連串皇民化運動所帶來的被殖民生活。在日本殖民官方有計畫的同化政策下，原住民遺族乃逐漸忘卻歷史仇恨與傷痛，被日本殖民帝國洗腦，而成為以大日本帝國為榮的日本皇民。因此，當原住民遺族抵達川中島後，首先面臨的即為一場訓示，宣導著川中島最重要的信念。

> 昨天抵達霧社分室以後不久，他就召集了全部的「護送」人員座了
> 一場訓示，強調過去的是就讓它過去了，「讓水來沖刷盡淨」，為這
> 些「保護蕃」的新生首途，仰體陛下「一視同仁」、「慈悲為懷」的
> 聖意，執行這趟任務。〔註321〕

此番「理蕃政策」的訓示，乃反覆地在山地部落中不斷地宣導，「這也是『理蕃政策』的最高原則，『理蕃當局』不僅口頭上，即在任何有關文件上，都把這些話反覆了十幾年了，森田深深明白這一點。」〔註322〕縱然如此，霧社事件在所謂的模範蕃社中爆發，慘絕人寰地見證著，原住民族慘烈犧牲的歷史傷痛。

> 然而，「不祥事件」還是發生了。損失是那麼嚴重，到了慘絕人寰的
> 地步。因此，那一場訓示，他也明白是空虛的。——嗯，如果每一
> 個從事「理蕃」工作的人都能夠做到這最高指導原則，那怕是幾分
> 之一、幾時百分之一，事件也就不會發生了，也不至於有這一趟任
> 務了。〔註323〕

日本殖民官員乃思索著，若理蕃人員均可好好對待原住民族的話，或許結果將會不同。鍾肇政在文本中採取「對位式閱讀」，分別由日本殖民者

〔註320〕鍾肇政，《鍾肇政全集9・高山組曲・川中島》（2000年），頁37。
〔註321〕鍾肇政，《鍾肇政全集9・高山組曲・川中島》（2000年），頁21～22。
〔註322〕鍾肇政，《鍾肇政全集9・高山組曲・川中島》（2000年），頁22。
〔註323〕鍾肇政，《鍾肇政全集9・高山組曲・川中島》（2000年），頁22。

與原住民被殖民者的內心加以剖析。原住民遺族已面臨到家破人亡，且被迫離開父祖之地的教訓，連月以來的戰事與轟炸，已讓這群遺族飽受煎熬與折磨。

> 森田一面走一面省思：如果這些理蕃人員，將來在川中島的生活當中，也能夠這樣對待他們，那就是最好的事了。畢竟這些人都已受到最嚴屬的報復了。剝奪他們在父祖之地生存的權利⋯⋯不，不，還有那一個多月的討伐、空襲、轟炸、毒瓦斯，鐵桶般的圍剿，在樹枝上的投繯，就像結滿了果子，也些粗大的樹枝還因此斷裂了。
> 〔註324〕

豈料，在原住民遺族遷徙川中島才十二天的時間，第二次霧社事件即爆發，讓川中島的原住民遺族飽受折磨，「然後是對投降者的屠殺——讓來自內地的死難者遺族尋仇，最後還有一個第二次事件。這第二次事件。這第二次事件，才是十⋯⋯十幾天呢？唉唉，才十二天！是十二天前才發生的呢。」〔註325〕日本死難者遺族的報復手段，令人不勝欷歔。

> 人都有人性與獸性的兩面吧。當一個人理智時，他的確是一個人，冠冕堂皇的；那些理蕃政策的最高原則，都可以毫無窒礙地脫口而出。但是，一旦獸性抬頭了，人就不再是人了，他會成唯一匹獸，把人家當蟲一般地虐殺。唯一的意圖，就是「報復」，被殺了一個人，就要殺回十個八個，甚至不惜採滅族手段⋯⋯。〔註326〕

對於日本殖民帝國而言，此仇不報難消其心頭之恨。因此，連苟延殘存的原住民遺族，也不得安然度日。縱然如此，森田還是決定要好好經營川中島的原住民遺族，好好地推動皇民化運動，「『可以的話，給他們取個內地人的名字吧。』森田看了看左邊的山頭，這才又說：『以後要到山下去，就叫山下吧，太郎、次郎、三郎，嗯，不錯呢。』」〔註327〕原住民遺族就在川中島，展開全新的被殖民生活。在霧社事件爆發後，山地部落已充滿著太多殺戮，諸如「布凱之役」、「沙拉毛之役」下，壯烈犧牲的原住民。

> 已經有那麼多那麼多的殺戮了。一百三十幾個「突奴」（指日人），加上他們這些霧社部的賽達卡‧達耶一千一百幾十個。噢噢，留下

〔註324〕鍾肇政，《鍾肇政全集9‧高山組曲‧川中島》（2000年），頁22。
〔註325〕鍾肇政，《鍾肇政全集9‧高山組曲‧川中島》（2000年），頁22。
〔註326〕鍾肇政，《鍾肇政全集9‧高山組曲‧川中島》（2000年），頁22。
〔註327〕鍾肇政，《鍾肇政全集9‧高山組曲‧川中島》（2000年），頁24。

了多少血，落下多少人頭呀⋯⋯可是突奴是貪得無饜的。他們總要
索還十倍甚至幾十倍的債。父老口上的「布凱之役」、「沙拉毛之
役」，都是這樣⋯⋯然而，他們把我們，從「反抗蕃」改稱「保護
蕃」，投降的、被抓的、留下來在社裡的，全部集中起來「保護」。
〔註328〕

原住民遺族在川中島生活，充其量爲一種保護政策，抑或爲集中營的殖
民管理手段，「明明是保護啊。也給我們吃的，總算不至於餓死。移徙也是一
種『保護』手段。寶藏寺警部、江川警部都這麼說，小島巡查部長說得更清
楚，川中島有好土地，都是要給你們的。你們可以在那裡安居樂業，不必再
擔心受到『他蕃』的襲擊⋯⋯。」〔註329〕在日本殖民官方的說法中，美其言
爲保護政策，充其量僅爲溢美之詞；實際上原住民族還是遭遇到第二次霧社
事件的衝擊，如同畢荷心目中暗許之言，「但是，集中『保護』以後，還不是
發生了第二次事件？那是一項騙局，天大的謊言。我，畢荷・瓦利斯。大概
是知道眞相的唯一的人啊。」〔註330〕但多數的原住民遺族，即在懵懂無知的
狀態下，在川中島生活著。

2. 第二次霧社事件

畢荷回想起小島所下達的命令，要友蕃去偷襲收容所中的敵蕃，「在套
乍，小島和寶藏寺低聲地交談著，分明是寶藏寺命小島採取行動的。然後，
一整夜有狗吠聲。那是套乍社眾開始行動——襲擊收容所。」〔註331〕日本殖
民官員小島的鎮定言論，輕易地讓殺氣騰騰的族人信服。在畢荷心目中不斷
地質疑，小島究竟是否爲魔鬼呢？

> 畢荷在想著剛才聽到的話：小島是魔鬼。他是魔鬼嗎？那圓胖胖的
> 臉，圓胖胖的腦袋。他在一群殺氣騰騰的套乍社眾面前，那麼鎮靜，
> 那麼豪邁。「你們，想要，『突奴』吧。可以，過來，砍下，⋯⋯」
> 噢，他三言兩語地，就把整個社震懾住了。還有，來自馬勒巴的勇
> 士，抓住了畢荷的頭，就要砍下去了。五把山刀呢，明晃晃的。可
> 是小島的一句話，他們就把刀放下去了。小島會是魔鬼嗎？是不是

〔註328〕鍾肇政，《鍾肇政全集9・高山組曲・川中島》（2000年），頁29。
〔註329〕鍾肇政，《鍾肇政全集9・高山組曲・川中島》（2000年），頁29。
〔註330〕鍾肇政，《鍾肇政全集9・高山組曲・川中島》（2000年），頁29。
〔註331〕鍾肇政，《鍾肇政全集9・高山組曲・川中島》（2000年），頁154。

因爲他是魔鬼才有那種貴人的膽子，和震懾的魔力？〔註332〕

在畢荷心目中，對於小島的人格一直存有矛盾思想，「小島是人呢？還是魔鬼？樺澤呢？他們，所有的『突奴』，全是魔鬼吧？可是，小島明明一次又一次救了我畢荷・瓦利斯！爲什麼？」〔註333〕諸多原住民族對於日本殖民者的印象，均充滿著無解的矛盾。因誠如薩依德所述，被殖民者乃爲回應殖民者的主導權，「最令人印象深刻的是，東方主義無論在描述上，或是本文上都取得成功的主導權，以致於他們可以將整個東方的文化、政治和社會史的所有時期，都看作只是對西方世界的回應而已。」〔註334〕原住民被殖民者即不斷地回應著日本殖民者的指令。因此，在移徙川中島前的原住民遺族，對於日本殖民官方的說法半信半疑，對於從此即可安居樂業的生活，持保留的態度。果眞在第一次霧社事件不久後，日本殖民官方即煽動與利誘所謂的友蕃，以反間計對付所謂的敵蕃原住民族，盡情地進行馘首行動。

> 行事到了這種地步，已經全部明朗化。即原本參加的六社之外，其
> 他包括套乍社在內的附近各部，全部成了「友蕃」，加入了「討伐」
> 的行列！這一天傍晚，部分川西部隊開入套乍。套乍已經不再有人
> 動搖了。即使心中有所不願，大事既已如此，也只好參加「友蕃」
> 這一邊了。〔註335〕

在日本殖民官員小島的利誘下，「凡參加討伐的，將可無條件借到一把村田式或三八式步槍。另有賞格，頭目的『突奴』賞金三百圓，副頭目及勢力者二百圓，一般兵丁一百圓，女人小孩五十圓。每一個人頭都有賞！」〔註336〕諸多友蕃均加入第二次霧社事件的起義，乃由於馘首行動的開放與賞金，均令人趨之若鶩。

> 武器和賞金是最大的誘惑。平時被命扛木頭，他們扛得肩頭都流血
> 的，所得一天不過四角而已。這筆賞金是多麼吸引人啊！何況他們
> 的馘首被禁了這麼多年。於是，爲了「突奴」，爲了賞金，他們都亢
> 奮起來了！〔註337〕

〔註332〕鍾肇政，《鍾肇政全集9・高山組曲・川中島》（2000年），頁153。
〔註333〕鍾肇政，《鍾肇政全集9・高山組曲・川中島》（2000年），頁154。
〔註334〕薩依德，〈危機〉，《東方主義》（1999年9月），頁159。
〔註335〕鍾肇政，《鍾肇政全集9・高山組曲・川中島》（2000年），頁75。
〔註336〕鍾肇政，《鍾肇政全集9・高山組曲・川中島》（2000年），頁75。
〔註337〕鍾肇政，《鍾肇政全集9・高山組曲・川中島》（2000年），頁75。

　　畢荷在屋裡偷偷望著族人們，如此急於去馘首的神情，著實地令人不安，「畢荷躲在屋裡偷偷看那些來來去去的人們。沒有一個不是那麼興奮，那麼踴躍的樣子。其中陌生的面孔也不少，想是從托洛克、他洛旺等社來的吧。明天十月三十日，他們這個部隊將會更加膨脹，結隊開向馬黑坡、荷戈的方向，向他的族人——也是這些人的族人哩——發動無情的進攻。」〔註338〕畢荷心中對於此次的攻擊行動思索著，「多少人頭會落地呢？多少血液會噴湧呢？想到那種場面，他幾乎又要嘔吐了。而可怕的事，都是教他、告訴他那是野蠻行為的警官們在指揮的！」〔註339〕平日教導他出草乃為野蠻行為的日本殖民官員，如今卻指揮著馘首行動的展開。

　　在諸多友蕃族人殺紅眼之際，甚至於連畢荷都想殺害，所幸在日本殖民官員的阻止下，畢荷才保住一命，「大家，看到了，高峰浩，是友蕃，不是敵蕃，不許殺。任何人，不許殺！」〔註340〕當畢荷眼睜睜地看著族人自相殘殺之際，心中的痛楚乃無可言喻。在出草行動結束後，友蕃甚至於還提出要舉行「出陣祭」，「不一會，這人回來說：社裡的人們想舉行『出陣祭』，來駐在所請求許可，小島主任已經准許了。『嘖嘖，這麼晚了！這些蕃人，真是！』」〔註341〕友蕃即在日本殖民官方的許可下，展開許久未舉行的「出陣祭」。

　　　　出陣祭的歌舞已經開始了。有男的、女的，人人扯開喉嚨盡情地唱
　　　　著、跳著。不錯，明天一早，他們就要去「討伐」——他們其實沒
　　　　有討伐這種說法，他們只是「出草」，這就是他們的出草祭，是隆重
　　　　的儀式，也是出草前不可省得手續。他們靠歌與舞，來向天神祭告，
　　　　同時並只求平安與勝利，請天神保護他們的戰士能順利馘得「突
　　　　奴」，勝利回來。〔註342〕

　　在日本殖民官方反間計的分化下，友蕃在慶祝「出陣祭」時，被日本當局列為敵蕃的六社，「荷戈，還有馬黑波、羅多福、蘇克、坡阿隆、他落旺等總共六個社，已經成了『反抗蕃』，也就是『敵蕃』，接受警察及『友蕃』所組成的『討伐部隊』的嚴厲討伐。」〔註343〕所謂的敵蕃僅能背水一戰，卻在

〔註338〕鍾肇政，《鍾肇政全集9・高山組曲・川中島》（2000年），頁75。
〔註339〕鍾肇政，《鍾肇政全集9・高山組曲・川中島》（2000年），頁75。
〔註340〕鍾肇政，《鍾肇政全集9・高山組曲・川中島》（2000年），頁80。
〔註341〕鍾肇政，《鍾肇政全集9・高山組曲・川中島》（2000年），頁83。
〔註342〕鍾肇政，《鍾肇政全集9・高山組曲・川中島》（2000年），頁84。
〔註343〕鍾肇政，《鍾肇政全集9・高山組曲・川中島》（2000年），頁84。

第二次霧社事件中，被精銳盡出的友蕃，攻擊地落花流花、犧牲慘重。

> 來自南方干卓萬方面的，加上他們這一支北來的川西部隊，全部都
> 是少數警察，加上當地吸收的「友蕃」，各各都有三四百，把馬黑坡
> 一帶包圍得水洩不通。又過了一天，主力戰開始了。「反抗蕃」據守
> 濁水溪東南方的他洛旺山脊，居高臨下，迎擊進攻的軍、警及「友
> 蕃」組成的四千大軍，展開了一場大戰。〔註344〕

在討伐隊友蕃的猛烈攻擊下，「套乍駐在所每天都有新的人頭被送回來，
人頭架上，戰利品越積越多。從大規模的主力戰，到小規模接觸，以至零星的
游擊戰，先後足足打了六十天。」〔註345〕日本殖民者利用以番制番的方式，
「討伐隊隨處吸收了各社的壯丁，這些被稱爲做『友蕃』的，到了這時便也
發揮出眞正的力量了。正規軍與警察人員所無法前往的隱密地點與叢林深
處，他們都能夠出入自如，戰果也就日有增加。」〔註346〕日本殖民官方徹底
地擊破敵蕃陣容。在第二次霧社事件後，敵蕃傷亡慘重已所剩無幾，友蕃也
同樣有所傷亡，「套乍社雖然馘取了不少人頭，獲得了大筆賞金，但犧牲也不
少。首先是頭目巴耶斯‧泰莫，在一次出擊裡被馘取去了頭，陣亡的戰士也有
十來個。」〔註347〕在日本殖民官方的反間計下，犧牲的方爲兩敗俱傷的原住
民族人。日本殖民當局還發動武器攻擊，使原住民遺族的傷亡更加慘重。

> 噢噢，飛機在扔炸彈，在放毒瓦斯——那些帶著戰利品回來的戰士
> 總是說：飛天的巨魔在下蛋，蛋會炸裂，轟的一聲，好大的聲音，
> 樹木被拔起來，飛上半天，地面一個好大的坑。人呢？被炸碎了，
> 這邊樹枝上掛著腿，那邊掛著手……。〔註348〕

原住民族人在先進武器的威脅與毒瓦斯的攻擊下，莫名其妙地犧牲寶貴
性命外；甚至於有諸多族人選擇以自縊來結束性命，景象慘烈，「噢噢，那是
怎麼個景象啊。還有呢！還不只呢！飛天的巨魔，也會放臭煙，好臭好臭，
嗅到了，不久就會死的。可怕啊，可怕！好多人都自殺了，樹枝上一串串地
吊著，也有跳山崖的。」〔註349〕族人僅能無助又恐慌地面對這慘無人道的殖

〔註344〕鍾肇政，《鍾肇政全集 9‧高山組曲‧川中島》（2000 年），頁 88。
〔註345〕鍾肇政，《鍾肇政全集 9‧高山組曲‧川中島》（2000 年），頁 88～89。
〔註346〕鍾肇政，《鍾肇政全集 9‧高山組曲‧川中島》（2000 年），頁 88～89。
〔註347〕鍾肇政，《鍾肇政全集 9‧高山組曲‧川中島》（2000 年），頁 89。
〔註348〕鍾肇政，《鍾肇政全集 9‧高山組曲‧川中島》（2000 年），頁 89。
〔註349〕鍾肇政，《鍾肇政全集 9‧高山組曲‧川中島》（2000 年），頁 89。

民殺戮行動。當族人自相殘殺時，內心最為煎熬的即為畢荷，「最苦的，當然是畢荷了。他不得不守在套乍駐在所，為戰士們充當翻譯。……自己同村的，還有鄰村的，那麼多的親戚、朋友，也有親人，他們在挨嚴厲的討伐。」〔註350〕畢荷親眼見證著族人的自相殘殺，令人情何以堪。

> 有些帶著戰利品回來的戰士，來到駐在所請求登記時，常常會向畢荷投來獰亮的、快活的、貪婪的眼光，嘴角還會泛著笑。那分明是垂涎欲滴畢荷的「突奴」的眼光與笑啊。有個戰士還說：「宮田，大人，畢荷的，突奴，可以給我嗎？」……「他，他想……要我的頭」「馬鹿野郎！」……「高峰浩是『友蕃』，你怎麼不懂？」〔註351〕

畢荷不僅身家安全受到威脅，最令人不堪，「畢荷最怕的，不僅是這些而已，還有被送來的那些戰利品。他也被命鑑定人頭的身分。他必須端詳它。他多害怕被提進來的人頭是自己的親人。有幾個頭目、副頭目，他看到了；有幾個親戚，他也看到了；還有不知多少個朋友朋友、鄰居、熟人的。很多都是半翻著眼，有的緊緊咬住牙，有的下巴鬆垂。滴的血。沖人的腥臭。有男、有女，也有小孩、老人。」〔註352〕諸多原住民族家庭，甚至於連畢荷的家人，也在「第二次霧社事件」中犧牲。

> 他的父母與弟妹們，在退到馬黑坡後不久，全部死了。有人說是被臭煙燻死的，也有認為是被飛天的巨魔下的蛋炸死的。有個人肯定的說，他母親與兩個小妹縊死在同一根樹枝上。〔註353〕

在畢荷身心飽受煎熬之際，就連小島家的歐巴桑也鼓勵著畢荷要勇敢面對此種景象，「『高峰桑，你要振作些，你是一個了不起的日本男兒，也是個了不起的塞達卡‧達耶，……，一定要振作起來啊。』小島家的歐巴桑也不停地鼓勵他。畢荷在這種溫情下——或許也加上做為一個泰耶魯中的矜持吧，總算沒有被悲傷與痛苦擊潰。」〔註354〕畢荷努力地以身為泰耶魯的精神，面對殖民傷痛所帶來的衝擊。在第二次霧社事件後，劫後餘生的「反抗蕃」即成為所謂的「保護蕃」，被收容在集中營中，受到日本殖民當局嚴密的監控著。

〔註350〕鍾肇政，《鍾肇政全集9‧高山組曲‧川中島》（2000年），頁89。
〔註351〕鍾肇政，《鍾肇政全集9‧高山組曲‧川中島》（2000年），頁90。
〔註352〕鍾肇政，《鍾肇政全集9‧高山組曲‧川中島》（2000年），頁90～91。
〔註353〕鍾肇政，《鍾肇政全集9‧高山組曲‧川中島》（2000年），頁93。
〔註354〕鍾肇政，《鍾肇政全集9‧高山組曲‧川中島》（2000年），頁92～93。

「反抗蕃」各社生存的老弱婦孺，投降的戰士，如今都，被收容到這裡，接受「保護」。大門口有武裝警手站崗，裡面的保護蕃是不許出去的，官方還有糧食供給，米、小米、山芋、蕃薯等，量雖不多，總算夠這些劫後餘生者活命的。〔註355〕

被集中管理的「保護蕃」，日本殖民當局即套上官冕堂皇的理由，「不用說，表面上是為了要保護這些『保護蕃』，以免受到長久以來即互有嫌隙的『友蕃』的襲擊，實則目的不外監視這些『凶蕃』、『反抗蕃』的生存者逃走。」〔註356〕日本殖民官方表面上，即為保護原住民遺族安危而出此下策；實則有計畫地設立諸多駐在所，進行嚴密的監控。

為什麼需要這麼大規模的駐在所與大編制呢？原因很簡單，照官方的說法，這是為了保護這些「保護蕃」，免於受到他社他部的襲擊。
不過連那些純樸的村民也可察知，那是為了防備這些有前科的「兇蕃」，有不軌的舉動！〔註357〕

當日本殖民當局安頓好所謂的「保護蕃」後，州廳大員隨即入山，「原來這一次州廳大員入山。是要將事件發生以來，為了『討伐』而貸給『友蕃』的武器收回。半年來，各社壯丁有了武器，在討伐期間馘到人頭後，固然是歡天喜地，沒有能立功的，依然在躍躍欲試的亢奮狀態中。何況『反抗蕃』已經絕跡，生存的也成了『保護蕃』，在官方嚴密保護下，無法再馘取他們的頭了。」〔註358〕日本殖民當局急於收回友蕃武器，即為了安撫著友蕃間的敵對狀態。

於是有些人便利用有武器在手，且暫時解除了馘首禁令的這個機會，出去獵取人頭，造成了幾樁命案。托岡社與鄰村巴蘭社的社眾大為憤怒，連日到分室去控訴，要求准許他們去獵托洛克社的人頭，一時空氣險惡，可能演變成「友蕃」間的戰事。官方認為事態嚴重，這才由警務部長親自出馬，一方面是安撫處在敵對狀態的兩個部，一方面是收回貸放的武器。肇事的四個托洛克社眾。當然也必須給予處罰。〔註359〕

〔註355〕鍾肇政，《鍾肇政全集 9・高山組曲・川中島》（2000 年），頁 93。
〔註356〕鍾肇政，《鍾肇政全集 9・高山組曲・川中島》（2000 年），頁 94。
〔註357〕鍾肇政，《鍾肇政全集 9・高山組曲・川中島》（2000 年），頁 110。
〔註358〕鍾肇政，《鍾肇政全集 9・高山組曲・川中島》（2000 年），頁 96。
〔註359〕鍾肇政，《鍾肇政全集 9・高山組曲・川中島》（2000 年），頁 96。

　　在整起霧社事件中，最無辜犧牲者乃爲手無縛雞之力的保護蕃，「是那些可憐的族人——所謂的『保護蕃』，被襲擊了。多半是老人、婦女與小孩的。壯丁們沒有多少個了，還手無寸鐵。噢，天神哪！」〔註360〕在原住民族勇士心目中，「波波克・瓦利斯曾經認爲：官要他們這些『保護蕃』全部搬離『收容所』，是爲了把他們這些塞達卡・達耶全部殺掉。」〔註361〕原住民遺族認爲日本殖民官方乃存有趕盡殺絕原住民的詭計與陰謀。

> 不少人病倒了。每天，或者兩天，到了一個時辰，人就一陣陣地發冷發熱。發冷時，整個身子顫抖不停，大熱天裡，讓牙齒上下碰撞得格格作響。……病人躺在屋裡，發作時穿上所有衣服。蓋上所有被子。還是冷得抖顫不停，不但牙齒格格作響，連竹床也伊伊呀呀搖晃個沒完。才病了兩三天，人就瘦了，臉蠟黃。〔註362〕

　　縱然敵蕃已成爲被監控的保護蕃，但始終認爲日本人，仍無法勝過原住民族的先天優勢，「要不是有這麼多的同族人被『突奴』收買，成爲『友蕃』，那麼他們相信，憑他們塞達卡・達耶的英勇，加上天險，是可以打一場結結實實的好仗的。他們也知道不可能取勝，但他們不會敗。他們堅信可以支持到『突奴』確實明白拿他們沒辦法，然後提條件談和。」〔註363〕在保護蕃心目中，最難以忍受的即在收容所時，日本殖民當局還策動偷襲而造成族人傷亡，此即使原住民族的被殖民者處境更加雪上加霜。

> 成爲「友蕃」也罷了，被收買、「討伐」，殺死那麼多族人，也都罷了。最使人不能忍受，不能原諒的是事情過去了以後，還用那種偷襲的方式，襲擊兩處收容所。把手無寸鐵、完全失去作戰能力的他們殺死了那麼多！報復！塞達卡・達耶不能忍受這種奇恥大辱！波波克也早就不想活了。他願意高高興興地死，只要能馘取套乍部的「突奴」，那怕是三隻兩隻甚至一隻也好。〔註364〕

　　在「第二次霧社事件」中，被集中的保護蕃無力反擊地慘遭襲擊，再加上病死、縊死的族人，使原住民遺族已面臨即將滅族的危機，「天哪！那就是第二次事件！一群被集中起來的，手無寸鐵的，女人小孩爲主的六社生存

〔註360〕鍾肇政，《鍾肇政全集9・高山組曲・川中島》（2000年），頁100。
〔註361〕鍾肇政，《鍾肇政全集9・高山組曲・川中島》（2000年），頁103。
〔註362〕鍾肇政，《鍾肇政全集9・高山組曲・川中島》（2000年），頁105。
〔註363〕鍾肇政，《鍾肇政全集9・高山組曲・川中島》（2000年），頁111。
〔註364〕鍾肇政，《鍾肇政全集9・高山組曲・川中島》（2000年），頁112。

者。他們放火，然後肆意殺戮，一夜之間屠殺了二百一十六人！六個社生存的五百一十四人，最後僅剩二百九十八人。這就是六社總人口一千二百三十六人當中，經過二次事件後，最後剩下的人。如今，在川中島半年不到，病死、縊死的，已經有四十個以上了，今天在被『留置』了三十二人。還剩下多少人呢？」〔註365〕第二次霧社事件，比起第一次霧社事件，更加令人不勝欷歔。因毫無戰力的老弱婦孺，在無情的襲擊下慘烈犧牲，霧社事件方悲壯地結束，為原住民族抗日史寫下可歌可泣的扉頁。此外，沙拉毛部和霧社的部族乃結怨已久，「拜巴拉與沙拉毛、馬勒巴、目卡布布，是同一個部族，屬沙拉毛部，與霧社一帶的馬黑坡、荷戈、套乍、托洛克等社，雖是同為泰耶魯，但霧社一帶的，自稱塞達卡‧達耶，語言大不相同。」〔註366〕在「沙拉毛事件」爆發時，沙拉毛社發生襲殺日警事件，當時霧社部也在日警的反間計率領下，以番制番地對沙拉毛發動攻擊行動，而使得沙拉毛部懷恨在心。

> 最糟的是剛在十年前，合歡北麓的沙拉毛社發生了襲殺日警事件，
> 日警威逼利誘，迫使霧社部派出大批壯丁，在日警的率領下，以高
> 壓殘忍手段，對沙拉毛發動了一次大規模的「討伐戰爭」，因而使沙
> 拉毛與霧社結下了深仇大恨。拜巴拉社沒有參加那一次襲警事件，
> 自然也沒有受到嚴厲的報復，但對霧社部還是含恨的。〔註367〕

在畢荷心目中，對於沙拉毛事件仍有記憶，「一個古老的記憶，突然在他心版上復甦過來。那是他六歲那年的事。……他死命地趴在父親背上。好長好長的行列。隊首是幾個『大人』，就是他有無盡的歡躍感，興奮感。」〔註368〕這個族群因馘首而雀躍的夢魘，在畢荷心中多年而抹滅不去，豈知畢荷將在未來被迫面對更多族人的慘劇。

> 無意間發現到父親擎著一根竹子。仰起頭，順著竹子往上看。嚇！
> 是「突奴」竹子頂端，掛著兩顆「突奴」（人頭）！那半閉的眼睛，
> 那扭曲的嘴。那蒼白。那發黑的血漬。「哇……」他嚇得大哭，把面
> 孔用力地埋在父親背脊上。那是個夢魘。好久好久以後，他都還為
> 這個夢魘而害怕、喪膽。〔註369〕

〔註365〕鍾肇政，《鍾肇政全集9‧高山組曲‧川中島》（2000年），頁153～154。
〔註366〕鍾肇政，《鍾肇政全集9‧高山組曲‧川中島》（2000年），頁39。
〔註367〕鍾肇政，《鍾肇政全集9‧高山組曲‧川中島》（2000年），頁39。
〔註368〕鍾肇政，《鍾肇政全集9‧高山組曲‧川中島》（2000年），頁71。
〔註369〕鍾肇政，《鍾肇政全集9‧高山組曲‧川中島》（2000年），頁71。

畢荷的父親當年由於馘首而成為部落的英雄人物，「那以後，父親常常都會向他，也向來家裡的人提起那件事，和他所馘取的兩顆『突奴』。那是父親一生中最大的榮耀。父親因為那兩顆『突奴』而成了荷戈出名的勇士，不，在整個霧社部，他都是有頭有臉的大勇士了。」〔註370〕但此回憶卻讓畢荷產生陰影，但父親所屬的霧社部即成為所謂的「友蕃」而獲得諸多獎賞。

> 畢荷漸漸長大，這才明白那一次就是所謂的「沙拉毛事件」。沙拉毛的人把警察跟家屬殺死馘了頭。結果換來一場討罰。沙拉毛成了「敵蕃」，馬黑波、荷戈，還有附近的許多社，都被命組成了討伐隊去攻打，也就是「友蕃」了。父親建立了殊勳，得了好多獎賞……
> 〔註371〕

沙拉毛事件使得沙拉毛部與霧社部的原住民族人就此反目成仇。日本殖民官方再利用兩部族間的積怨，以番制番。爾後，在霧社事件爆發時，又再度利用沙拉毛部，襲擊霧社原住民族。原住民被殖民者就不斷地在殖民者的政治操弄下，不斷地自相殘殺而導致兩敗俱傷。

（三）卑南平原之霧社事件

鍾肇政在《卑南平原》中，雖以描述卑南王的故事為主，但還是略微提及「霧社事件」，「在霧社事件裡，山胞把霧社一帶的日本人幾乎殺光，共一百三十幾名，起義的山胞更可憐，六個部落的一千好幾百名，差不多死了有三分之二吧。」〔註372〕文本中還描述諸多部落的抗日事件，諸如「皮士丹事件」、「大關山事件」、「逢坂事件」……等事件。

> 其實，以後也還發生了幾次抗暴事件的。在山地來說，例如霧社事件的次年，就是一九三一年，有皮士丹事件，地點在現今梨山附近，殺死一名日警。又次年，有「大關山事件」，發生在大關山，也是一個日本警察被砍掉了腦袋。一九三三年就是這臺東縣境內的逢坂事件了。「阿伊沙卡」，日本人寫作「逢坂」，森本巡查一家三口被殺，這才是紀錄上最後一次的日據時期山胞抗暴事件。這以後，山地的馘首事件就絕跡了。〔註373〕

〔註370〕鍾肇政，《鍾肇政全集9‧高山組曲‧川中島》（2000年），頁72。
〔註371〕鍾肇政，《鍾肇政全集9‧高山組曲‧川中島》（2000年），頁72。
〔註372〕鍾肇政，《鍾肇政全集10‧卑南平原》（2000年），頁161。
〔註373〕鍾肇政，《鍾肇政全集10‧卑南平原》（2000年），頁161。

　　日本殖民當局有鑑於抗日事件的頻傳，而訂定一套大規模的理蕃政策，「日本殖民當局不得不訂出一套理蕃政策，懷柔與高壓並行，這就是日人所謂的『鞭與飴』政策了。最有名的一個理蕃總督佐久間，記得是在一九一○年吧，訂了五年討伐計畫，以最激烈的手段，推動他的討伐軍事行動。」〔註374〕因此造成霧社事件的爆發，尤其日本殖民官方所使用的毒瓦斯，更引起國際間的一陣撻伐聲浪，「這一次霧社事件作得太過火了，尤其毒瓦斯是國際間禁止的武器，……因此，國際間起了一片譴責的聲音，就是在日本國內出了不少責難的論調。……當時的石塚總督被迫辭職，連帶地也有幾位理蕃大員被逼下臺。」〔註375〕此後大大小小的抗日事件，仍層出不窮地時有所聞。

　　在「皮士丹事件」時，「一九三一年的皮士丹事件。……當時的泰耶魯族大頭目疋林‧疋戴認爲事態嚴重，跑到警察局去表示願意當一名和談使者，……最後交出發動了兇殺行爲的高山同胞，接受日方處罰，使事件沒有演變成雙方兵戎相見的血腥行動。」〔註376〕多數的抗日事件，均無法平和的落幕，且引起部落間的傷亡產生。在高雄所爆發的「大關山事件」，即爲布農族頭目殺日警事件，「一九三二年的大關山事件，是大關山西麓屬於高雄縣的一個布農族部落頭目和他的兩個兒子，把當地警所的一名日警襲殺事件。……父子同時被處死了。理由是：他們都是未開化的蕃人，不給予嚴峻的刑罰，便無法使他們醒悟、開化。」〔註377〕在臺東和花蓮交界處所發生的「逢坂事件」，乃由於日本理蕃當局推動政策，引起布農族適應不良；再加上瘧疾的產生，使大家無法安心度日。但最主要的導火線，乃爲一椿火藥買賣事件，即布農勇士歐蘭卡曼被日警毒打後，憤而殺巡查的抗日事件。

> 　　逢坂事件也有直接間接的原因。間接的原因是當時，日本理蕃當局正在逐漸地推動布農族的「集團化」與「農耕化」政策。……天生山岳民族、游獵民族，……勉強學習農事吧，有還有不少使他們危懼的事。好比下了山，便等於失去自己的土地，失去自己的勢力範圍。其次是平地的疾病，尤其瘧疾，是他們所害怕的。還有最嚴重的一點，就是在山地，日本人欺負不到他們，騙不到他們，下了山，

〔註374〕鍾肇政，《鍾肇政全集 10‧卑南平原》（2000 年），頁 162。

〔註375〕鍾肇政，《鍾肇政全集 10‧卑南平原》（2000 年），頁 163～164。

〔註376〕鍾肇政，《鍾肇政全集 10‧卑南平原》（2000 年），頁 164。

〔註377〕鍾肇政，《鍾肇政全集 10‧卑南平原》（2000 年），頁 164。

等於撤除了防衛，以後只有聽任人家宰割了。……直接原因是一樁
火藥買賣事件。臺東和花蓮交界的地方有一座武拉姑散山，位於大
關山東方。那座武拉姑散山麓附近一個部落裡，有個叫歐蘭卡曼的
布農勇士，跑到關山鎮偷買硝石，被日警抓了。……接下來不用說
是一頓毒打狠揍，關了幾天也就釋放了。……在民心浮動的當口，
歐蘭卡曼一氣之下，夥同幾個同道，把那個使他恨之入骨的日本警
官森本巡查的頭砍掉了。〔註378〕

　　此後，日本殖民官方找尋非反抗蕃的原住民族加以遊說，「日本官方找了
些玉里一帶的『非反抗蕃』的布農族頭目及勢力者，進入武拉姑散山區去遊
說，結果『反抗蕃』都被勸降成功。」〔註379〕在當時層出不窮的蕃變事件，
均由於官逼民反，民不得不反所致。

第四節　日治時期殖民下的原住民族

一、同化政策

（一）馬黑坡之殖民同化

　　鍾肇政諸多文本均以日治時期為撰寫背景，去勾勒出原住民族部落，在
日本帝國霸權治理下的社會情境，誠如薩依德所言，殖民地書寫乃可再現與
解放殖民地，方有機會去殖民化，「簡言之，這是來自殖民地的寫作，與後殖
民解放的真正潛能殊途同歸。」〔註380〕鍾肇政在《馬黑坡風雲》中，描述
「霧社事件」的事發地點即為模範蕃社，「霧社這一帶，是全臺山地的精華，
而在霧社一帶之中，馬黑坡又是精華中的精華，也是大頭目莫那‧魯道駐蹕
之地。」〔註381〕當霧社事件爆發後，即反映出諸多原住民族部落，長期受日
本殖民文化與霸權壓迫的殖民情境。尤其從乙未年日軍侵臺後，原住民族即
遭受日本殖民霸權的討伐與鎮壓，甚至於脅迫原住民接受「歸順」；也因此埋

〔註378〕泰耶魯族住在霧社以北的北部山地，布農族在霧社以南的南部山地。佐久間
　　　　的討伐便是主要以北部山地為目標，結果五年的軍事討伐行動，把泰耶魯打
　　　　慘了。鍾肇政，《鍾肇政全集10‧卑南平原》（2000年），頁165～171。
〔註379〕鍾肇政，《鍾肇政全集10‧卑南平原》（2000年），頁172。
〔註380〕薩依德，〈勾結、獨立與解放〉，《文化與帝國主義》（臺北：立緒出版社，2001
　　　　年），頁498。
〔註381〕鍾肇政，《鍾肇政全集7‧馬黑坡風雲》（2000年），頁196。

下霧社事件的種子，醞釀著大小零星抗日行動的導火線。

> 乙末年日軍侵臺之後，日人一直拿山地人沒辦法。山胞們據天險，
> 堅守他們土地，並且更進而時時出擊。使得日本官方不用說，甚至
> 於全日本國國民都大有談「蕃」色變之概。直到第五任總督佐久間
> 左馬太就任，……要驅遣大兵，來大規模地從事「討伐」，這是明治
> 十九年的事。……到大正四年（民國四年），歷時九年有餘，才初步
> 「平定」了山地，表面上迫使各山地的山胞「歸順」了。〔註382〕

日本當局為了鎮壓原住民族，即無所不用其極地毒計百出，「日閥真是用
盡了各種方法，毒計百出。……採取封鎖的計策，堵塞了物資補給之路。這
一來，霧社一帶就因生活必需品的缺乏，而陷入困境，甚至餓死了不少人。」
〔註383〕日本殖民手段即實施同化政策，無所不用其極地壓迫原住民族，表面
上迫使原住民族歸順，實際上殖民地卻為暗潮洶湧。當初霧社原住民族在莫
那‧魯道的策劃下，與一向敵對的干卓蕃求和。豈料，日本當局竟施以反間
計，策動干卓蕃與霧社蕃的嫌隙，埋下日後原住民族間自相殘殺的導火線之
一。尤其是布凱之役，對於當時人口僅剩無幾的霧社人口，實屬雪上加霜的
打擊。

> 霧社山胞在莫那‧魯道的策劃下，另求出路，與一向在敵對地位的
> 干卓蕃求和，想靠交換物資以維持生活。日方探知了這個計謀，便
> 使出了反間計，……干卓蕃的大隊人馬竟發動了偷襲，把一百多名
> 霧社蕃兵丁殺死了九十來個。當時霧社蕃人口二千不到，兵丁不過
> 六百之譜，可知這布凱〔註384〕之役的打擊是沈重無比的。他們既被
> 封鎖了所有的對外交通，又遭受了這麼重大的打擊，再也無能為力
> 了，只有投降。〔註385〕

日本殖民霸權迫使霧社原住民族歸順日本，甚至於必須臣服於日本當局
的歸順條件。對於原住民而言，充滿著諸多不公不義之處，令人充滿無奈卻
被迫接受，此即埋藏日後「霧社事件」爆發的遠因之一。

> 歸順條件如下：一、官方命令應絕對服從。二、絕不越過隘勇線。
> （註：隘勇線為滿清政府所設，為警備線，配有隘勇經常守備。日

〔註382〕鍾肇政，《鍾肇政全集 7‧馬黑坡風雲》（2000 年），頁 196。
〔註383〕鍾肇政，《鍾肇政全集 7‧馬黑坡風雲》（2000 年），頁 196。
〔註384〕布凱乃指霧社蕃與干卓蕃的兩地邊界。
〔註385〕鍾肇政，《鍾肇政全集 7‧馬黑坡風雲》（2000 年），頁 197。

閣侵臺後，更設鐵絲網，通以電流，以防山胞越界出擊。）三、交換物資，應在公設蕃產交易所爲之。前往交換所，不准攜帶武器，不准在指定地點以外宿泊。四、不得到隘勇線附近出草。如係狩獵，應先請准，並攜「國旗」。〔註386〕

原住民族面臨不公平的歸順條件，即有「人在屋簷下，不得不低頭」，百般無奈的心情，面對無理的壓迫與無情的剝削，乃造成原住民族在殖民霸權的夾縫中求生存，而種下日後「霧社事件」爆發的重要因素之一。

為了生存，他們不得不接受這種苛酷的條件，狩獵地區被限制到最小，山產交易，受到無理的剝削，甚至行動都完全沒有自由了。對霧社的山胞而言，這是最嚴重的犧牲，也是最難堪的屈辱，然而除了接受以外，他們還能如何呢？〔註387〕

當霧社原住民族遭到日本殖民者的反間計，對干卓蕃產生嫌隙，「這以後，他們有不少次向干卓蕃出草，馘取首級，以爲報復。但是，每次每次，出草者都遭日警逮捕，被處死。他們知道，在干卓蕃背後操控的，就是日本人，簡直到了令人切齒的地步。」〔註388〕原住民族在殖民壓迫下的百般吞忍，對日本的怨氣已與日遽增。日本殖民霸權的同化政策，更引起諸多不公平的待遇與民怨，但即爲霧社事件爆發的冰山一角而已，還有諸多殖民手段，均挑戰著原住民族的忍耐度，也逐步點燃霧社事件的導火線。

二、同化教育

（一）馬黑坡之花岡一郎與二郎

鍾肇政在《馬黑坡風雲》中，描述日本同化教育，即爲殖民帝國奴化被殖民者的重要途徑之一，「不只透過民族的教育系統，創造了一種在過去不完整且受壓制，但最後終於被恢復的認同所肯定，且創造了新的權威式領導。」〔註389〕日本統治即以同化教育來教化原住民族，以進行思想改造；甚至於成立「蕃童教育所」，由思想上徹底的奴化原住民族。同化教育初期最明顯的成功案例，即爲花岡一郎與花岡二郎。花岡一郎後來甚至於被日本殖民者拔擢爲馬黑坡駐在所巡查補，與馬黑坡蕃童教育所的教師，成爲日本統治者最佳

〔註386〕鍾肇政，《鍾肇政全集7・馬黑坡風雲》（2000年），頁197。
〔註387〕鍾肇政，《鍾肇政全集7・馬黑坡風雲》（2000年），頁197。
〔註388〕鍾肇政，《鍾肇政全集7・馬黑坡風雲》（2000年），頁198。
〔註389〕薩依德，〈勾結、獨立與解放〉，《文化與帝國主義》（2001年），頁487。

的一枚棋子。

> 你不能怪誰——花岡一郎向自己解釋——誰叫你成了花岡一郎？誰
> 叫你是馬黑坡駐在所巡查補？又誰叫你是馬黑坡蕃童教育所的教
> 師？花岡一郎是荷戈社的人，諾比魯‧達坎的兒子，本來的名字叫
> 達其司‧諾比魯。在蕃童教育所讀書時，他的功課之好，被說成是
> 荷戈蕃童教育所開辦以來僅有的資優生。教過他的日人巡查教師，
> 都認為可以和公學校至小學校（註：日治時期小學教育分為公學校
> 與小學校，前者收臺灣籍學童，後者專收日人子弟）的最優秀的學
> 生比美。〔註390〕

花岡一郎的特殊身分，在長期受日本殖民統治的原住民族眼中，乃地位
崇高，「一郎成了霧社一帶的蕃社裡，唯一的智識階層，在同族裡來說，也是
僅有的『官吏』，不管從任何角度來看，在族人們當中而言，都是高人一等
的。在日人心目中，是有意把他培養成一個各蕃社共同的領導者，且是對日
人完全馴服的。」〔註391〕在日本人眼中，僅欲將其培養成絕對服從、且一味
聽話的各蕃社共同領導者，由以蕃制蕃的方式殖民原住民部落。豈料，儘管
經過日本殖民官方同化教育的洗腦，花岡一郎仍為一位不折不扣的泰耶魯，
「然而，他們料不到，儘管經過這樣的懷柔與改造，花岡一郎的血管裡流動
的，仍是泰耶魯的血液。它是充滿正義與熱忱的，是不能以暴力及強權來壓
制的。」〔註392〕此乃日本官方始料未及，當原住民族群起抗日時，花岡一郎
乃不遑多讓地支持著原住民族。

> 不錯，花岡一郎一直是馴服的，甚至他血管裡的泰耶魯血液，也被
> 蒙蔽著，從未肆意地奔流過。然而這不能怪他，從小，他就被灌輸
> 著皇民思想，諸如：你是大日本帝國的臣民，是日本人的一份子，
> 因為天皇陛下對待每個國民，都是一視同仁的，因此你也必須有大
> 日本帝國國民的自覺，向天皇陛下盡忠……。〔註393〕

花岡一郎在皇民化思想的改造下，從小接受著皇民思想，被教育著成大
日本帝國的臣民，即為日本人的一份子，必須向天皇陛下盡忠，但「一郎內
心充滿痛苦。這些日子以來，他已經有了明顯的自覺，不管他被稱作花岡一

〔註390〕鍾肇政，《鍾肇政全集7‧馬黑坡風雲》（2000年），頁190。
〔註391〕鍾肇政，《鍾肇政全集7‧馬黑坡風雲》（2000年），頁191。
〔註392〕鍾肇政，《鍾肇政全集7‧馬黑坡風雲》（2000年），頁191。
〔註393〕鍾肇政，《鍾肇政全集7‧馬黑坡風雲》（2000年），頁191。

郎，或者是什麼，他仍然是個百分之百的泰耶魯。做一個泰耶魯而活下去，也是以一個泰耶魯來死，這才是本分。」〔註394〕花岡一郎在皇民思想與泰耶魯的血液中，產生族群認同矛盾而不斷地拔河著。花岡一郎儘管遭受到殖民思想的改造，但歷經深思熟慮的族群自覺後，終於認清自己是泰耶魯的事實，即「生為泰耶魯，死為泰耶魯。」因為「花岡一郎儘管得到日本人特別的垂青，接受了在他們族人們當中來說是破格的教育與優遇，然而許多年來所吃的苦頭，卻也頗為不少。總而言之，他是個『山地人』，泰耶魯。縱然他與接觸的人，不管是內地人也好，臺灣人也好，表面上對他是若無其事，平等看待，然而一郎總能感覺出人們眼光裡若隱若現，似無還有的特別味道。」〔註395〕儘管花岡一郎在日本的禮遇與族人的敬仰中過日子，但原住民族的生活習慣，與其他族群仍有所差異。因此，在族群接觸過程中，即會所產生諸多指指點點的異樣眼光，令人感到不是滋味。

> 例如自餐廳裡頭——念師範時，他是住在學校的宿舍內的——他用起筷子來，特別笨拙。筷子，在他們族裡是從來不用的，飯是用三根手指頭舀起來吃，菜也是用手拈。因而他每餐吃飯時，總不免要惹來奇異的眼光，甚至還換來嘲笑。笑者是無意，可是在他聽來，便不太受用。〔註396〕

花岡一郎曾在求學的過程當中，參加相撲比賽贏得冠軍卻被抗議，因蕃族身分而被取消資格的不公平待遇，「有一次，他代表學校，參加臺中市內三所中學校的相撲對抗大會。他只是中等稍高的身材，表面上看來並不算特別強壯，可是山地人的潛力卻也隱匿在每一塊筋肉當中。因此，他輕易地壓倒群雄，得了個人冠軍。第三年，別校卻提抗議了，說某某某是山地人，是蕃族，不應該參加。結果他從代表隊名單中，給剔了出來。」〔註397〕此種不合理的待遇與異樣眼光，使花岡一郎承受著彷彿法農般的被殖民心理，「就這樣，他的出身成了他的一個最沈重的精神負擔，不時都壓在他身上。他變得十分易感、孤獨。每每有空的時候，就在大街上漫無目的地走。」〔註398〕原住民族所承受的族群不平等待遇，乃時有所聞。儘管如此，花岡一郎仍為日

〔註394〕鍾肇政，《鍾肇政全集7‧馬黑坡風雲》（2000年），頁193。
〔註395〕鍾肇政，《鍾肇政全集7‧馬黑坡風雲》（2000年），頁195。
〔註396〕鍾肇政，《鍾肇政全集7‧馬黑坡風雲》（2000年），頁195。
〔註397〕鍾肇政，《鍾肇政全集7‧馬黑坡風雲》（2000年），頁195。
〔註398〕鍾肇政，《鍾肇政全集7‧馬黑坡風雲》（2000年），頁195。

本與蕃族重要的溝通橋樑，「不過，他的任務，卻也並不是單純的任教。還被賦予了連結『蕃民』與內地人之間的感情，做一座溝通雙方情感意志的橋樑。」〔註399〕日本官方即想利用花岡一郎，有效地進行殖民統治。

> 日人還培養出了一個花岡一郎，目的就是想靠他來進一步控制山胞。「你是負有特殊使命的。你的族人們，能不能成為真正的大日本帝國國民，全要靠你了……」「教育你們族裡的下一代，讓他們明白日本天皇陛下的恩典，使他們知道作一個大日本帝國國民，是多麼光榮，多麼了不起……」〔註400〕

花岡二郎彷彿花岡一郎的翻版般，「二郎與一郎一樣，是荷戈社出身，比一郎小二歲，也是在蕃童教育所讀書時，功課特別好，加上又乖巧聽話，所以被特別安排，畢業後送到埔里去升高等科的。」〔註401〕花岡一郎與花岡二郎，同為日本人的棋子。花岡二郎同樣在蕃童教育所接受皇民化思想的教育，但所受到的禮遇即沒有花岡一郎如此地優渥，「畢業後卻沒有能夠被保送到任何一所上級學校，只能被派到霧社分室當上了一名『警丁』。」〔註402〕在日本人所設置的警備所中擔任守衛工作，禁止蕃族越過隘勇線；這道隘勇線乃象徵著帝國霸權的殖民者與被殖民者，永遠無法跨越的鴻溝。

> 警丁本來的名稱叫「隘勇」。所謂隘勇，在臺灣可謂歷史悠久，可以上溯到鄭成功的時代。正式領臺，做為驅滿復明的根據地以後，普遍地實施「屯田制」，以為長久之計，在開墾好的田園邊緣，築了一道紅磚防堤，俗稱土牛紅線，這是因為遠遠看去，防堤很像蹲伏下來的牛隻。後來，這土牛紅線逐漸擴展，到了鄭氏覆亡，清朝統治臺灣時，改稱為隘勇線，設置碉堡，雇兵勇來從事防務，這就是隘勇。日人來到後，並遍設警備所，築砲臺碉堡，禁止山地居民越過這條線。〔註403〕

花岡二郎由於沒受到花岡一郎般的禮遇，對日本人即存有怨氣，「何況他的身體裡流動著的，是奔放的泰耶魯熱血，對那些盛氣凌人，動不動就警丁們的日人巡查，早已懷恨在心了。難怪聽到一郎的話，馬上就答應下來。」

〔註399〕鍾肇政，《鍾肇政全集 7・馬黑坡風雲》（2000 年），頁 196。

〔註400〕鍾肇政，《鍾肇政全集 7・馬黑坡風雲》（2000 年），頁 198。

〔註401〕鍾肇政，《鍾肇政全集 7・馬黑坡風雲》（2000 年），頁 272。

〔註402〕鍾肇政，《鍾肇政全集 7・馬黑坡風雲》（2000 年），頁 272。

〔註403〕鍾肇政，《鍾肇政全集 7・馬黑坡風雲》（2000 年），頁 273。

〔註404〕花岡二郎乃與花岡一郎同進退，響應著霧社族人的行動。此外，處於原日情節交錯的花岡一郎，在蕃童教育所中，甚至於成為日本殖民者的打手，體罰著部落的族中子弟，令花岡一郎的族群認同意識更加糾結。

> 他比以前更容易發怒，動不動就用巴掌來對付不聽話的學生。雖然，打與罵，甚至拳足交加，在每一種學校裡都是稀鬆平常，可是每次發作過了，一郎總禁不住悔恨交加。我為什麼要這樣兇呢？都是自己族裡的子弟啊，你簡直是當作他們是不共戴天的仇敵一般……然而，到他站在司令臺上時，仍然是老樣子。〔註405〕

花岡一郎與花岡二郎，即為早期日本殖民帝國懷柔政策下，以同化教育灌輸皇民化思想，而成功改造的原住民族弟子；方為日本殖民霸權成功落實的典型例證。然而，在花岡一郎與花岡二郎的內心深處，仍不斷地充滿著被殖民者的矛盾與糾結，誠如法農的被殖民心理般，「他對殖民論述展開的批判，著力點並不放在殖民者及其建立的體制，而是被殖民者如何在文化層面遭到心靈的創傷，以及如何受到殖民語言的囚禁，而終於對殖民者產生絕對的依賴。」〔註406〕花岡一郎與花岡二郎在內心交織著，原住民族的泰耶魯精神與日本皇民化的殖民枷鎖，而在日後選擇留下自縊的悲劇英雄形象。

（二）川中島之畢荷・瓦利斯

鍾肇政在《川中島》中，以霧社事件爆發後，殘存的六部原住民遺族，被遷移至川中島的生活為書寫背景。原住民遺族們歷經劇變，在滅族陰影與日警強勢的淫威下，忍辱吞聲地在孤立的川中島上求生存。此外，在日本殖民統治下，推動皇民化運動的重要同化政策，即為同化教育，使得歷經霧社事件的畢荷・瓦利斯，產生族群認同的矛盾與掙扎。當原住民孩童年幼時，即成立蕃童教育所，對原住民孩童徹底地進行皇民化思想改造，同化教育仍為皇民化運動中的重要環節。因此，在川中島中第一位誕生的原住民孩童，即受到日本當局大大的慶賀。

> 安達主任聞訊，大表興奮，認為這是川中島社第一個出生的孩子，親自到娥賓與馬紅、巴堪他們的共同住屋道賀，特別致送了一尾大

〔註404〕鍾肇政，《鍾肇政全集7・馬黑坡風雲》（2000年），頁273。
〔註405〕鍾肇政，《鍾肇政全集7・馬黑坡風雲》（2000年），頁278。
〔註406〕陳芳明，〈膚色可以漂白嗎？〉，法農，《黑皮膚，白面具》（2005年4月），頁13～14。

鹹魚，與一大瓶「月桂冠」（日本名牌清酒），作為祝賀禮物，還給
孩子取了名字，叫「花岡新作」。大鹹魚俗稱鹹連魚，來自北海道。
在山裡，那是最貴重的佐膳副食，不是山裡的人們輕易可以吃到的；
「月桂冠」更是只有在駐在所的官才能喝到的「銘酒」。〔註407〕

　　當年在日本統治之初，所培育的原住民孩童，最具代表性的即為花岡一
郎和花岡二郎。兩人日後均被賦予優渥的福利與待遇，成為整個原住民部落
中數一數二的重要人物。但「日化的原住民族」，始終有著被殖民者的枷鎖與
標籤，生活地位跟日本人，甚至於與漢族相比，仍被矮化一大截。

一郎和二郎都是因為特別聰明，在「蕃童教育所」裡，表現出類拔
萃，所以才被官方安排，到埔里去唸「尋常小學校高等科」。一郎畢
業後，還到臺中去讀師範學校，並且仍然以優越的成績畢業，當上
了馬黑坡社駐在所的巡查，擔任「教育擔當」職務，成為「蕃童教
育所」裡的教師，我，畢荷‧瓦利斯碰到他，還必須敬禮稱一聲「先
生」——當然，畢荷對他是心悅誠服的，因為花岡先生在整個霧社，
不，整個泰耶魯族裡，甚至在所有的「高砂族」裡，是個一等一的
人物。〔註408〕

　　在花岡一郎與花岡二郎的優異表現下，日本官方乃持續地培育著原住民
孩童，「因為官著意地培養了一郎、二郎，而他們的確沒使官失望。他們都那
麼優秀、有用，成了『大日本帝國臣民』。」〔註409〕在《川中島》中畢荷即成
為日本當局重點栽培的原住民孩童之一，冀望其可成為名符其實的大日本帝
國臣民，故畢荷的一切生活，均需接受日本殖民霸權的安排與宰制。

他，畢荷‧瓦利斯，從十歲那一年進了教育所，顯示了與一郎、二
郎同樣的優異表現，於四年畢業後，就被安排到霧社尋常小學校插
班就讀。那還是專收「內地人」小孩的學校呢。在這裡，他也同樣
有了優秀的表現。於是，畢荷的前途也幾乎被安排妥當了。〔註410〕

　　畢荷回想起當初在霧社事件中，族人的傷亡慘重，「這樣的花岡一家，全
部死了。連畢荷‧瓦利斯生平最尊敬最畏懼的大頭目莫那‧魯道也死了。他

〔註407〕 鍾肇政，《鍾肇政全集 9‧高山組曲‧川中島》（桃園：行政院文化建設委員
　　　　　會，桃園縣政府，2000 年），頁 42～43。
〔註408〕 鍾肇政，《鍾肇政全集 9‧高山組曲‧川中島》（2000 年），頁 45。
〔註409〕 鍾肇政，《鍾肇政全集 9‧高山組曲‧川中島》（2000 年），頁 46。
〔註410〕 鍾肇政，《鍾肇政全集 9‧高山組曲‧川中島》（2000 年），頁 46。

的兒子該是下一個大頭目的他達歐・莫那也死了。花岡家，只剩了一個娥賓，莫那家，只剩一個馬紅。噢噢，死了那麼多那麼多的人……。」〔註411〕霧社事件乃見證原住民族，令人極為心酸的族群命運。當畢荷看著川中島新誕生的原住民孩童，心中乃五味雜陳。他思考著原住民遺族的未來將如何發展？單純的原住民族因過於信任日本人，卻因此遭遇到日本殖民帝國的欺騙與壓迫，不斷地承受著日本帝國主義的霸權宰制。

> 如今，你誕生了──畢荷在內心裡，像眼前這個生下才五天的小嬰
> 兒說：你的命運會是怎樣的呢？「突奴」總會讓我們活下去吧。泰
> 耶魯太容易相信別人了，恐怕是不對的。尤其對「突奴」。〔註412〕

畢荷回想起新生兒，除了擁有日本官員給的日本名字外，也該有個實實在在的原住民名字，「你，花岡新作──噢噢，你也該有一個塞達卡・達耶的名字，……你就是你，一個不折不扣的塞達卡・達耶，你可要好好地活下去呢。」〔註413〕畢荷同樣歷經過日本殖民的同化教育，因此對於原住民孩童的未來已了然於心。縱然如此，畢荷在心目中，「卻也曾經幻想過，教育所畢業後，他被安排進了霧社小學校，僅這個事實，就已把他的身分提高了不知多少倍。」〔註414〕畢荷甚至於羨慕起當年的花岡一郎。

> 花岡一郎就是一個人人知道的前例。他以一個平凡社眾，娶了羅多
> 福頭目的女兒，還是霧社一帶最美的女孩──那個像神一般美得叫
> 人不敢多看一眼的花子。〔註415〕

皇民化運動的同化教育，在畢荷的生活觀念產生影響，其心目中除了傳統敬畏的人物，諸如老頭目、新頭目、大頭目外；另一種絕對服從的人物，即為日本官員們，例如警察：巡查、巡查部長、警視、郡守、州知事、總督、天皇陛下、太陽、神……等人物，均成為畢荷心目中絕對服從與敬畏的對象，誠如薩依德的後殖民理論所述，「簡言之，宗主國文化，現在可能被看作是壓制了被殖民社會的真實要素。」〔註416〕在傳統原住民族階級制

〔註411〕鍾肇政，《鍾肇政全集9・高山組曲・川中島》（2000年），頁46。
〔註412〕鍾肇政，《鍾肇政全集9・高山組曲・川中島》（2000年），頁46。
〔註413〕鍾肇政，《鍾肇政全集9・高山組曲・川中島》（2000年），頁46。
〔註414〕鍾肇政，《鍾肇政全集9・高山組曲・川中島》（2000年），頁49。
〔註415〕鍾肇政，《鍾肇政全集9・高山組曲・川中島》（2000年），頁49。
〔註416〕薩依德，〈心路歷程與反對勢力的出現〉，《文化與帝國主義》（2001年），頁461。

度外，日本殖民官員與天皇陛下，竟成為高於所有傳統部落階級的最高領導階級。

> 荷戈的老頭目阿烏伊‧斯堪，新頭目他達歐‧諾堪，還有馬黑波的
> 大頭目莫那‧魯道，這些人無一不是畢荷從小就畏敬崇拜的。……
> 另一種「絕對的」人物出現了，就是村子裡駐在所的警察：巡查、
> 巡查部長，這些警察還間教育所的「先生」。……在上面還有警視哩！
> 還有更上面的，郡守、州知事都是。不還有更上面的，是總督。……
> 最高的是天皇陛下，是太陽，是神。〔註417〕

在畢荷心目中，除了各種需以敬畏心情面對的對象外，在生活中實際的族群接觸過程認為「巡查好像都是『突奴』（日人），警手則多數是『普魯木考』（本島人），交談的時間多半用閩南語。畢荷不懂閩南語，因此反倒是覺得『內地人』可親些。」〔註418〕日本殖民的同化教育已根深蒂固地影響著原住民族思想，殖民宗主國的政權與文化，即不斷地宰制著原住民族的族群認同意識。此外，同化教育和皇民化運動，深化原住民族對於日本殖民帝國的族群認同觀念，「到了小學校，學得更徹底了。先生們都說，頭目們都是野蠻人，因為他們沒有受到皇國的教化，只懂得馘人頭。野蠻與文明，就在畢荷胸膛裡衝突，糾結成一塊……。」〔註419〕在皇國教育中，甚至於教導畢荷與諸多原住民孩童，傳統部落生活已成為野蠻的象徵；相較而言，日本帝國則成為文明的象徵，誠如法農的後殖民理論所述，白人對黑人的汙名化印象，儼然類似於日本對於原住民族的汙名化認同，進而利用殖民教育的同化策略，灌輸皇民化殖民思想，徹底改造原住民族的族群認同觀念。

> 作為一位心理醫生，法農曾經調查白人對黑人的想像，得到的答案
> 不外乎是運動員、有力、拳擊手、強壯、生物性、野蠻、動物、魔
> 鬼、恐怖、血腥，不一而定。〔註420〕

在川中島時期，皇民化運動中的同化教育，對於原住民族生活已逐漸產生重要的影響。因此，「駐在所傳出了消息：明年，四月一日學年度開始時，

〔註417〕鍾肇政，《鍾肇政全集9‧高山組曲‧川中島》（2000 年），頁 73～74。
〔註418〕鍾肇政，《鍾肇政全集9‧高山組曲‧川中島》（2000 年），頁 83。
〔註419〕鍾肇政，《鍾肇政全集9‧高山組曲‧川中島》（2000 年），頁 73～74。
〔註420〕陳芳明：法農，〈皮膚可以漂白嗎？〉，《黑皮膚，白面具》（2005 年 4 月），
　　　　頁 16。

川中島也要成立一所『蕃童教育所』，給川中島的孩子接受教育的機會。根據官的說法：川中島居民，由『兇蕃』、『反抗蕃』、『敵蕃』，成為『保護蕃』之後，大體上循規蹈矩，工作方面，表現也良好，『改悛之意』甚為明顯，已經是不折不扣的『良蕃』了。」〔註421〕日本殖民霸權以同化教育去影響原住民遺族時，還官冕堂皇地以天皇陛下聖意，要求原住民族必須效忠與報恩於殖民宗主國政權。

> 因此，在「一視同仁」的天皇陛下聖意下，決定恢復川中島「蕃童」
> 的教育。官的仁慈、寬厚，大家必須好好體會，抱持感恩的心，更
> 加努力學業，早日成為真正的大日本帝國臣民，以報聖恩於萬一才
> 好。〔註422〕

　　原住民族受到殖民帝國的同化教育影響後，誠如學者陳芳明所述，「從語言開始，被殖民者逐步敲開自己的心扉，讓新的語言、記憶、文化、人格進駐他們體內。殖民者想盡辦法為被殖民者塑造形象，被殖民者也依照那樣的形象塑造自己。」〔註423〕原住民族歷經皇民化的殖民思想改造後，大日本帝國儼然成為原住民族學習效法，以成為文明人的對象。此種「殖民進步論」所產生的被殖民者心理狀態與殖民地集體意識，類似於法農所論述的後殖民理論。

> 小孩受了教育，才可以成為「文明人」。至於成不成為一個「大日本
> 帝國臣民」，則是無關宏旨的。在他們的傳統觀念裡，只有部族，甚
> 至也只有社，他社往往都是敵人，他部更多數是世仇。如果他們對
> 「大日本帝國」這個詞，有任何領會，那麼它不外就是他們最大最
> 可怕的敵人了。〔註424〕

　　同化教育對於原住民族的衝擊與影響之大，乃造成原住民族傳統觀念的徹底改變。鍾肇政由此諷刺皇民化運動所產生的殖民遺毒；甚至於在殖民情境消散後，「去殖民」仍為被殖民者的首要目標之一。鍾肇政以《高山組曲》中的《川中島》，以致於《戰火》，逐步深化殖民同化政策，與皇民化教育對於原住民族所產生的衝擊，乃時至今日。

〔註421〕鍾肇政，《鍾肇政全集9‧高山組曲‧川中島》（2000年），頁207。
〔註422〕鍾肇政，《鍾肇政全集9‧高山組曲‧川中島》（2000年），頁207。
〔註423〕陳芳明：法農，〈皮膚可以漂白嗎？〉，《黑皮膚，白面具》（2005年4月），頁17。
〔註424〕鍾肇政，《鍾肇政全集9‧高山組曲‧川中島》（2000年），頁208。

三、殖民勞役壓迫

（一）馬黑坡之勞役壓迫

鍾肇政在《馬黑坡風雲》中，陳述日本殖民者引起原住民族反彈最重要因素之一，即為長期以來的勞役壓迫。花岡一郎雖被賦予成為日本官方與原住民族間的重要橋樑，但對於日本殖民者宰制被殖民者的多方壓迫，均同感不滿與憤慨。因日本殖民官僚，簡直不把泰耶魯當人看待，故尋求原日間的族群融合乃不可為。

> 尋求與內地人彼此融合嗎？一郎被賦予的使命，正式做為兩者的橋樑。但如今看來，這是多麼不切實際。巡查們只知道壓迫，逞暴，不把泰耶魯族人當人。在這種情況下，尋求彼此融合，那是不可能的。〔註425〕

自從日本殖民統治後，原住民的日子簡直苦不堪言。日本官方連日來強制執行的大小勞役，幾乎壓得原住民喘不過氣來，「去年起大大小小的勞役，更無情地加在他們頭上。如專收日人子弟的霧社小學校的興建，駐在所的改建，道路和橋樑的補修等，一共有九個工程接連而來。他們的工作，主要就是採伐木材，以及搬運。」〔註426〕原住民因長期勞役而積怨已深，再加上原住民族傳統生活方式被迫改變，還被殖民官僚限制於勞役工作而備受壓榨，心中的苦楚當然是無以言喻。

> 沒有比這樣的活兒叫這些勇壯的泰耶魯們更覺得不耐，更覺得難過了。他們是天生的獵人。山裡有無數的野獸飛禽，可供他們追逐獵殺。……他們從小就被訓練。甚至體格也長成適於在深山裡奔跑，雙腿長而強勁有力。家裡的事，舉凡田園的耕作，到織布、炊事等瑣碎的家務事，全歸婦女擔任，代代相傳，都是如此。〔註427〕

對於原住民而言，勞役工作所獲的工資多少，並非他們所在意，「至於工資低賤，他們到不太在乎的，因為他們並不十分看重錢，錢財的觀念十分淡薄。」〔註428〕原住民真正在意，實乃為何日本統治後，原住民獵人的生活竟受到剝奪與壓迫。因此，殖民宗主國在政治層面的霸權宰制，再加上文化帝

〔註425〕鍾肇政，《鍾肇政全集 7・馬黑坡風雲》（2000 年），頁 222。
〔註426〕鍾肇政，《鍾肇政全集 7・馬黑坡風雲》（2000 年），頁 223。
〔註427〕鍾肇政，《鍾肇政全集 7・馬黑坡風雲》（2000 年），頁 224。
〔註428〕鍾肇政，《鍾肇政全集 7・馬黑坡風雲》（2000 年），頁 224。

國主義擴張，使得原住民族對於日本殖民霸權乃親痛仇快。

（二）川中島之勞役壓迫

在鍾肇政《川中島》中，呈現川中島原住民遺族，諸多無奈又悲情的身影，例如老瓦丹即象徵著泰耶魯的精神，「老瓦丹這才回到他工作的地方去了。畢荷看到一個塞達卡的背影——堅定、矜持、傲岸，那已是好久好久從他們視野裡消失的東西呢。」〔註429〕在川中島生活，原住民乃被迫改變傳統生活型態，再加上長期的勞役工作，著實地令原住民無奈且無言，縱然可獲得平日難得一見的米、酒。

> 米酒和米飯，曾經是他們的奢侈品。在山裡，雖也有些陸稻可以收割，但產量非常有限。家裡如存有一些米，那是被當成寶貝的，非到重大的喜慶日子，好比豐年祭啦，出草祭啦，人頭祭啦，他們是輕易不會煮米飯來吃的。否則就是老人家病了，才有資格吃到特地爲他煮的米飯。〔註430〕

在原住民族的觀念中，米酒乃爲非常重要且珍貴的物品，「酒也一樣。米酒是他們最欣賞的，那火辣辣的味道，加上喝下去時的衝勁，最合他們的胃口。偶爾能夠上交易所，用一些山產換得一兩瓶米酒，那對他們來說，無異是最珍貴的東西了。」〔註431〕以往必定要有重大祭典時，才有機會飲酒。現在原住民族有機會得到米酒享用，此乃極爲開心之事。縱然在川中島中生活，無法隨心所欲，甚至於處處受限於日本殖民官僚，令原住民苦不堪言。

> 歲月，加上可以樂觀的景況，使很多人都不再惴惴不安地過日子。於是他們近乎本能的對酒的渴望，使他們用分配到的米來釀酒。他們還不會蒸餾手續，也沒有那種器物。可是這又何妨呢？濁酒也是酒，比以前他們用土法釀造的粟酒可口多了。〔註432〕

在部落中的經濟型態，以往乃爲以物易物的交易方式；自從外族入侵後，帶入貨幣經濟圈，而改變傳統的交易方式。對於原住民族而言，「錢，他們也懂，但過去有東西，都是送到交易所去的。官說，那叫『物物交換』，所

〔註429〕鍾肇政，《鍾肇政全集9‧高山組曲‧川中島》（2000年），頁171。
〔註430〕鍾肇政，《鍾肇政全集9‧高山組曲‧川中島》（2000年），頁173。
〔註431〕鍾肇政，《鍾肇政全集9‧高山組曲‧川中島》（2000年），頁173。
〔註432〕鍾肇政，《鍾肇政全集9‧高山組曲‧川中島》（2000年），頁174。

需要的東西都靠這種方式取得，跟錢是不發生關係的。」〔註433〕此後，貨幣
經濟方式，逐漸在部落中深根，「可惜，金錢在他們也是不大有用的。在交易
所，有了東西就可以換到需要的東西，錢的效用僅止於可以換得一些東西而
已。」〔註434〕傳統以物易物的交易方式，對他們而言較令人習慣。原住民族
被日人所迫的勞役，諸如搬木材，並非為了賺取金錢，「他們所切記在心的，
就只有一樁：搬木材是官規定的。那是命令，必須服從。」〔註435〕此即為了
服從日本殖民官僚的命令而不得不從。原住民族受到莫大的衝擊與改變，即
為傳統生活方式，已由狩獵逐漸被迫轉變為農耕方式。但天生的獵人勇士，
仍會趁機前往山中狩獵，讓族人有獵物可共享。

> 也有人偷偷地去設陷阱捕野獸。村後的拜把拉山、阿冷山，都可以
> 補到不少鹿、野山羊、羌等野味。他們向來就吃很多肉類，遷徙過
> 來以後，有好長一段期間沒有野味吃，對他們構成一項不小的威
> 脅。於是過了些日子，漸漸地有人白天裝著上工的樣子，到斜地上
> 去。一有空際可乘，幾個人就偷偷地開溜，到後山去設陷阱。然
> 後，經過五六天的樣子，利用晚間再溜出去。他們把一隻隻獵物扛
> 回來，半夜裡肢解開來，給鄰居、親戚等分一些，大家都可以吃個
> 痛快。〔註436〕

縱然川中島原住民族的生活獲得改善，但傳統生活型態即被迫改變，與日
人強制賦予的大小勞役工作，乃使原住民族苦不堪言，卻僅能默默地忍受，此
即為川中島時期，原住民族無奈的心情寫照。因此，當小島暗自反思霧社事件
爆發的因素之際，即認為因長期以來，原住民被迫參與諸多勞役工作，使得
原住民勇士無法馳騁在深山中盡情地狩獵，而造成原住民的積怨日深。

> 他不得不想到最近以來的一連串強制勞動。為了小學校、分室的一
> 些房舍的建築，要他們到山裡搬運木材，深山裡的壯丁們是不善於
> 做這種工作的，他們只會在山徑上馳騁打獵。發的工資又太少太少，
> 想是這一點，使他們心中不樂的吧。〔註437〕

除了長期的勞役工作，使得原住民喘不過氣外，原住民族所受到的種族

〔註433〕鍾肇政，《鍾肇政全集9・高山組曲・川中島》（2000年），頁174。
〔註434〕鍾肇政，《鍾肇政全集9・高山組曲・川中島》（2000年），頁209。
〔註435〕鍾肇政，《鍾肇政全集9・高山組曲・川中島》（2000年），頁209。
〔註436〕鍾肇政，《鍾肇政全集9・高山組曲・川中島》（2000年），頁174～175。
〔註437〕鍾肇政，《鍾肇政全集9・高山組曲・川中島》（2000年），頁64。

歧視與輕蔑方為重要因素之一。在族群歧視創傷著原住民的被殖民心靈之際，伴隨而來的即為殖民者與被殖民者間，所產生的族群衝突。

四、殖民衝突壓迫

（一）馬黑坡之沙坡抗日事件

日本殖民官方統治原住民族，除了同化政策的不公平、同化教育的思想箝制、勞役活動的勞動壓榨，再加上諸多大小零星的衝突事件，使原住民族經常遭受日本殖民者無理的監禁，諸如「在埔里，有所監獄專門監禁泰耶魯的，是地牢，陰濕而冰冷，暗無天日。他們之中有不少已曾過地牢的滋味了。」〔註438〕對於原住民族而言，各項無理的殖民壓迫，方真正的令人難以忍受。鍾肇政在《馬黑坡風雲》中，提及原住民青年沙坡和巴旺，遭到剛來的巡查島野訓斥後，語言不擅表達的沙坡，慘遭島野巡查盛氣凌人地鞭打，卻敢怒不敢言，僅能拔腿就跑。

> 「瑪鹿野郎！說過多少次，不能拖了，怎麼還不懂。這樣木材就會弄壞嘛！」沙坡和巴旺只好站住了。兩個都沒有受過教育所的教育，不會講國語，不過倒是能懂一些的。他們明白這位年輕的、剛來不久的島野巡查所說的話，可是要如何回答呢？「嘿嘿……」沙坡卑屈地笑了笑。沙坡是用這樣的方式來表示歉意的，但是島野當然不懂。本來，要當個山地警察，是要受特別訓練的，諸如簡單的山地語言、山地人習俗，都非懂不可。可是年輕氣盛的島野，不知是忘了這些呢？還是盛氣凌人慣了，揚起手裡的鞭子，咻！的一聲打在沙坡肩上。沙坡受了這一擊，敢怒不敢言，只好轉過身子，拔腿便跑。〔註439〕

諸多零星衝突狀況，在原住民部落中乃時有所聞；經常有原住民因族群溝通問題，造成日本殖民統治者的誤解，而展開無情的鞭打與斥責，導致原住民長期以來的心理壓迫與積怨已深而有苦難言，誠如後殖民學者薩依德所述，「在殖民世界中這是共通的模式，在這些地方，最早反抗不公的思想激盪，包括留意到所有被壓迫階級之權力受剝奪的情況。」〔註440〕此即彷彿後殖民

〔註438〕鍾肇政，《鍾肇政全集7‧馬黑坡風雲》（2000年），頁224～225。
〔註439〕鍾肇政，《鍾肇政全集7‧馬黑坡風雲》（2000年），頁227。
〔註440〕薩依德，〈反抗文化之主題〉，《文化與帝國主義》（臺北：立緒出版社，2001

學者法農被殖民者的族群困境。

（二）插天山之原漢被殖民再現

鍾肇政在《插天山之歌》中，乃提及日本殖民者對於原住民部落的壓迫現象。首先，提及志驤得知原住民部落的存在，「據姑丈說，竹頭角是山地人的部落，有派出所，還有一所蕃童教育所，隔一條大料坎溪就是阿母坪，兩者相距大約四十分鐘不到，而阿母坪則是一個平地人部落。」〔註 441〕此外，「姑丈還說，新柑坪雖然也是在蕃界內，卻是平地人部落，而且是竹頭角派出所管轄的。」〔註 442〕因此，志驤對於山地部落的地勢乃略有瞭解。當志驤來到山地原住民部落時，簡直無法相信這樣井然有序的部落，即為原住民部落，與他刻板印象中的部落乃有所差異，甚至於將這一切歸諸於平地人之功，將漢族中心主義的心態展露無疑。

> 志驤幾乎不敢相信那一坵坵的黃金色田疇，那一排排的竹叢，偶爾還有小圳渠，這簡直與平地一般無異啊！這樣的地方，怎麼會是蕃地呢？不過有一點是錯不了的，這一帶大料坎溪與蕃界平行，南岸就是蕃地，北岸即是平地。其所以如此，都是因為平地人來到這裡開墾、定居之故。漢民族真是偉大的，志驤重新體會到做一個漢民族的驕傲。〔註 443〕

在日治時期，曾擔任八年隘勇的張南雲，隨著「蕃害」逐漸絕跡後，決定要遷居新柑坪，在此安居樂業。隨著馘取人頭的「蕃害」被日本人禁止而消弭後，原住民部落也逐漸安定。豈知，隨之而來的竟為日本殖民帝國的進駐與荼毒，造成原住民的被殖民處境再現。

> 張南雲二十四歲時當一名隘勇。駐紮地就在這一帶的隘勇線，由阿母坪、舊柑坪、新柑坪、大灣坪、石門這些沿大料坎溪的大小部落，是他經常來往之地。幹了八年多的隘勇，他終於辭職，這主要是他久已看準了新柑坪的這一塊地，不但已安全，「蕃害」早就絕跡，而且有那麼一塊土地可供墾殖，足以安家立業。那是距今二十五年前的事。當時的新柑坪，有一部份已被開墾過來了，較早時常

年），頁 409。

〔註 441〕鍾肇政，《鍾肇政全集 4・臺灣人三部曲・插天山之歌》（2000 年），頁 1168。

〔註 442〕鍾肇政，《鍾肇政全集 4・臺灣人三部曲・插天山之歌》（2000 年），頁 1169。

〔註 443〕鍾肇政，《鍾肇政全集 4・臺灣人三部曲・插天山之歌》（2000 年），頁 1171。

有「蕃害」（即遭山地人襲擊，被馘去頭），所以一直很少有人來往。〔註444〕

　　日本殖民當局暴虐無道的統治，由原住民老先生跟志驤談到，當年原住民族即受到日本殖民官方殘暴的殖民壓迫，「唉呀，那些日本仔，眞是太殘虐，太沒人道了。不過那也是活該。霧社事件，你也知道一些吧。整個霧社的生蕃、老人、婦女、小孩也通通被迫自殺。因果啊，因果報應，絲毫不爽。」〔註445〕此即由漢族角度觀察，當年日本殖民者對於原住民被殖民者，慘無人道的殖民壓迫，令人不勝欷歔。但在漢族眼中的原住民族，仍爲殘暴而具有馘首惡習的族群，進而認爲當年擔任隘勇鎮守蕃界者，日子同樣不好過，「想見當年的隘勇們擠在這樣的地方，苦苦把守，有時也不免遭到還沒革除馘人頭陋習的山地人的偷襲，過著困頓艱幸的生活，使人十分感慨。」〔註446〕在山地原住民老人家眼中，在日本殖民下，不論漢族還是原住民族，生活同樣過得非常艱困；甚至於被日本殖民官方進行皇民化的殖民思想改造。

　　　　多年來，日本仔就處心積慮，隔絕臺灣人與「支那」的一切溝通。
　　　　日本仔用口頭或文字，描述出來的「支那」，是一個爛國家，人民都
　　　　貪婪、懶惰、貪生怕死。當然，志驤並沒有全盤接受這種觀念。然
　　　　而聽多看多了，腦子裡便不免有了一層疑惑的紗幕。祖國的一切，
　　　　在他說來都是透過這一種紗幕才能聽見、看見、想見的。〔註447〕

　　此即藉由臺灣知識份子志驤的觀點，說明漢族中心主義的作祟，使漢族心目中仍堅信自己爲所謂的「炎黃子孫」；至於日本殖民的皇民化論調，簡直爲胡謅地令人笑掉大牙。因此，漢族乃燃起身爲漢民族驕傲，與優越感的族群認同意識。由此觀點去對照原住民族受到日本殖民思想茶毒後，所產生的族群集體意識型態，乃迥然不同。

　　　　我們才不是日本人，我們是中國人，呃，是皇帝子孫，我們是五千
　　　　年前統一中原的皇帝子孫。別相信那一套，什麼天照太神，胡說八
　　　　道，根本就沒那種人，日本人的古代史的都是假的，捏造的，什麼
　　　　神武天皇，根本就是胡謅。他們神氣好多年了。吞下臺灣就不應該

〔註444〕鍾肇政，《鍾肇政全集4‧臺灣人三部曲‧插天山之歌》（2000年），頁1175。
〔註445〕鍾肇政，《鍾肇政全集4‧臺灣人三部曲‧插天山之歌》（2000年），頁1181。
〔註446〕鍾肇政，《鍾肇政全集4‧臺灣人三部曲‧插天山之歌》（2000年），頁1183。
〔註447〕鍾肇政，《鍾肇政全集4‧臺灣人三部曲‧插天山之歌》（2000年），頁1186。

> 的，好吧，就吞下了吧，可是還要妄想吞下中國，那是可能嗎？那
> 是可能嗎！中國比日本大三十倍，三十倍，懂嗎？三十個日本才有
> 一個中國大，真可笑，一條蛇想吞下一隻牛，笑話笑話。喂，你們
> 聽好，中國有三百幾十個臺灣這麼大哩。要吞下一隻雞蛋還可以，
> 三百個要怎麼吞呢？那是一整籮啊……。〔註448〕

最後，志驤眼看著中日戰爭的結束，臺灣回歸中國的懷抱，乃十分欣喜
又驕傲地慶幸，終於可不再成為日本治理下的被殖民者，終於可回歸正正當
當、令人驕傲的漢民族身分。此種心態乃大相逕庭於原住民族面對日人戰敗
的心態，原住民則不願成為日人口中最下等的支那人。鍾肇政以此比較原漢
不同族群的族群認同意識轉變。

> 志驤趕上去。偷看了一眼那張報紙。他看到大標題如下：「體念蒼
> 生塗炭，陛下玉音放送，戰爭正式宣告結束，臺灣地位或將改
> 變。」……臺灣地位改變——這就是說臺灣不會在是日本的領土了，
> 臺灣人也不再是日本人了！〔註449〕

鍾肇政在《插天山之歌》中，有感於日治時期，臺灣同胞長期忍受異族
無情的統治，而寫出《臺灣人三部曲》，《插天山之歌》即為《臺灣人三部曲》
的最後一部，呈現臺灣人被殖民的悲哀，與回歸祖國後重新奮鬥的希望。鍾
肇政還針對原漢不同族群的立場觀點，與族群認同意識進行比較。

（三）川中島之馬紅、巴堪犧牲受辱

鍾肇政在《川中島》中，描述日本殖民統治後期的川中島，諸多不肖的
日本殖民官僚仍不改舊有陋習，經常在山地部落，強搶山地原住民女子；甚
至於在日本官方文書中，也曾記載著「理蕃人員」所帶來的山地風紀敗壞，
此亦為霧社事件爆發的重要因素之一。

> 那些突奴警察權大勢大，根本就是一個個騎在山裡居民頭上的君臨
> 者，要誰，通常沒有人敢說個不字。常常地，他們也會用強暴的手
> 段，隨時隨地迫使一個婦女就範。官方文書裡，「理蕃人員」所帶來
> 的山地風紀之敗壞，也被列為事件發生的原因之一。〔註450〕

〔註448〕鍾肇政，《鍾肇政全集 4・臺灣人三部曲・插天山之歌》（2000 年），頁 1194。

〔註449〕鍾肇政，《鍾肇政全集 4・臺灣人三部曲・插天山之歌》（2000 年），頁 1126
～1127。

〔註450〕鍾肇政，《鍾肇政全集 9・高山組曲・川中島》（2000 年），頁 168。

　　關於日本官員的敗壞風紀，例如年輕的日本巡查杉山政，曾跟畢荷談論馬紅的事，表達對於馬紅的情意。但實際上諸多日本官員多以脅迫與命令的方式，要求山地原住民女子出嫁；接著，再將原住民女子始亂終棄、無情對待的例子，乃不勝枚舉。

　　　　「你還是個小孩，『雞比』（小傢伙），對啦，我就叫你『雞比』吧。
　　　　我跟你說，如果能夠跟這樣的女子一起過日子，在深山裡和和平平
　　　　地渡過一養一群小泰耶魯，替山裡做些事，那會是多麼妙多麼幸運
　　　　的事情啊。我是真的這樣想，一點也不假，嗯。」〔註451〕

　　自從日本殖民官方，到山地來治理原住民後，「不少來到山地的警察，都在上頭的安排下娶山地女孩為妻，有些原本就有妻室，這時山地的女人便得面臨隨時可能被遺棄的情況發生。一旦被棄，不管正式的妻子也好，或是妾也好，前途總是黯淡的。何況能被選中的女孩，在社裡都是有地位的人家的女孩。這種女人落得這種下場，境況也就更難堪了。……最糟的是很多警察都亂來，蹂躪本地女子，根本不當回事！」〔註452〕因此，諸多部落中有地位的原住民女孩，未來均面對著慘痛難堪又黯淡的命運。因此，當杉山政跟畢荷透露對馬紅有興趣時，畢荷直覺不妙；他心目中的女神馬紅，即將要面對悲慘的命運，畢荷乃感到十分惋惜，縱然「族裡是從來沒有過這種說法的，不過他覺得，天神也應該有女兒。如果真的有，那馬紅必定就是祂那樣的女神了。」〔註453〕馬紅若配上杉山政，真的太令人惋惜；再加上杉山政又非斯文面貌，「杉山不是斯文的那一類人物，雙手就毛茸茸的，聽說那還是九州地方『熊襲族』後裔的特徵，難道杉山是那一種人嗎？」〔註454〕畢荷在心目中乃暗自臆測著杉山政的個性。不論如何，在部落中日本官員的命令，就必定要遵守；因此，馬紅的命運自然十分不妙。

　　　　「突奴」就是「突奴」，在臺灣，尤其是山地，他們就是代表天皇帝
　　　　下的官，高高在上的人物，沒有一個是例外。他們一開口，那就是
　　　　命令，任何人只有絕對服從的份兒。是不是「熊襲」，是無關宏旨
　　　　的。〔註455〕

〔註451〕鍾肇政，《鍾肇政全集9・高山組曲・川中島》（2000年），頁124。
〔註452〕鍾肇政，《鍾肇政全集9・高山組曲・川中島》（2000年），頁125。
〔註453〕鍾肇政，《鍾肇政全集9・高山組曲・川中島》（2000年），頁169。
〔註454〕鍾肇政，《鍾肇政全集9・高山組曲・川中島》（2000年），頁169。
〔註455〕鍾肇政，《鍾肇政全集9・高山組曲・川中島》（2000年），頁169～170。

在日治時期，原住民族甚至於連婚姻狀況，均要接受日本官員的指示與安排。因此，馬紅若真要嫁給日本官員的話，必定不會有好下場。即如當年莫那‧魯道的妹妹恬娃絲‧魯道，或部落中其他被日本官員看上的原住民女子般，即將面臨成為棄婦，甚至於孤老終生的悲慘命運。

> 這樣的馬紅，也會像那樣女人那樣嗎？好比莫那‧魯道的妹妹恬娃
> 絲‧魯道，嫁給一個叫近藤的突奴；還有像比可陶雷，嫁給佐塚警
> 部；還有，好多好多位呢。……近藤失蹤了，佐塚怕被馘去了頭，
> 下山溜回內地去了，那些女人則成了棄婦。被丈夫丟了，跟被妻子
> 丟掉的丈夫，一樣地悽慘，一樣地屈辱。〔註 456〕

在原住民部落中，諸多日本官員均會仗勢欺人地強搶原住民女子為妻、為妾，甚至於奸淫擄掠。此即成為日本殖民壓迫下，令人心酸又無奈的局面。但此種狀況在原住民族傳統觀念中，乃不被允許；正常的男女關係，方為原住民族部落所允許；因一向恪守部落嚴明紀律的原住民族，卻因日本殖民官方的綱紀敗壞而慘遭荼毒。

> 畢荷相信，傳統的男女關係才是正確的。不管男女，都必須守貞，
> 婚姻制度極為嚴格，出軌的行為，被認為有辱天神，會惹來天神的
> 震怒，整個社都不能原諒，這種人，給予嚴格的制裁。〔註 457〕

縱然原住民族認為必須恪守男女間的分際，但對於日本人的風紀敗壞卻也無可奈何。因在部落中，日本官員的命令即絕對不容反抗；原住民族往往就僅能敢怒不敢言。因此，在小島暗自反思霧社事件爆發的因素時，認為自從日本當局進入山地部落後，日本官員們垂涎著原住民女子的美色，而造成山地部落的風紀逐漸敗壞；再加上長期的族群輕蔑觀點，即造成原住民族的自卑情結萌生，彷彿法農所歷經的多重宰制之殖民空間，「法農所處的歷史環境是領土的殖民主義這也是他關切的焦點。但是對於殖民主義的思索也讓他看到多重宰制結構的存在。」〔註 458〕原住民族即成為日本殖民帝國主義下的刀上俎肉。

> 也許，還有多年以來，對他們的蔑視。有些警察人員，確實不把他
> 們當人看待。風紀的敗壞，可能也埋下了仇恨的種子。可是，那些

〔註 456〕鍾肇政，《鍾肇政全集 9‧高山組曲‧川中島》（2000 年），頁 127。
〔註 457〕鍾肇政，《鍾肇政全集 9‧高山組曲‧川中島》（2000 年），頁 125。
〔註 458〕陳光興；法農，〈法農在後／殖民論述中的位置〉，《黑皮膚，白面具》（臺北：心靈工坊文化事業股份有限公司，2005 年 4 月），頁 49。

「蕃女」都美貌動人，而且伸手可得。在他們來說，還是予取予求
的⋯⋯，他們禁不起這種誘惑，怎麼說也是不應該的。〔註459〕

　　在畢荷被下令迎娶花岡初子為妻前，他眞正喜愛的女孩，即為莫那・魯
道的女兒馬紅。因此，「如果官許可，他很願意娶她為妻。他也認為，如今不
能讓自己有太年輕太渺小的想法了。並且，那也是一項最大的幸福呢。能和
像馬紅這樣的女子結為夫妻，世上恐怕沒有更了不起的事了！」〔註460〕但日
本官員覬覦馬紅的美色，乃成為最大的絆腳石；所幸巴堪為馬紅擋下諸多危
機，才保有馬紅的貞潔。巴堪曾為部落中充滿傳聞的女子，曾嫁給村中勇士，
又成為他達歐・莫那的情婦，均由於她的動人美色。

　　　巴堪是個平時極大方的女子，愛開開小玩笑。是紅顏薄命吧。十九
　　　歲就嫁給一個村子裡的勇士，卻只一年多就死了丈夫。傳聞裡，他
　　　後來成了他達歐・莫那的情婦。如果這個傳聞是眞的，那是因為她
　　　美貌豔麗之故；如果不是眞的，該也是因為她太美太動人的緣故吧。
　　　而她那曾經是人人稱讚、人人敬畏，並且人人都同意在下一任霧社
　　　部大頭目當她的情人——這是說，如果傳聞是眞的——可是他不久
　　　也死了。在事件裡領兵戰到最後才自己結束了自己。〔註461〕

　　巴堪在川中島中，曾因繪聲繪影的傳聞而被誤會，「在蘇克社，巴堪算是
個聲名狼籍的女人。可是，誰叫你那個丈夫早死呢？又誰叫他達歐會看上她
呢？而如今來到川中島，在平靜了一段時間之後，她又贏得了狼籍的聲名。」
〔註462〕甚至於連自己的族人畢荷，均對巴堪產生誤會。

　　　因為連他都看到過巴堪深夜裡從巡查宿舍溜出來，而且還不只一
　　　次。她是塞達卡的敗類！畢荷斬釘截鐵地這麼認定。他幾乎想過要
　　　找個機會，把她痛罵一頓，但是他還沒有這個膽子。他恨自己還是
　　　個十七歲的少年。要是從前，自有頭目與長老們會依照族規來處置
　　　她。〔註463〕

　　在巴堪被傳聞不檢點之際，畢荷也認為應要處置這個不守節的部落女
子，卻無從處置，因「連大頭目莫那・魯道，也不一定能對兒子他達歐・莫

〔註459〕鍾肇政，《鍾肇政全集9・高山組曲・川中島》（2000年），頁64。
〔註460〕鍾肇政，《鍾肇政全集9・高山組曲・川中島》（2000年），頁181。
〔註461〕鍾肇政，《鍾肇政全集9・高山組曲・川中島》（2000年），頁182。
〔註462〕鍾肇政，《鍾肇政全集9・高山組曲・川中島》（2000年），頁182。
〔註463〕鍾肇政，《鍾肇政全集9・高山組曲・川中島》（2000年），頁183。

那，與巴堪‧羅賓有了不正常的關係，就採取符合族規的行動呢。」〔註464〕
縱然義憤填膺的「畢荷有滿腹的屬於少年的起自潔癖的義憤，但是卻也漸漸
領略到『突奴』來了以後，風紀遭嚴重破壞的情形。『突奴』要一個女人，是
不由分說的。那可是天皇陛下的命令啊。」〔註465〕因此，部落風紀也就逐漸
敗壞。此外，馬紅與畢荷談話後，「馬紅似乎也在這瞬間，接受了命令了，也
接納了畢荷之為一個塞達卡男子了……不，是塞達卡勇士吧。」〔註466〕馬紅
乃認定畢荷為真正的原住民勇士。豈知，畢荷在馬紅口中得知，當日本官員
杉山政要求馬紅陪伴過夜時，巴堪總挺身而出地為馬紅解圍，「是真的，你不
曉得巴堪保護了我多少次。巴堪被誤會，可是她坦然。她是個塞達卡女性，
了不起的人。」〔註467〕巴堪乃象徵著原住民被殖民者的忍辱負重，僅為了要
保存原住民族的尊嚴。同時，也揭露原住民女子的貞節，如何地受到日本殖
民官員的無情迫害。

> 「已經四次了呢。杉山叫我去宿舍，巴堪都陪我去。然後，我自己
> 回來……」噢，那是什麼場面啊！那又是什麼世界啊。畢荷不敢想
> 像，但確有浮沈的影像在他眼前出現。「我好呢，杉山桑，我比她好
> 呢。」是這樣嗎？「要我吧，杉山桑，她不行，還是個小孩，什麼
> 也不懂，不會……」是這樣嗎？然後是毛茸茸、黑黝黝的身子，和
> 白如雪的身子……噢，她為她擋了四次。那是用她自己的身子來保
> 護馬紅的。其中，也許有一次或幾次，她從宿舍溜出來，是他畢荷
> 所看到的吧。「我真的不願意巴堪為了我，而去遭受侮辱，我死掉算
> 了。真的，我不該活著……」〔註468〕

每當馬紅被召喚時，巴堪為了馬紅的安危，均會陪同前往；豈料，此次
巴堪讓馬紅獨自前去而身陷險境，也因此葬送掉馬紅年輕的性命，葬送掉
莫那僅存的後裔。由此可知原住民女子為了保全貞節，乃不惜犧牲性命的
決心。

> 白木是「先任」（資深）巡查部長，地位僅次於主任，為人較穩
> 重，有妻有子，一起住在一棟「官舍」裡。在村民間，她是被認為

〔註464〕鍾肇政，《鍾肇政全集9‧高山組曲‧川中島》（2000年），頁183。
〔註465〕鍾肇政，《鍾肇政全集9‧高山組曲‧川中島》（2000年），頁183～184。
〔註466〕鍾肇政，《鍾肇政全集9‧高山組曲‧川中島》（2000年），頁186。
〔註467〕鍾肇政，《鍾肇政全集9‧高山組曲‧川中島》（2000年），頁186。
〔註468〕鍾肇政，《鍾肇政全集9‧高山組曲‧川中島》（2000年），頁187。

比較有同情心的溫和警察。傳喚馬紅的，既然是白木部長，那一定是有事吧。以前也有過駐在所的警察叫她的事，是要她抄寫一些文件報表之類的工作。馬紅不愧是教育所的「優等生」，筆跡清秀明晰，在這方面是頗受器重的。巴堪也不疑有他，便讓馬紅自個去了。〔註469〕

馬紅除了背負著，為巴堪所忍受的屈辱而深深自責外；在畢荷和馬紅好不容易結婚的數日後，馬紅即再次被杉山政半夜喚入，慘遭屈辱的馬紅乃痛不欲生。但堅強的原住民女子，「馬紅輕輕地推開了紙門。那麼鎮定，那麼若無其事。接著，她依照禮儀，沉下身子，跪坐在榻榻米上深深地鞠躬，起身，下到玄關上。這一連串的動作，都那麼中規中矩，那麼若無其事，就像一個內地人婦女禮貌地在告辭，卻隱隱含著一種威嚴肅穆。」〔註470〕最後馬紅選擇獨自自縊，「馬紅死了。可憐的馬紅・莫那，悄悄地結束自己十七歲的生命。那是畢荷和馬紅結婚後的第四個晚上。」〔註471〕由此展現原住民族為了族群尊嚴，不惜犧牲性命的堅決情操。但對於畢荷而言，乃如此地令人難以接受，卻也僅能在日本官員的允許下，和族人默默地幫馬紅下葬。

次日，老瓦丹帶來了安達主任的命令，可以把馬紅下葬了。墓地就在村北不遠處的峽谷。那兒也是川中島的土地，在官的指定下，騰出了一快斜地，充做墓地的。他們傳統的埋葬方式是在屋裡挖坑，埋下後全家移徙。好久以來，官就下令改革這種方式了。搬來川中島後，當然也不能照舊的方式，這就是川中島也有了一所墓地的緣故。而在這墓地裡，七個多月來，已經有了好幾十個墓了。〔註472〕

在瓦丹的指示下，族人乃依照原住民族的傳統方式，協助馬紅下葬，「畢荷在老瓦丹的指示下，為馬紅挖了坑，然後幾個人把用層層布料裹住的馬紅遺體下葬。巴堪和娥賓都給了故人一塊自織布，其餘都是馬紅自己織的。畢荷抱起她，輕輕地放進墓穴，讓她舒服地蹲坐著。整個頭、臉都層層裹住了，雖然不能再看一眼，但畢荷知道，馬紅那美麗安詳的臉，永遠永遠地會留在他心版上。」〔註473〕雖然，畢荷僅與馬紅當四天的夫妻，但在他心目中，馬

〔註469〕鍾肇政，《鍾肇政全集9・高山組曲・川中島》（2000年），頁192。
〔註470〕鍾肇政，《鍾肇政全集9・高山組曲・川中島》（2000年），頁197。
〔註471〕鍾肇政，《鍾肇政全集9・高山組曲・川中島》（2000年），頁189。
〔註472〕鍾肇政，《鍾肇政全集9・高山組曲・川中島》（2000年），頁205。
〔註473〕鍾肇政，《鍾肇政全集9・高山組曲・川中島》（2000年），頁205。

紅永遠是最美麗。此又為一樁部落女子，慘遭日本官員荼毒，而命運悲慘的
實例。自此之後，莫那的後裔也在此刻徹底的滅絕。

> 最後，是泥土上放一塊石板——是從溪邊找來的一塊扁平石頭——
> 一切便都完成了。除了不是葬在屋裡之外，全部都符合傳統的方式
> 呢。「莫那的，血胤，就這樣，斷絕了！」這是老瓦丹說的。想起了這
> 句話，畢荷這才重新感覺到悲從中來，禁不住又哭起來了。〔註474〕

此時，族人均為此感到悲從中來，此即象徵原住民遺族的命運，僅能任
日本人擺佈，而無從選擇自我的人生，也無希望再重回傳統的部落生活。此
外，在部落與在川中島中，日本殖民官員強搶部落女子的例子乃不勝枚舉，
也造成諸多部落女子的悲慘命運；此即為造成部落風紀逐漸敗壞的重要因素
之一，也為原住民族被殖民命運的未來，留下無數悲慘又絕望的註腳。

（四）戰火之皇民化壓迫

鍾肇政在《戰火》小說中，記載諸多日本殖民霸權成功皇民化原住民族
的例證，「不為什麼呢，因為『突奴』（「內地人」）一開口，就是至高無上的
命令啊！」〔註475〕皇民化運動的成功推行，即要歸因於日本人要求絕對服從
的官威鎮壓，誠如後殖民論學者法農在阿爾及利亞親眼目睹的殖民地情境，
「在阿爾及利亞，法農真正目睹了殖民地的悲劇情狀：經濟壓迫、政治暴
力、種族主義、刑求、暗殺、非人待遇，一句話，殖民地人民所承受的精神
疾病是這個社會環境的直接結果。」〔註476〕原住民族迫於被殖民者的弱勢處
境，不得不低頭地屈服於日本殖民官僚的無理命令。

> 高砂族是只有語言，而沒有文字的種族，幾千百年來，他們都只信
> 任嘴巴所說出來的話。說一就是一，絕不是二，他們養成了長久以
> 來對語言的信任。自然而然地，撒謊也就成了他們最大的敗德行為
> 之一。撒謊者，在他們眼裡是卑鄙小人，為眾人所不齒。勇敢，視
> 死如歸，都是每一個勇士所必具的美德，而正直、不打誑言，也同
> 樣是他們的美德。〔註477〕

原住民族一向說話算話，乃為絕對具有誠信的族群，方為每個原住民勇

〔註474〕鍾肇政，《鍾肇政全集9‧高山組曲‧川中島》（2000年），頁206。
〔註475〕鍾肇政，《鍾肇政全集9‧高山組曲‧戰火》（2000年），頁258。
〔註476〕宋國誠，〈是精神醫師，也是職業革命家〉，弗朗茲‧法農，《黑皮膚，白面具》
　　　　（2005年4月），頁30。
〔註477〕鍾肇政，《鍾肇政全集9‧高山組曲‧戰火》（2000年），頁258～259。

士所必備的美德。但此種美德在日本人入侵後，就逐一被破壞殆盡。日本人的撒謊，在原住民族心目中，乃為最大的敗德行為之一。但殖民霸權的絕對命令，卻不容被殖民者的違抗。因此，諸多不合理的規範，導致原住民族不斷地被奴化政策壓制，而承受著莫大的壓力。

> 也就是因為這樣的矜持，他們相信：他們是天神眷顧的民族。天神也十分讚賞他們所擁有的這些美德。自從「突奴」來了以後，他們發現到這些擁有強大武力的異族，是不把這種人間的美德當美德的。至少「突奴」敢說了話不算話。而他們這些說了話必算話的民族，卻以為人家也會說了話算話，因而吃了無數次的虧。末了是不管你齒不齒那些「突奴」，也不管你是不是鄙視他們，他們就靠武力，使你屈服了。以致造成一方是開口即成命令的主子，另一方卻成了只能聽命的，而且是必須服從的奴才。〔註478〕

原住民族不但要面對日本殖民官方的不守誠信外，還要絕對服從日本官方的命令。因此，「在官的安排下，川中島居民被命在埔里開了個什麼『歸順式』的典禮。」〔註479〕川中島居民也自此徹底地受制於日本殖民官方的掌控中。在歸順式後，日本殖民統治者仍進行所謂的秋後算帳，將曾馘首過的原住民遺族加以逮捕。

> 那些被「留置」的三十二個人，儘管官保證判了三年或兩年的刑期，關滿期限後一定可以回來，卻一直杳無消息。高峰先生好像懷疑這些人已經凶多吉少，卻也沒敢明白地透露這個意思。〔註480〕

在日本殖民官方的霸權統治下，曾馘首過的原住民遺族經由調查後，被判刑監禁於牢獄中，且凶多吉少地不知未來能否有活命的機會。日本殖民者竭盡所能地進行著殖民霸權宰制，造成川中島原住民遺族任人宰割的辛酸與無奈，為被殖民者的辛酸血淚史留下見證。

五、皇民化運動

（一）馬黑坡之皇民化

鍾肇政在《馬黑坡風雲》中，不僅呈現日本殖民官方的同化政策與教育、

〔註478〕鍾肇政，《鍾肇政全集9‧高山組曲‧戰火》（2000年），頁259。
〔註479〕鍾肇政，《鍾肇政全集9‧高山組曲‧戰火》（2000年），頁308。
〔註480〕鍾肇政，《鍾肇政全集9‧高山組曲‧戰火》（2000年），頁308。

殖民勞役與壓迫外，還再現皇民化運動的推行，揭露日本殖民統治者，無所
不用其極地殖民宰制原住民族。此外，文化霸權的宰制即徹底地衝擊原住民
族的文化型態。關於日本傳統的禮俗、節日、生活型態……等皇民化運動，
均迫使原住民族認眞地學習仿效日本殖民宗主國，皇民化目標即要原住民
族，以成爲眞正的皇民爲榮。

> 元旦那天，教育所照例要舉行慶祝典禮，叫做「四方拜」，羅安知
> 道典禮完，便可以開始放假。他一大早就等在馬紅上學的路上。
> 〔註481〕

日本殖民統治者的各項同化措施，無非是要迫使原住民族，徹底地在思
想、文化方面，均可心悅誠服地歸順日本帝國。誠如薩依德的東方主義所述，
完全剝奪了原住民族的族群文化傳承，「東方主義的侷限，就是他忽視、又本
質化、並剝奪了另一個文化、民族或地理區域的人性。」〔註482〕。日本當局
沒想到剛柔並濟、操之過急又手段過狠的族群壓迫，卻造成日後「霧社事件」
的導火線之一。

（二）插天山之皇民化

鍾肇政在《插天山之歌》中，描述日本殖民統治者，進行皇民化運動的
情節。當臺灣青年陸志驤回到臺灣後，巧遇一位救他的老人家；當志驤獲救
時，從這位老人家口中得知，自己的兒子均被日本徵召成爲「軍夫」；甚至於
連四十八歲的老人家都被徵召去當日本志願兵，此即爲皇民化運動殘酷的奴
化手段之一。

> 我家的老大和老三，是被徵去當的「軍夫」，還有老四點上了志願兵，
> 當海軍去了。三個都給狗仔拉去了，不過他們會回來的，狗仔不能
> 要我的兒子的性命。……你在日本，也許一直不知道，什麼志願兵，
> 騙鬼，今年春，我是和老四一起去志願的。那些臭狗仔，說我父子
> 倆一起志願。眞了不起，是優秀的大日本帝國臣民。屁！娘的，臭
> 狗仔放臭屁。……老人家說到日本人，髒話就一連地出口，他說的
> 這種情形，眞叫陸志驤感到匪夷所思，四十八歲的老人還要去當志
> 願兵，否則保證就得受罪。〔註483〕

〔註481〕鍾肇政，《鍾肇政全集 7・馬黑坡風雲》（2000 年），頁 238。
〔註482〕薩依德，〈危機〉，《東方主義》（臺北：立緒出版社，1999 年 9 月），頁 159。
〔註483〕鍾肇政，《鍾肇政全集 4・臺灣人三部曲・插天山之歌》（2000 年），頁 906。

　　在陸志驤的求學過程中，名字即因皇民化運動，而被迫改換成日本式名字，「最使陸志驤不能忍受的是名字也被迫改換了，雖然只是在校內用的，可是大家必須一律用日本式名字。而一天到晚灌進耳朵裡的是皇民化的論調。要做一個大日本帝國的臣民啦，皇民化運動的先鋒啦，皇國是萬世一系的神國啦……。」〔註484〕這些陳腔濫調均快叫被殖民者再也無法忍受。當志驤成為日本逃兵，回到故鄉來，為了要保全性命而躲入山中時，才得知連阿雲公的兒子，也成為日本隘勇。

> 阿雲公終於忍無可忍，把兒子趕出家門。阿昂伯走投無路，只好趁當時日本人在招募「隘勇」（註：日人據臺初期，沿用滿清時期制度，在山地與平地之間遍設隘勇線，嚴防山胞下山滋擾。駐防隘勇線，除了日警外，尚設臺籍兵丁，謂之隘勇）的當兒，去做了一名隘勇，以換得一口飯吃。那時他還是個二十三歲的青年。〔註485〕

　　父親乃擔憂藏匿志驤會拖累親戚，因此，「萬一叔公一家人不肯讓志驤住下去，父親還為他安排了另一個去處，就是湳仔溝的一位姑母家。湳仔溝在大溪郡內，當然也是深山，一水之隔對面就是『蕃地』。」〔註486〕當時臺灣的原漢族群界線非常分明，此乃由於日本官方擔憂原住民族的侵擾，故當時「蕃界」劃分的十分清楚。

> 水流東也是個小街路，僅比八結稍大些，不過它是依山傍水的，商店有七八家，尚有一所醫院，可以說是因為這家工廠而興起的小村落。同時這兒也是「蕃界」所在地，過了這小街路，以東就是所謂之「蕃界」了。〔註487〕

　　當志驤潛入山裡躲藏時，碰巧遇見青年團查閱場，「原來這兒也正是青年團的查閱場，一隊隊的青年團已排列整齊了。市場這邊是隊尾的方面，所以看不清楚那邊，不過那樣子，好像典禮正要開始了。想必是『四方拜』（註：日人稱為四方拜）吧。」〔註488〕不論青年團查閱場與四方拜，均為日本人皇民化運動推行的重要方式之一。志驤就算要刻意避開，仍不免受到皇民化的影響，諸如「典禮開始了。唱國歌的聲音揚起，志驤只得駐足立正。接著是

〔註484〕鍾肇政，《鍾肇政全集4‧臺灣人三部曲‧插天山之歌》（2000年），頁909。
〔註485〕鍾肇政，《鍾肇政全集4‧臺灣人三部曲‧插天山之歌》（2000年），頁922。
〔註486〕鍾肇政，《鍾肇政全集4‧臺灣人三部曲‧插天山之歌》（2000年），頁924。
〔註487〕鍾肇政，《鍾肇政全集4‧臺灣人三部曲‧插天山之歌》（2000年），頁928。
〔註488〕鍾肇政，《鍾肇政全集4‧臺灣人三部曲‧插天山之歌》（2000年），頁978。

『皇居遙拜』、『為戰歿皇軍將士默哀一分鐘』，志驤都只好照做，沒敢移動步子。……志驤想起了從前在那所以爲標榜的淡水中學的一位數學老師藤岡先生。」〔註489〕志驤竟然不自覺地憶起當年標榜爲「皇民化先鋒」的日本老師。此外，在日本殖民官方的殖民統治下，「就像青年團的訓練吧，把最有活力的年齡的人徵集，給予那種純軍國主義方式的訓練，到底有什麼用處呢？日本官方的用意是很明顯的，首先不外是灌輸皇民化思想，其次則是做爲在臺灣頒佈徵兵令的預備工作。」〔註490〕在日本殖民統治下，徹底灌輸「青年團」皇民化思想，再施行「志願兵制度」，將臺灣人的思想，教育成以成爲「皇軍」爲榮的忠君愛國精神。

> 目前還只是「志願兵制度」，表面上是「志願」的，但與強迫無異。
>
> 然後，自然的發展必定如此：臺灣人已成功地皇民化了，與「內地
>
> 人」完全一樣，有忠君愛國的精神，可以當一名「皇軍」而無愧。
>
> 〔註491〕

志驤從志流、秋妹，還有阿昂伯的口中，得知故鄉遭受日本殖民霸權壓榨的情形。但形勢比人強，眾人也僅能默默地忍受，僅能在背後加以咒罵。因此，眾人對於日本的殖民統治，根本就不是真正地心悅誠服；而是迫於無奈的承受著日本官方的殖民壓迫。

> 「什麼皇國青年，根本就是鬼話，叫人做牛做馬罷了。真想把那些四
>
> 腳仔統統幹掉……」志驤從志流、秋妹還有阿昂伯他們口裡知道了許
>
> 多這一兩年來，故鄉遭受日本官方壓榨的情形。……大家只有默默地
>
> 忍受，充其量不過是在內心詛咒「臭狗仔」、「四腳仔」而已。〔註492〕

鍾肇政由志驤和奔妹的對話中，比較漢族青年與原住民族女孩，對於皇民化思想觀點的差異之處。當志驤巧遇深山女孩奔妹時，乃嚇一跳地說道，「吃了一驚是不是？以爲是什麼東西突然來到你的眼前？蕃人嗎？馘人頭的。」〔註493〕奔妹的玩笑話也顯示出原住民族自嘲爲馘首的蕃人，由此展現出外族對於原住民族的刻板印象，與原住民族的自卑心態。此外，漢族志驤深知自身並非日本人，而爲所謂的支那人；但奔妹仍深信自身，將以皇民化

〔註489〕鍾肇政，《鍾肇政全集 4・臺灣人三部曲・插天山之歌》（2000 年），頁 979。
〔註490〕鍾肇政，《鍾肇政全集 4・臺灣人三部曲・插天山之歌》（2000 年），頁 987。
〔註491〕鍾肇政，《鍾肇政全集 4・臺灣人三部曲・插天山之歌》（2000 年），頁 987。
〔註492〕鍾肇政，《鍾肇政全集 4・臺灣人三部曲・插天山之歌》（2000 年），頁 997。
〔註493〕鍾肇政，《鍾肇政全集 4・臺灣人三部曲・插天山之歌》（2000 年），頁 1031。

成眞正的日本人爲榮。

> 「嗯，是支那人。我們本來就是。日本人把我們的土地搶去了，所以我們才會被他們管。」「我們不是日本人嗎？學校裡的先生都說我們是啊。我們要皇民化，做一個眞正的日本人……。」……「沒這麼簡單的。而且殺了幾個日本仔也沒用。他們有軍隊，有槍砲，妳看，我們打不過的。」〔註494〕

志驤乃驚訝於「國語家庭」用詞，與日本殖民官方所頒佈的「國語家庭法」，「凡臺灣人之中全家人都受過公學校以上教育的，便可從州廳得到一紙『國語家庭認可證』，部分人只有講習所學歷的，就由郡役所給個同樣的證書。這樣的大家庭，在大門上可以釘一塊『國語家庭』的牌子；州廳來的是金屬製的，郡的是一塊木板。大門上釘上了這樣的牌子，好像就可以傲視鄰里了，而一些配給，如糖、布等，數量還可以多些。」〔註495〕此即日本人推行「皇民化運動」的同化教育方式之一。因此，『國語家庭』這個詞兒，志驤還是第一次聽到。原來官方在幾年前就頒佈了『國語家庭法』，……原來這又是爲了推行『皇民化運動』而要出來的花樣。」〔註496〕誠如薩依德的後殖民理論，在殖民者心目中，被殖民者將經由同化，臣服於殖民帝國文化，「這種人的狂妄無知，認爲土著可以被教育而同化於『我們的』文明，才會搞到這些『原始』社會產生了兇殺、顛覆和無止盡的動盪。」〔註497〕原住民部落，就在日本殖民下變得動盪不安。縱然在日本殖民化的原住民部落，景致依舊十分優美。當志驤躲藏入山中後，「秀吉告訴志驤，那就是『雞飛蕃社』。這景色眞是太美太美了。中學時就在《漢文讀本》裡讀過〈桃花源記〉，想來那個蕃社正好是就是像那樣的。」〔註498〕在「雞飛蕃社」中，志驤巧遇諸多原住民族人，藉此了解原住民族文化的特色。

（三）川中島之皇民化

1. 皇民化運動的開端

鍾肇政《川中島》中，描述霧社事件後，原住民遺族在日本殖民當局的

〔註494〕鍾肇政，《鍾肇政全集4‧臺灣人三部曲‧插天山之歌》（2000年），頁1079。
〔註495〕鍾肇政，《鍾肇政全集4‧臺灣人三部曲‧插天山之歌》（2000年），頁1102。
〔註496〕鍾肇政，《鍾肇政全集4‧臺灣人三部曲‧插天山之歌》（2000年），頁1102。
〔註497〕薩依德，〈導論〉，《文化與帝國主義》（臺北：立緒出版社，2001年），頁13。
〔註498〕鍾肇政，《鍾肇政全集4‧臺灣人三部曲‧插天山之歌》（2000年），頁1103。

命令下，帶著無奈的心情離開長久生活的父祖之地，無言地告別祖靈之地；到達一個全新的地域，展開嶄新而未知的川中島生活。但傳說中的川中島並非島，「真的，是一塊好大的地呢。官說，總共有七、八十町，這數目在山的子民們來說，並沒有多大意義，不過的確是好寬好大的平坦土地，比他們在祖先之地時所擁有過的，或者任何一個部落所擁有的，還要大。」〔註499〕原住民遺族乃面對著嶄新而未知的生活。

當原住民遺族遷徙川中島的第一天，川中島已淨空而留給原住民遺族，「這一天，另外一椿是時又證明了官的話沒騙人——川中島的原住農民，全部搬走了。」〔註500〕當原住民遺族忐忑不安地面對未知生活之際，眼前的一切著實地與故鄉的一切不同，首先映入眼簾的即為改良蕃屋，「所謂改良蕃屋，大體上依照原來的樣子，屋頂可以用竹片，也可以用茅草，牆則是木板或竹片。與他們傳統住屋不同的地方，是四面牆都要有窗，屋內也不許挖坑，此外就是要有一所『便所』了。」〔註501〕在霧社事件後，這群原住民遺族，總算在川中島擁有一塊棲息之地。

原住民遺族經過戰火無情的襲擊後，「兩百七十八名『移民』，這才算有了棲身之地。這些人幾乎沒有一個是保有原來的完整家族的，無依無靠的孤兒比比皆是。他們於是在駐在所的警官們安排之下，成了許多共同生活單位——不但生活是共同的，連耕作也採共同制……。」〔註502〕原住民被殖民者凡事均要完全聽從日本殖民官僚的指示，舉凡住所、耕作、生活、感情，甚至於是婚姻……等等，均無自主的權利。在「歸順」後的川中島生活，原住民族完全被迫改變傳統的生活型態，與進行著諸多勞役工作。

> 男人過去幾乎不做這種工作，但是自從他們受不了「討伐」的壓力
> 而「歸順」以後，在官的半強迫的指導下，大多數的男子也都有了
> 或多或少的耕作經驗，於是從第五天起，能工作的人全部出動，從
> 事插秧工作。〔註503〕

初來乍到川中島後，日本殖民官員為了要安定原住民遺族的心情，承諾絕對會供給他們生活所需。但諸多殖民者所定下的規範，彷彿後殖民學家法

〔註499〕鍾肇政，《鍾肇政全集 9・高山組曲・川中島》（2000 年），頁 38。
〔註500〕鍾肇政，《鍾肇政全集 9・高山組曲・川中島》（2000 年），頁 40。
〔註501〕鍾肇政，《鍾肇政全集 9・高山組曲・川中島》（2000 年），頁 40。
〔註502〕鍾肇政，《鍾肇政全集 9・高山組曲・川中島》（2000 年），頁 41。
〔註503〕鍾肇政，《鍾肇政全集 9・高山組曲・川中島》（2000 年），頁 41。

農所述，「種族主義的衝擊、認同的錯亂，以及他所學習的『精神——存在主義』（psycho－existential）的訓練，在對照現實生活時所產生落差與錯愕，使法農面臨極大的煎熬和困惑。」〔註504〕殖民帝國主義帶給被殖民者無限的枷鎖與苦楚，原住民族即苦苦地在殖民情境下掙扎著。

> 安達警部補還許下諾言；在大家能自給自足以前，官會給付食糧，耕作所需要的農具也會漸漸充實，將來還會有耕牛配下來，都不收代價。總之，大家的生活，將可以得到妥善的照顧，不過也要大家切實遵守「社眾心得」。好比大家都要有一家人的心情啦，非有許可，絕不准離開川中島一步啦，更不可以有向他社尋仇馘首的行動等。〔註505〕

在川中島中，所有的原住民勇士，即成爲英雄無用武之地的農夫，「這位波亞隆社出名的勇士之一，好像有著永遠也發洩不完的怨恨。五年前，他是在沙拉毛討伐戰事中，揚名整個霧社部的人，其後，儘管不再有出草的實績，不過在打獵方面，還是有過輝煌的戰果。身材雖然只是中等，但是從他那結實的腰肢與肩膀，加上黧黑的臉龐，額心與下巴各一塊近乎藍色的刺青，也可以猜出，他天生就是個的獵人。然而，此刻在這川中島，他那副好身手不再有用武之地，卻淪落成一名笨拙的墾荒農人。」〔註506〕原住民族的生活主權，被日本殖民者無情地剝奪，令人情何以堪？所幸在川中島中，山中的獵物與田中的農作物均有收穫，原住民族的經濟生活暫時不成問題，「獵物嘛，山裡有的是，只待你去獵取。作物也一樣。今年種了，明年還可以照樣種，頂多兩三年地換個地方種，照樣收割，也照樣舉行豐年祭。天神是照顧他們的。」〔註507〕此即原住民遺族在川中島生活唯一的安慰，終於有機會可暫時苟延殘喘地獲得表面的平靜生活；但實際上，被殖民者乃必須過著被日本殖民官僚軟禁，與逐漸被皇民化的生活。

2. 皇民化運動的正式展開——歸順式

當原住民遺族遷徙川中島後，接著即要接受日本當局所安排的「歸順式」，「果然，不久就出事了！十月十五日，就是官所定的舉行『歸順式』的

〔註504〕宋國誠，〈是精神醫師，也是職業革命家〉，法農，《黑皮膚，白面具》（2005年4月），頁29。

〔註505〕鍾肇政，《鍾肇政全集9‧高山組曲‧川中島》（2000年），頁41～42。

〔註506〕鍾肇政，《鍾肇政全集9‧高山組曲‧川中島》（2000年），頁101。

〔註507〕鍾肇政，《鍾肇政全集9‧高山組曲‧川中島》（2000年），頁103。

日子，地點就在埔里的能高郡役所。為了趕上上午一點的儀式時間，川中島的人們在天還沒亮時就被命集合，在安達警部補的率領下，由全副武裝的二十五個警手警衛著，步上了需時約四小時的途程。」〔註508〕原住民遺族即在日本殖民官方的押解下，準備進行所謂的「歸順式」儀式，參與的原住民族蕃丁，均十分慎重地看待著歸順式而盛裝打扮著。

> 參加這次「歸順式」的川中島居民，全都是「蕃丁」，總共四十二個，村長及幾個上了年紀的長老也在其中。人人都盛裝，腰間還配著山刀。唯一不穿「蕃服」的是畢荷·瓦利斯。他穿的是高領黑洋服，有五顆金色鈕釦，黑衣長褲。他也是在「蕃丁」之中，唯一穿鞋子的──黑色帆布的運動鞋。〔註509〕

對原住民被殖民者而言，歸順式「在他們說來，這是一件大事，多年以來，歷次的討伐之後，必定會有一次如此這般的『歸順式』──繳武器、發誓、接受『歸順心得』，以後必須聽從官的命令，絕不敢違拗。但是，在他們來說，這也是結束戰爭狀態的儀式，以後可以和平相處了。」〔註510〕此後方證明可正式結束戰爭狀態，重新回歸平靜的日子。原住民族不再需要惶惶不安地過日子，此即原住民族內心真正渴望的生活型態。

> 表面上的意義是：從今以後，他們不是「反抗蕃」、「兇蕃」了，也不再是「保護蕃」了，而是可以相安無事、安居樂業的「良蕃」了。在他們內心裡，寧願撇開服與不服的問題，誠心接受這個安排的。不錯，他們太需要和平了。也太需要創鉅痛深之後的平靜日子了。〔註511〕

在「歸順式」的儀式後，原住民族列隊歡迎日本官員之際，「四十二名來自川中島的『歸順蕃』，被命在郡役所前的草坪上列隊。很快地便排成長短不齊的六行隊伍。可疑的是當這一群人來到不久之後，周遭便被武裝的警察人員層層包圍住了。而且似有一抹緊迫的氣氛，執拗地圍攏住他們。」〔註512〕所幸還是順利地完成歸順式的儀式。在日本官員的解釋下，說明在此次歸順式後，過去的恩怨將一笑泯恩仇，未來大家同樣可在川中島，安然平靜地度

〔註508〕鍾肇政，《鍾肇政全集9·高山組曲·川中島》（2000年），頁145。
〔註509〕鍾肇政，《鍾肇政全集9·高山組曲·川中島》（2000年），頁145～146。
〔註510〕鍾肇政，《鍾肇政全集9·高山組曲·川中島》（2000年），頁146。
〔註511〕鍾肇政，《鍾肇政全集9·高山組曲·川中島》（2000年），頁146。
〔註512〕鍾肇政，《鍾肇政全集9·高山組曲·川中島》（2000年），頁147。

日。豈料，此乃暴風雨前的寧靜，一場巨大殖民風暴正悄悄地醞釀中。

> 「歸順式」只是個形式，跟以前辦過的一樣，沒別的。大家一點也
> 不用擔心。——官一直都對你們寬大。過去的事，就讓它過去了。
> 是恩，是仇，都像水一般地流過去，也就算了。——你們近半年來
> 的表現，官是十分滿意的。你們改過自新的決意，官也完全理解
> 了。「歸順式」完了以後，大家和平建設新的生活，還是會幸福
> 的。來以前，安達主任和白木巡查部長每有機會，便向大家宣告這
> 一類話。〔註513〕

在川中島的日子，原住民遺族果眞過得安然平靜，「大家不由不信官確實
是有誠意的。不說別的，給他們田地，給他們牛隻，在有出息以前還給糧食，
這都是事實。還有公醫照顧大家的病呢。他們從來也沒有得到過這樣的厚
待。……何況泰耶魯向來都是說一不二的，『突奴』該也如此才是。」〔註514〕
原住民族人著實地安居於此，相信「突奴」應與泰耶魯同樣具有誠信。但老
一輩的族人，回憶起當年的原日之役，即不得不陷入半信半疑的猜忌中；因
當年也因輕信日本殖民官員的話語，才會慘遭攻擊而吃虧。

> 他們中有不少人還記得布凱之役和沙拉毛之役。他們曾經因爲輕信
> ——那不是輕信，而是作爲一個泰耶魯，尤其作爲一個塞達卡・達
> 耶的傳統信念，就是守信守義：撒謊、欺騙，是最大的敗德與屈
> 辱。這樣的信念，曾經不只一次地叫他們吃過「突奴」的大虧。
> 〔註515〕

接著，在「歸順式」儀式中，日本官員連番上陣地進行殖民宣告，「然
而，第一個上臺訓示的是三輪警務部長，口氣倒是頂溫和頂親切的。『……每
次來報告的，都可以看出你們改過向善的誠心。想來，這是大家體會了天皇
陛下的旨意的結果，令人無先欣慰，也令人高興之至！』」〔註516〕殖民宣言不
外乎進行皇民化運動宣導，「……所以大家應該把歸順式當作契機，以後更加
被努力，建設新的生活。這也正是天皇陛下的聖意。而你們也只有這麼做，
才能成爲眞正的大日本帝國的臣民，成爲陛下的赤子。……」〔註517〕在日本

〔註513〕鍾肇政，《鍾肇政全集9・高山組曲・川中島》（2000年），頁147。
〔註514〕鍾肇政，《鍾肇政全集9・高山組曲・川中島》（2000年），頁147。
〔註515〕鍾肇政，《鍾肇政全集9・高山組曲・川中島》（2000年），頁147～148。
〔註516〕鍾肇政，《鍾肇政全集9・高山組曲・川中島》（2000年），頁148。
〔註517〕鍾肇政，《鍾肇政全集9・高山組曲・川中島》（2000年），頁148。

殖民官員口中，川中島生活均為天皇陛下的恩澤，原住民族必須好好地體會。此外，第二位上場的山下郡守，口氣仍舊溫和，「第二個上臺的是。口氣依然是溫和親切的。他為『歸順式』表示慶賀，也為川中島居民能在不久的將來，成為『良蕃』，成為好國民而慶幸。」〔註 518〕因此，只要原住民族認份地過著被殖民生活，即可成為大日本帝國的臣民。此外，原住民族則由瓦丹村長代表族人發言，在天皇陛下的聖意下，族人均絕對服從，至此歸順式方告禮成。

> 官警由瓦丹村長代表大家，說話都是在安達的授意下，事先準備好的。大意是說：我們六社社眾，因一時良知受到蒙蔽，發動了不幸事件，損失了一百三十多個寶貴生命。如今蒙天皇陛下聖意，讓我們投降歸順。我們在誠惶誠恐感激涕零之餘，往後誓必做一名天皇陛下的赤子，再也不敢不服從命令……。這些話，又由畢荷・瓦利斯——高峰浩用「國語」反覆一次。「歸順式」算是完成了。〔註 519〕

在「歸順式」中，瓦丹村長為原住民族發言後；接著，即由郡警察課長寶藏寺疾言厲色地宣示，「但郡警察課長寶藏寺卻又走到臺上。面色是凝重的，且微含嚴厲之色。原先兩位大官的和藹親切，不再他臉上出現了。」〔註 520〕日本殖民統治者表面上完成「歸順式」的儀式，但實際上日本殖民官方，乃要藉此處罰曾馘首過的原住民族人。

> 「現在，歸順式算是完成了。還有一件未了的事。也就是『兇行』的蕃丁處分的事。自從遷移川中島之後，有關的警官，已經做了不少的調查，大體上有了結果。歸順是歸順了，但犯了過錯的，還是要接受懲罰。官是公平的。有罪的，會判應得的罪，無罪的，當然不會有事，這一點，大家必須明白，所以你們不必驚惶，更不用害怕。」……「……大家要知道，這是最寬大的處罰，正是天皇陛下的恩典。……」〔註 521〕

在歸順式後，族中勇士即被集中到某處去管理，「全部的男丁，一下子失去了四分之三。如果算工作能力，恐怕有十分之九或者更多吧。做田、插秧、收割，還有斜坡地的開墾。剩下十分之一不到的人力，如何做下去呢？」

〔註 518〕鍾肇政，《鍾肇政全集 9・高山組曲・川中島》（2000 年），頁 148。

〔註 519〕鍾肇政，《鍾肇政全集 9・高山組曲・川中島》（2000 年），頁 148～149。

〔註 520〕鍾肇政，《鍾肇政全集 9・高山組曲・川中島》（2000 年），頁 149。

〔註 521〕鍾肇政，《鍾肇政全集 9・高山組曲・川中島》（2000 年），頁 149。

〔註522〕族中的勞動人口頓時減少一大半，「可是，瓦丹被留下來了。那麼，前面那三十二個人，難道都觸過『突奴』？！殺了『突奴』，『突奴』還會放過他們？！」〔註523〕瓦丹內心深覺不妙，難道被帶走的族人均有觸首嗎？難道這些族人均將面臨到殘酷的處罰嗎？他們還有回來一天嗎？一連串的問號，令瓦丹村長感到忐忑不安。日本殖民者，表面上平和且充滿善意的統治下，被殖民者的川中島生活，實際上仍為危機四伏。因此，原住民個個均提心吊膽地深怕隨時隨地會受到懲戒。

3. 皇民化運動的成果

鍾肇政在《川中島》中，描述皇民化運動對於原住民族的影響與成果。在川中島的原住民遺族，初來乍到之際，日本殖民官員即展現官威地訓示一番，「這塊地，就是要給你們的。記住，這是官的恩典，也就是天皇陛下的恩典。好好做活，你們會有比以前更好的生活。這份大恩大德，你們千萬不要忘記當大隊人馬抵達了川中島以後，總督府理蕃課長森田就召集了以瓦丹為首的幾個代表，做了這樣的宣告。」〔註524〕日本殖民官方把川中島生活的一切美好，全都歸諸於官的恩典，並冀望川中島的原住民遺族要好好地感恩圖報一番。在日本殖民者心中，始終認為日本即如救世主的角色般，帶給川中島居民福祉、文明與進步，不斷宣導著「殖民進步主義」的殖民假象。

> 積十多年來的山地經驗，小島確信日本人是給這些山地居民帶來不少幸福的。給他們教育，輔導他們從事農業，照顧他們以物易物，以免受到外來人的欺騙。開路、造橋……這一切，可以用一句話來說，就是文明。為「野人」帶來文明，而這一切都是在「一視同仁」的聖意下實施的。並且光明遠景已經不遠了，他們應該感謝還來不及才對啊。〔註525〕

日本殖民官方即以同化教育、日本習俗與儀式，逐漸改變部落的傳統生活形態與觀念。誠如在日本的始政紀念日與新駐在所的落成典禮中，三輪聽到太郎的純正國語，乃驚訝地詢問，「『哈，在馬黑坡蕃童教育所，一年生。』不太流利，但確實是純正的『國語』。」〔註526〕日本殖民者乃驚喜於同化教

〔註522〕鍾肇政，《鍾肇政全集9・高山組曲・川中島》（2000年），頁150。
〔註523〕鍾肇政，《鍾肇政全集9・高山組曲・川中島》（2000年），頁151。
〔註524〕鍾肇政，《鍾肇政全集9・高山組曲・川中島》（2000年），頁37。
〔註525〕鍾肇政，《鍾肇政全集9・高山組曲・川中島》（2000年），頁64。
〔註526〕鍾肇政，《鍾肇政全集9・高山組曲・川中島》（2000年），頁114。

育，與皇民化運動後的顯著成果。

> 儀式由三輪主持，唱了「國歌」，奉讀「敕語」，然後是一場訓示。
> 他反覆地告誡大家，要充分的體會天皇陛下的恩典，努力建設，大
> 家做一個「良蕃」。他還宣佈：明年四月，新學期開始時，要在本村
> 建設一個蕃童教育所，讓川中島下一代能沐浴更多的聖恩，成為優
> 秀的大日本帝國國民，以便將來能報皇國之恩。〔註527〕

在始政紀念日與新駐在所的落成典禮中，安達主任甚至於還斥令馬紅一
定要唱歌，「大人的話，就是命令。天皇陛下的命令。命令要絕對服從。」
〔註528〕馬紅不得不從，只好演唱日本歌曲「荒城之月」，「『荒城之月』是
『突奴』的歌呢。然後，那清清的、亮亮的、鬱鬱的、淒愴的，就像那廢墟
上的清澈柔和和月光般的歌聲傳出來了。」〔註529〕這段動人的歌聲乃緩緩地
揚起，卻彷彿訴說著被殖民者的悲歌。

> 「夜半荒城聲寂靜　月光淡淡明　昔日高樓賞花人　今日無蹤影玉
> 階珠牆何處尋　碎瓦蔓枯藤　明月永恆最多情　夜夜到荒城」「更深
> 夜靜人已意　微聞秋蟲鳴　夜空萬里無雲跡　浩月懸當空」「明月千
> 古總相似　沈落又高昇　亭亭樓閣今安在　銀輝照荒城」〔註530〕

日本殖民官方的重要節日與慶典，即在川中島中逐漸地滲透進原住民族
的生活。誠如日本殖民官方所教導的「四方拜」儀式，「在山裡，這是個大日
子。是突奴教的：這個日子是一年之始，全國上從皇室，到所有的國民都要
舉行『四方拜』的儀式，一方面是祭祖神，另一方面則祈求國泰民安、國運
昌隆，各級學校也要放冬假五天。」〔註531〕日本殖民官僚規定在四方拜中，
原住民族均要好好地參與外；日本殖民官員也會共享這歡樂的慶典。

> 又如「四方拜」，雖然只是社裡的事，但這一天，以及以後的幾天，
> 那些突奴都會特別高興，還會喝屠蘇酒喝得醉醺醺的，再也不會那
> 麼聲色俱屬打人罵人了。這一點，在他們來說是真正值得高興的，
> 值得同慶的。〔註532〕

〔註527〕鍾肇政，《鍾肇政全集9・高山組曲・川中島》（2000年），頁114。
〔註528〕鍾肇政，《鍾肇政全集9・高山組曲・川中島》（2000年），頁115。
〔註529〕鍾肇政，《鍾肇政全集9・高山組曲・川中島》（2000年），頁115。
〔註530〕鍾肇政，《鍾肇政全集9・高山組曲・川中島》（2000年），頁118～119。
〔註531〕鍾肇政，《鍾肇政全集9・高山組曲・川中島》（2000年），頁219。
〔註532〕鍾肇政，《鍾肇政全集9・高山組曲・川中島》（2000年），頁220。

　　除了進行「四方拜」儀式外，一切均要按照日本傳統儀式般的進行慶典，「慶祝的方式，除了有個全村村民都參加的典禮之外，名堂還著實不少，例如大門口要豎『門松』——用松枝與竹子紮成飾物，左右各一；門上還要掛『注連繩』——稻草紮的飾物。家裡還要做『鏡餅』來吃，並喝『屠蘇酒』。」〔註533〕在日本殖民官方的強勢治理下，連過節均要聽其號令地進行著，「官一聲令下，家家戶戶也都裝上了門松與注連繩，駐在所門口，還弄了個特大號的門松。這一來，整個川中島便被裝點得喜氣洋洋了。」〔註534〕諸多傳統山地部落，乃逐漸地被日本殖民文化所入侵，原住民族卻被迫不得不地接受這一切。

> 　　山裡，原來沒有這麼一個節日。如果說，他們也有每年定例的節
> 慶，那就是豐年祭了。還有不定期的出草祭、出陣祭、人頭祭加上
> 婚禮，便都是他們狂歡的日子。〔註535〕

日本殖民官方乃融入諸多日本節日於原住民部落中，「突奴除了『四方拜』之外還給他們帶來一些節慶的日子，例如神社祭就是，此外紀元節、明治節、天長節等等，其中神社祭該是較盛大隆重的，好比一年一次的聯合運動會，便是在這個時候舉行，成為所有霧社地區各社的聯歡大會。」〔註536〕日本殖民官方所策劃的日本節慶活動，諸多蕃社均會應邀來參與。

> 　　例如神社祭，那麼多的社的人們都會匯聚，共同來狂歡，這確實是
> 在他們傳統裡所沒有的事。連互相敵對的不同部族的人都會在這一
> 天相聚，形成一種和平的歡樂；甚至那種敵對意識，好像也因為這
> 種聚會而漸告消失，這總是可喜的事。〔註537〕

　　在川中島的皇民化生活，不論原住民族內心是否甘願？還是得認份地遵守著日本殖民官方的一切命令，否則即將會面臨到更慘痛的結果。當花岡一郎、花岡二郎接受殖民教育後，即獲得日本小官職之際；畢荷與其他蕃童教育所的原住民孩童，均紛紛踏上相同的命運。畢荷也循此模式順利地成為所謂的日本警手，任職於駐在所。

> 　　畢荷人一到，安達主任就滿面笑容地向他說了一聲恭喜，然後交給
> 他一紙「任命令」：高峰浩命為警手。命勤務於川中島駐在所，支給

〔註533〕鍾肇政，《鍾肇政全集9‧高山組曲‧川中島》（2000年），頁219。
〔註534〕鍾肇政，《鍾肇政全集9‧高山組曲‧川中島》（2000年），頁219。
〔註535〕鍾肇政，《鍾肇政全集9‧高山組曲‧川中島》（2000年），頁219。
〔註536〕鍾肇政，《鍾肇政全集9‧高山組曲‧川中島》（2000年），頁219～220。
〔註537〕鍾肇政，《鍾肇政全集9‧高山組曲‧川中島》（2000年），頁220。

月俸壹拾五圓元，川中島駐在所。昭和六年十一月一日。〔註538〕

　　儘管畢荷表面上，很風光地被任職為日本警手，「說警手是駐在所勤務人員，固然一點兒也不錯，卻是比警員的最起職位『乙種巡查』，還要低的職位。一旦山裡有狀況發生，他們必須荷槍實彈上前線，與軍隊的兵卒無異，隨時都有陣亡被馘去腦袋的可能。因此，說起來還是賣命的工作。」〔註539〕其實，美其名為日本警手；實際上，職務性質即有點類似於打雜的雜役工作，「至於平時，他們是伺候大爺們——的工役。例如在川中島，他們須放哨站崗。還要承擔所裡以及警察公私雜役。被使喚的工作，大如傳送公文，小如炊事、劈柴燒洗澡水、替大爺們洗衣服、擦皮靴，幾乎是無事不做的。」〔註540〕原住民被殖民者，根本就毫無尊嚴可言。

　　警手職務乃為山地部落中的特殊編制，「這是卑賤的工作，還是山地才有的特殊編制，事實上也就是割臺前即有的『隘勇』。日閥領臺初期，仍然沿用『隘勇』這個詞，後來才改用『警手』。充當警手的人，品類頗為龐雜。偶爾也有『內地人』夾在其中，不外是未能考取巡查資格的初來臺人物，暫時屈居此位。但是他們有一些勤務津貼及加給等特殊待遇，每月仍可享有兩倍乃至三倍於一般警手的薪給，在警手們之中，居於特權地位。不過他們多半很快就會擢昇，充當正式巡查。」〔註541〕相較之下，日本人擔任此警手工作，待遇福利即優渥於原住民族。當畢荷擔任警手後，「普魯木考」（指漢人）的下流話語，著實地令畢荷感到難受。因此，原住民族不僅忍受著日本殖民給予的壓迫，同時也必須承受著漢人歧視話語的傷害。這種多重被殖民情境，即為被殖民者在交錯的歷史，與被殖民情境下的無奈。

　　　畢荷當了警手之後，他聽到更叫他難堪的說法。是那些「本地人」
　　警手同事之間的交談。不如是因為認為畢荷不懂他們的話，才在他
　　面前也肆無忌憚的說的？偏偏一些最下流的「福建語」，畢荷倒聽得
　　懂得。那是下流到使畢荷血潮猛沖的，幾乎翻胃的話。哦哦，這些
　　「普魯木考」（指漢人）中的垃圾，也是人間的垃圾，靠這種下流的
　　交談來找樂子、找慰藉。是最最下流的族類呢！〔註542〕

〔註538〕鍾肇政，《鍾肇政全集9・高山組曲・川中島》（2000年），頁157。
〔註539〕鍾肇政，《鍾肇政全集9・高山組曲・川中島》（2000年），頁158。
〔註540〕鍾肇政，《鍾肇政全集9・高山組曲・川中島》（2000年），頁158。
〔註541〕鍾肇政，《鍾肇政全集9・高山組曲・川中島》（2000年），頁158。
〔註542〕鍾肇政，《鍾肇政全集9・高山組曲・川中島》（2000年），頁183。

此外，擔任警手的官員多以本島人為主，因其較為資深，也較有升遷的機會。相較之下，山地原住民族必然出身於蕃童教育所，「達其司・阿烏伊（花岡二郎）在小學畢業後，在『理蕃當局』的刻意培植下，當上了此職，即為一例。」〔註543〕在原住民部落中，「警手其實是個地位卑賤，而在山地人來說，卻無異是天之驕子。」〔註544〕此乃為原住民族人所稱羨的職務。

> 最多的，自然是「本島人」了。這些「本島人」，不乏十幾二十年的資深者，還是「隘勇」時代的遺物。間或也有山地人夾雜其間。他們必定是「蕃童教育所」或者是六年制小學畢業的山地優秀份子。〔註545〕

警手職務雖然卑賤，但在畢荷心目中，仍充滿感激之情。因從小在蕃童教育所的殖民教育觀念中，「正像大爺們常強調的，那是天皇陛下的『恩典』呢！他是應該「誠惶誠恐，感激涕零」的。真的，他的思緒裡，就有那麼一份感激。」〔註546〕原住民族的性命得以苟延殘喘，「『你當然知道，這是官的恩典，也是陛下的恩典。』……他是『反抗蕃』的一份子，讓你活命，就已是最大的『恩典』了。」〔註547〕此即為皇民化運動的同化教育，得以成功改造原住民思想之處。畢荷即使走到今天的位置，上進的他仍不滿足地努力求發展，不斷地苦讀實學，冀望有一天能有更理想的發展空間。

> 那是命令啊。跟其他所有的族人一樣，他的心版上，早已被烙印上了「絕對服從」的觀念。……每三天，還以一天「非蕃」的日子，這一天只要待機在警手室就好了。他請准了特許，只要不妨礙公務，便一卷在手，苦讀從杉山借來的中學「講義錄」。第一次領薪金以前，他就講了以前也不敢想的物件：幾本筆記簿、幾枝鉛筆，外加一盞小洋燈及一瓶石油。〔註548〕

當畢荷努力上進地求學苦讀之際，仍免不了遭到同僚的一番冷嘲熱諷。尤其是為此眼紅的本島人，多半輕蔑地看待著畢荷。因此，諸多輕蔑的話語，一直在畢荷生活中發酵著，族群的歧視言論，或多或少均會影響著畢荷

〔註543〕鍾肇政，《鍾肇政全集9・高山組曲・川中島》（2000年），頁158～159。
〔註544〕鍾肇政，《鍾肇政全集9・高山組曲・川中島》（2000年），頁158～159。
〔註545〕鍾肇政，《鍾肇政全集9・高山組曲・川中島》（2000年），頁158～159。
〔註546〕鍾肇政，《鍾肇政全集9・高山組曲・川中島》（2000年），頁159～160。
〔註547〕鍾肇政，《鍾肇政全集9・高山組曲・川中島》（2000年），頁159～160。
〔註548〕鍾肇政，《鍾肇政全集9・高山組曲・川中島》（2000年），頁162。

的心情。儘管受到歧視與輕蔑的眼光，但畢荷還是抱持著感恩的心情努力著，「『我們本來是不許活命的，如今靠『恩典』了，有了一條活路。』在這種認定與事實的需要下，大家只有苦苦地工作。誰也不敢埋怨，更無處埋怨。」〔註549〕因此，原住民被殖民者僅能認命又認份、刻苦耐勞、無怨無悔地工作著。

> 這種熱狂的情形，很快地就引起了周圍的眼光往他身上集中，首先是來自同僚的，他們大部分是「本島人」，受過教育的還不到一半，當然也都是公學校畢業的，「國語」還算流利。未受教育的，「國語」蹩腳透了。他們私下交談，大多用「福建語」，畢荷僅能聽懂十中二三。不過他倒能清楚地覺察出，不管眼光也好，口吻也好，多半含有輕蔑的意味在內。「憨憨呆呆的，還在讀冊哩。」「蕃仔起蕃性啦。」「不知讀了，有啥路用。」〔註550〕

在畢荷心情複雜地面對未來的同時，「不過他倒沒有徬徨多久，便有了個決心——那也是傳統的互相關注、互相幫忙塞達卡‧做人態度，加上他所受的教育，也就是為天皇陛下，為皇國，一定要努力奮鬥，而這也正是一個人求得立身處世的大道的觀念。」〔註551〕畢荷的意志越堅定，日本殖民化的遺毒就愈加彰顯。畢荷向日本官員表達一己之志而深獲讚賞，冀望可成為殖民母國的優秀臣民。

> 他向安達警部補稟明了這個意思，並請求勤務以外的時間上斜坡或下到田裡去工作。安達大表讚賞，不但馬上准了他，還著著實實鼓勵他一番。「不錯，高峰，你是個了不起的年輕人，你體會到皇國精神了，你會成為一個優秀的大日本帝國臣民的。你就好好幹吧。」〔註552〕

在畢荷心目中，已充滿著皇民化思想，因日本官員還曾在原住民族面臨滅族之際拯救他，矛盾又糾結的觀念不斷地在他心中發酵著。此外，殖民教育也不斷地灌輸著皇民化思想，「『突奴』，是魔鬼的化身；然而，他們也是大日本帝國臣民，天皇陛下的赤子，是世界上最了不起的皇國國民，最優秀的民族。做為一個這樣的臣民、民族，這就是畢荷從入學起就被不停地灌輸的

〔註549〕鍾肇政，《鍾肇政全集9‧高山組曲‧川中島》（2000年），頁164。
〔註550〕鍾肇政，《鍾肇政全集9‧高山組曲‧川中島》（2000年），頁163～164。
〔註551〕鍾肇政，《鍾肇政全集9‧高山組曲‧川中島》（2000年），頁164～165。
〔註552〕鍾肇政，《鍾肇政全集9‧高山組曲‧川中島》（2000年），頁165。

想法。一種屬於兩極的不同觀念，就這樣並存於他的腦版上。一如小島源治
巡查部長，可以是他的一而再的救命恩人，卻同時是對他們族人採取滅族手
段的發動人。」〔註553〕原住民被殖民者，乃不斷地處於內心的天人交戰，皇
民化運動的口號不斷地反覆發酵著，不斷地諷刺著日本殖民遺毒的影響，與
衝擊著被殖民者的思想。因此，文本中的小說人物，不斷擺盪於矛盾情緒，
使文本深具戲劇張力。

> 這段話可視之為小說完整結構裡的引導母題（Leitmotif），是或隱或
> 顯地，重複出現於小說進行中的主題意象和情緒渲染，使小說人物
> 擺盪於兩種相頡頏的精神理念之間，期能造成人物情境在兩極衝突
> 下的緊張關係，且由此而產生小說內環性的強烈張力。〔註554〕

不論在日本同化教育、政策與皇民化思想的改造，亦或日本官僚制度，
與日本殖民的一切規範，均強烈地衝擊與影響著原住民族傳統的生活型態，
日本殖民彷彿創生著原住民族的被殖民者新社會，誠如後殖民者薩依德所
述，「當一個社會抵達高度的成熟與勢力，它便會殖民，它創生、保護一個新
社會，並且將之置入良好的發展條件，使它生氣蓬勃。殖民化是社會物理學
最複雜與細緻的現象之一。」〔註555〕原住民族卻不得不接受被殖民情境，甚
至於連原住民族群精神，也面臨著莫大的衝擊。

（四）戰火之皇民化

1.畢荷的公醫之路

在鍾肇政《戰火》中，描述皇民化運動成功推行的典範。畢荷即為高峰
浩，在進入日本官僚生活模式後，初子也逐漸地成為皇民化運動的成功典
範，著實地成為一位日本女性的儀態，「初子的一舉一動，也是使小島深感驚
喜的，那樣地跪坐著，拿碗、使筷子、挾菜，到輕嚼緩嚥，還有把酒杯放在
左手指尖、用右手輕扶杯沿的樣子，以及挭著嘴輕言細笑的樣子，無一不是
『內地』式的，如果我說他是過慣了塌塌米生活的典型賢淑嫻淑日本婦女，
也不會有人懷疑。『高峰君，你真是幹得好……了不起……是高砂族的光

〔註553〕鍾肇政，《鍾肇政全集9‧高山組曲‧川中島》（2000年），頁165。
〔註554〕呂昱，〈解開苛政下隱忍圖存的奧秘──評鍾肇政的「川中島」〉，鍾肇政，《鍾
　　　　肇政全集9‧高山組曲‧川中島》（2000年），頁228。
〔註555〕Agnes Murphy, The Ideology of French Imperialism, 1817~1881 (Washington:
　　　　Catholic University of America Press, 1948), pp.46, 54, 36, 45。薩依德，《東方
　　　　主義》（臺北：立緒出版社，1999年），頁321。

榮……。』」〔註 556〕此種現象在日本殖民官方眼中乃深獲讚賞。原住民遺族畢荷‧瓦利斯成為一名公醫，而大大提升在部落的地位，甚至於和主任杉山警部的官等相當。

> 如今，幾乎不再有人喊他畢荷‧瓦利斯了。公醫，等於是一名「判任官」，以官等來說，雖然是最起碼的，卻也與警部補相等，至於巡查部長與巡查，只是一名「雇」，全在他下面。因此，整個中原駐在所的七個警察，就只有主任杉山警部和他同官等的。這還不算，在人們口頭上，他是不折不扣的「先生」，這個稱呼更使他與國民學校裡，自校長以下所有正式教師的地位拉平，甚至過之了。由這一點，也可見他在這個地方的地位了。〔註 557〕

畢荷可得到如此崇高的地位，乃為長期的努力不懈所致，「畢荷的這種地位，當然不是憑空而來的？小島源治就說過，那是沒有人曾經料想過的。一個深山裡的小孩，連小學都沒有畢業，怎麼可能爬上那麼高的地位呢？」〔註 558〕畢荷所代表的，即為皇民化運動的成功典範與原住民遺族之光。儘管如此，礙於原住民遺族的身分，畢荷一直無法升上甲種巡查。川中島駐在所的安達主任，曾加以勉勵，「『這當然也是天皇陛下的任命，相信你懂得心存感激。』『哈！』『我明白你的為人，一定會好好幹，努力幹的。為了建設川中島成為模範蕃社，希望你格外努力，不要使我失望。』『哈！』」〔註 559〕畢荷已擁有人人稱羨的工作與地位外，還決定要考「限地開業醫」，可在偏遠地區行醫。

> 為了工作上的需要，常常與中原社的公醫接觸，他於是發現到有另外一條可能的出路，就是考「限地開業醫」。這是靠檢定而取得開業資格的醫生，只能在被限定的地區，例如「蕃地」或者偏僻地方行醫，是為解決偏遠地區缺乏醫療人員而設的考試制度。高峰成了駐在所的「醫療擔當」，實際從事初步的醫療事務。由於業務上的需要，他必須經常吸收醫療知識，因此「限地醫」之成為他的一個新目標，是很自然的。〔註 560〕

〔註 556〕鍾肇政，《鍾肇政全集 9‧高山組曲‧戰火》（2000 年），頁 250。
〔註 557〕鍾肇政，《鍾肇政全集 9‧高山組曲‧戰火》（2000 年），頁 253。
〔註 558〕鍾肇政，《鍾肇政全集 9‧高山組曲‧戰火》（2000 年），頁 253。
〔註 559〕鍾肇政，《鍾肇政全集 9‧高山組曲‧戰火》（2000 年），頁 255。
〔註 560〕鍾肇政，《鍾肇政全集 9‧高山組曲‧戰火》（2000 年），頁 256。

在川中島，畢荷即成爲唯一有行醫資格的醫療人才，「中原國民學校也馬上聘他做『校醫』。如今，『川中島蕃地青年學校』成立，他也同樣被聘爲校醫了。原因無他，整個能高郡的廣闊『蕃地』，他的資格是獨一無二的，不僅是『理蕃當局』，甚至整個地區都渴切地需要他這名醫療人才。」〔註561〕但在日本殖民官方眼中，這一切均來自於日本天皇的恩典。鍾肇政在《戰火》中，以畢荷爲主外，還穿插諸多川中島青年爲例證，再現歷經日本殖民統治，與皇民化運動薰陶後，川中島原住民遺族的被殖民情境。

2. 花岡新作的答辭

鍾肇政在《戰火》中，不斷地以皇民化運動的成功推行，諷刺日治時期，原住民族被皇民化思想徹底改造的景況。在日本殖民下，諸多日本傳統節日均被潛移默化於臺灣全島中。諸如所謂的「天長節」，「四月二十九日的『天長節』〔註562〕，是一年之中最重要的節日之一，全國都要隆重慶祝，祝禱今上陛下聖體康泰，萬壽無疆，國運昌隆，聖戰完遂。由皇民奉公會所『主催』的全島青年辯論大會，也在這一天舉行。地點就在臺北市中心的公會堂，長谷川總督以會長身分親自蒞臨主持。」〔註563〕天長節同樣由皇民奉公會所主導著。

皇民化運動的成功例證，誠如花岡新作在全島辯論大會上，以流利的日語致「答辭」而贏得喝采，「新作那孩子，在總督府前的廣場上致『答辭』，那漂亮的『國語』，又流利又清晰，幾乎沒有一絲土腔。光那一場『答辭』就可以聽出來，新作這孩子是另一個花岡二郎，也就是另一個花岡一郎，另一個高峰浩，也是另一個山下太郎。」〔註564〕花岡新作儼然已成爲日本培植原住民族的成功範例，也再度爲證實皇民化運動的成效。此外，在日本皇民化運動推行的過程中，「每次有客人到川中島來視察，阿外都是當然的學生代表，向來賓致歡迎詞，或致『答辭』。不錯，雖然那只是一種『蓄音機』（留聲機）的作用而已，但也要有純正的『國語』發音與腔調。每一個來賓，不

〔註561〕鍾肇政，《鍾肇政全集9‧高山組曲‧戰火》（2000年），頁257。
〔註562〕天長節即爲「昭和天皇誕生日」，其由來乃由於通過觸口橋北側即「地久」吊橋，沿階梯上行即抵「天長」吊橋。天長和地久兩座吊橋建於日據時的昭和十二年（1937年），落成時以紀念天長節（日本天皇生日）和地久節（皇太妃生日）而命名。
〔註563〕鍾肇政，《鍾肇政全集9‧高山組曲‧戰火》（2000年），頁277。
〔註564〕鍾肇政，《鍾肇政全集9‧高山組曲‧戰火》（2000年），頁284。

管是郡守也好，警察課長也好，乃至專為視察教育情形而來的『視學官』也好，都為阿外那口完美的『國語』與鎮靜自若的態度而驚嘆。」〔註565〕優秀青年阿外儼然成為「蓄音機」般地，成為皇民化運動宣導的最佳工具。

阿外成為當時的全島知名人物，當年在阿外的記憶中，霧社事件始終為難以抹去的慘痛記憶，「十六歲那年，在霧社小學校讀六年級，秋間爆發了事件，死裡逃生，次年移徙。那是一段噩夢般的歲月，血腥、動亂，死神一次又一次無情地向他攻擊與追逐。」〔註566〕當年在霧社事件浴血過後的原住民遺族，爾後乃面臨一連串的皇民化運動洗禮，造成被殖民者的身心衝擊與變遷。在當時皇民化運動已成為一種全民運動，「四月一日，『皇民奉公會』在臺北成立，由臺灣總督府長谷川清就任會長，皇民化運動不在只是一種『民間』活動，而成為『欽定』的一項運動了。」〔註567〕在川中島的原住民遺族，均需配合日本當局進行各種活動。當「皇民奉公會」在臺北成立後，所辦理的全島辯論大會，優秀的阿外即嶄露頭角。

> 皇民奉公會一開鑼，就在「皇民化之路」的總題下，辦了一次全島辯論大會。阿外被命參加，不料層層預選，他都奪魁，最後成為代表全島青年的五個代表之一，參加這項全島矚目的大會。〔註568〕

阿外在全島青年代表中最受到矚目，「阿外在五個人之中，無疑是最受到重視的，因為他是唯一的高砂族，其他都是本島青年。阿外的苦讀自學的經過給誇大地寫了出來，還說這位剛滿二十歲的青年是霧社事件蠢起蕃族之後。」〔註569〕阿外的高砂族、霧社事件遺族身分與苦讀經過，均被大肆宣揚地報導著，以鼓吹皇民化運動的成果與政績。

> 還有令人驚異的消息。報上說：這次辯論大會，將由「放送局」向全國現場轉播，全國每一個角落都會聽到臺灣年輕一代發自內心的聲音。「自昭和十二年以來，發動的本島皇民化運動，其成果與實績如何，將在這次辯論大會中看出端倪，因此全國上下，備感期待！」報導用這樣的話，做了結果。〔註570〕

〔註565〕鍾肇政，《鍾肇政全集9‧高山組曲‧戰火》（2000年），頁272。
〔註566〕鍾肇政，《鍾肇政全集9‧高山組曲‧戰火》（2000年），頁273～274。
〔註567〕鍾肇政，《鍾肇政全集9‧高山組曲‧戰火》（2000年），頁277。
〔註568〕鍾肇政，《鍾肇政全集9‧高山組曲‧戰火》（2000年），頁277。
〔註569〕鍾肇政，《鍾肇政全集9‧高山組曲‧戰火》（2000年），頁277。
〔註570〕鍾肇政，《鍾肇政全集9‧高山組曲‧戰火》（2000年），頁277。

在日本殖民官方有意的政治操弄下，「第二天，每家報紙都以頭條大標題來報導這次的『辯論大會』的情形及結果？官還安排，讓山下太郎到放送局重做一次廣播。一夜之間，山下太郎成了全國知名人物。『烈烈大和魂，在深山裡開出美麗花朵。』『燃燒般的愛國心，證明皇民化運動的成功。』『本島青年報國之道，從此必將大開。』」〔註571〕在日本媒體大肆宣導皇民化政績時，阿外頓時成為全島家喻戶曉的知名人物，即所謂的山下太郎，成為日本宣導皇民化政績的最佳工具，「他成了一架『蓄音機』，到處去播放。隨著名字見報次數增加，他成了無人不識的名人。」〔註572〕日本殖民當局甚至於興高采烈地宣布，臺灣即將要實施志願兵制度。

> 「沐浴皇恩，皇民化運動結出美妙果實。開議決定，臺灣即將實施志願兵制度。」根據報上說法，內閣的議事昨天作了這一項決議的，廣播馬上把這個消息報導出來。而這個消息傳到本島以後，全島六百萬島民都為這喜訊而欣喜若狂，各地的皇民奉公會分支機構都在紛紛準備擴大慶祝，總部也決定從明天起，一連舉行三天的慶祝活動。〔註573〕

日本當局甚至引用臺灣極有份量的本島紳士之言，「朝鮮在事變（指「支那事變」）之初就已經實施志願兵制度了。臺灣比朝鮮早十五年進入帝國版圖，該算是老大哥了。而這樣的老大哥，在這件最光榮的事情上落後了三年，這是項奇恥大辱。如今這幾年來人人渴望的事實實現了，所以大家當然高興了。聖恩浩蕩，我想六百萬島民全都在感激涕零的。」〔註574〕此即證明皇民化政績，已如此成功地深植人心。

> 另有一位很有地位的人士則表示：臺灣人不能當一名皇軍，這是臺灣人的最大恥辱。現在總算可以揚眉吐氣了。五年來，大家努力推行皇民化運動，總算圓滿達成目標了，以後就等實施徵兵制度了。我堅信全島皆兵的日子不會太遠……。〔註575〕

鍾肇政還描述當「支那事件」爆發之初，「還記得很清楚，那時候『支那事件』開始才不久，官正在喊『國民精神總動員』，就是要大家的更都要武裝

〔註571〕鍾肇政，《鍾肇政全集9‧高山組曲‧戰火》（2000年），頁278。
〔註572〕鍾肇政，《鍾肇政全集9‧高山組曲‧戰火》（2000年），頁279。
〔註573〕鍾肇政，《鍾肇政全集9‧高山組曲‧戰火》（2000年），頁280。
〔註574〕鍾肇政，《鍾肇政全集9‧高山組曲‧戰火》（2000年），頁280。
〔註575〕鍾肇政，《鍾肇政全集9‧高山組曲‧戰火》（2000年），頁280。

起來，承擔『非常時期』的責任，要『膺懲暴力的支那』。」〔註576〕因此，只要日本帝國有戰役需要協助，一定動用皇民化精神的口號來號召大家。所謂的「支那事件」，「這期間，驚天動地的事接踵而來。昭和十二年，『支那事件』爆發，『皇軍』在支那大陸上轉戰南北，武功顯赫。幾年下來，年輕巡查多半都『應召』『出征』去了。」〔註577〕諸多年輕皇軍均為此戰役而出征去。原住民族則在「支那事件」爆發後多年，方有機會成為皇軍。原住民族在日本殖民官方的鼓舞，皇民化運動的催化與薰陶下，逐漸興起為日本殖民官方犧牲的想法。

> 昭和十二年是事件爆發的年份，算起來快七年了。開始時是清一色「出征兵士」，有應召的，也有「入營」的，全部都是「內地人」。
> 那時候，官常常說，能當一名皇軍，是大日本帝國臣民最大的榮譽。所以你們也要早日完成皇民化的目標，才能贏得當一名皇軍，去為聖戰而獻出生命，為天皇陛下而死的榮耀。〔註578〕

當大東亞戰爭開戰後，「昭和十二年，大東亞戰爭也打起來了，終於部落裡也有人得到這一項榮譽。有『志願兵』，也有『義勇隊』。官說，志願兵與義務隊雖然還不是皇軍的一員，但也等於是。只要當志願兵或義勇隊的青年，表現優異，那麼甚於『一視同仁』的聖意，臺灣一定也可蒙實施徵兵制的恩典。」〔註579〕日本殖民官方還開出支票，說明有朝一日臺灣也可實施徵兵制，臺灣人民均有機會可成為正式皇軍而出征。

> 到了那時，每個本島青年，包括高砂族在內，都可以正式成為皇軍了。就是從這一年開始，山裡也有一批批青年出去了。高峰浩記得很清楚，這些純潔青年，每個人臉上都是死死咬住大牙的嚴肅正經表情。……那是一派嚴肅與正經，可以說是「官定表情」。
> 〔註580〕

在代表日本帝國出征的原住民青年臉上，顯露出的並非官定表情，而是代表著泰耶魯的精神，「臉上是一派嚴肅與正經，不過不再是『官定表情』的那一種。畢荷看出來了，那泰耶魯的，是塞達卡的嚴肅與正經，而且含著一

〔註576〕鍾肇政，《鍾肇政全集9·高山組曲·戰火》（2000年），頁272。
〔註577〕鍾肇政，《鍾肇政全集9·高山組曲·戰火》（2000年），頁256。
〔註578〕鍾肇政，《鍾肇政全集9·高山組曲·戰火》（2000年），頁261。
〔註579〕鍾肇政，《鍾肇政全集9·高山組曲·戰火》（2000年），頁261～262。
〔註580〕鍾肇政，《鍾肇政全集9·高山組曲·戰火》（2000年），頁262。

股沈沈的悲愴。」〔註581〕原住民青年皇軍們，帶著悲壯的神情慷慨赴義。

> 出門的人也不是這麼說的。被送的人總是：「一定爲天皇陛下而死，」
> 「在戰場上櫻花一般地散落，一定不會活著回來！」送的人也不外
> 是：「像一名皇軍那樣地死吧！」「在靖國神社再見吧！」「當一名皇
> 軍，就是要死，那才是最高的榮譽！」諸如此類。人人這麼說，不
> 同的嘴巴，說出來的永遠一樣，甚至連高峰浩公醫也是這樣勉勵出
> 門的人。〔註582〕

在皇軍青年出征時，眾人均以祝福又堅定的語氣與精神，爲這群皇軍加油打氣，諸如「一定爲天皇陛下而死」與「在戰場上櫻花一般地散落，一定不會活著回來！」與「像一名皇軍那樣地死吧！」與「在靖國神社再見吧！」與「當一名皇軍，就是要死，那才是最高的榮譽！」之言，均爲常見的鼓舞話語。

> 這就是川中島部落爲山下太郎所舉行的「壯行會」。兩年多以來，自
> 從第一次「高砂族挺身隊」以後，每次有人出征，不管是「挺身隊」
> 也好──後來把名稱改爲「義勇隊」、「特別志願兵」也好，都有這
> 種全村參加的場面。經費是由駐在所出的，村民不必花一文錢便可
> 以大吃大喝一頓。其實，大家也都明白，這是「蕃社自助會」的錢，
> 也就是村民參加「勤勞奉仕」（即義務勞動）等一類工作時所得到的
> 代價，由官民成立這麼一個自助會，把錢存下來。〔註583〕

原住民青年要出征時，族人均會爲他們舉行「壯行會」，「會上，最莊嚴的一幕，是授刀儀式。過去，一個少年長大了，照例需由長老授一把刀，表示從此這麼少年可以躋身戰士之列。許多年以來，這項在山村裡曾經是重要行事之一的儀式，隨著『戰爭』與馘首、出草等事情絕跡，加上官的禁止，無形中已停辦了。」〔註584〕其實，「挺身隊」、「義勇隊」、「特別志願兵」均要爲其送行，經費即由大家共同儲蓄的「蕃社自助會」所出資。當壯行會舉行授刀儀式，對原住民族而言，即爲得以傳承原住民族精神與追思傳統部落精神的方式之一。

但是，自從第一次義勇隊出征時，官方特許「出征」者攜帶山刀以

〔註581〕鍾肇政，《鍾肇政全集9・高山組曲・戰火》（2000年），頁264。
〔註582〕鍾肇政，《鍾肇政全集9・高山組曲・戰火》（2000年），頁266。
〔註583〕鍾肇政，《鍾肇政全集9・高山組曲・戰火》（2000年），頁268。
〔註584〕鍾肇政，《鍾肇政全集9・高山組曲・戰火》（2000年），頁268。

> 後，每天壯行會便都有了這麼一幕傳統的儀式——其實，也算不上
> 什麼儀式，只不過是當眾由授者把一把山刀交給受者，並由授者說
> 幾句話，便算完成了。〔註585〕

　　在由族中長老進行授刀儀式時，總要勉勵幾句話，「……是他達歐・諾干
的，也是他，父親，烏毛・諾干的。他們，都是偉大的，戰士，偉大的，頭
目。你，阿外・他利，太郎，必不可，辱沒，祖先，之神靈。」〔註586〕此即
由當年族中勇士的壯舉，來勉勵族中青年成為勇士。

> 那是最莊嚴的一刻，只可惜這莊嚴的意味，在川中島的人們來說，
> 確有兩種截然不同的兩種感受，一種屬於大約二十歲以下的年輕的
> 一輩的，他們懵然不知他們的歷史，也不太認識老烏他歐所提到的
> 兩個名字。他們有一種本能的希冀與渴求：日本刀才是最了不起的，
> 但是他們做夢也不敢想擁有那種東西，一把山刀也不錯，因為那東
> 西可以滿足他存在於內心深處的原始慾望——殺敵人！〔註587〕

　　在族中長老口中的名字與授刀儀式，對於長老的族群意義，與青年心目
中的意義，乃迥然不同，族中青年僅對於日本刀感到興趣。因原住民青年，
對於原住民族歷史乃一無所知，對於部落歷史中的勇士，他達歐・諾干與莫
那・魯道乃十分陌生，豈知，「他達歐・諾干就是事件發生時的荷戈社頭目，
他的父親則是崛起以前的大頭目，一個與莫那同樣普受崇拜與敬畏的偉大人
物。」〔註588〕但原住民族被殖民者，已逐漸遺忘自我的族群歷史。此外，在
日本殖民官方鼓舞下，皇國青年個個均以效忠天皇陛下榮。但要參與志願軍
仍要符合規定，諸如「『好好，我知道你們都是皇國青年。愛國心不比每一個
內地人差。但是，還不到十八歲的，不合規定，所以不要志願。合規定的，
馬上到駐在所來辦手續吧。』要湊足上面規定的人數，倒是輕而易舉的事，
問題是川中島還有多少人可以『志願』呢？」〔註589〕縱然如此，川中島原住
民遺族已所剩無幾，若要再成為皇軍而犧牲性命的話，原住民族的命運又將
如何呢？在畢荷心目中，突然掀起可怕的字眼——「絕種」。在「神州不滅」
與「皇軍戰功赫赫」口號下，還有日本帝國輝煌戰績的鼓舞下，原住民族會

〔註585〕鍾肇政，《鍾肇政全集9・高山組曲・戰火》（2000年），頁268～269。
〔註586〕鍾肇政，《鍾肇政全集9・高山組曲・戰火》（2000年），頁269。
〔註587〕鍾肇政，《鍾肇政全集9・高山組曲・戰火》（2000年），頁269。
〔註588〕鍾肇政，《鍾肇政全集9・高山組曲・戰火》（2000年），頁269。
〔註589〕鍾肇政，《鍾肇政全集9・高山組曲・戰火》（2000年），頁271。

不會面臨絕種的命運呢？

> 絕種！高峰浩突然想到了這可怕的字眼。移居川中島的時候，上一
> 輩的人就說過這個字眼。殺死了那麼多「內地人」，他們是罪該滅絕
> 吧。但是，他們堅強地活下來了，沒有輸給生活的困苦，也沒有被
> 肆虐的「馬拉利亞」打敗。如今，它卻以另一副面目，往他頭上罩
> 過來。「神州不滅」「皇軍戰功赫赫」，每天每天都有這一類說法，報
> 上更是連篇累牘，都是輝煌戰果的報導。〔註590〕

在原住民青年夢想成為皇軍的想法催化下，甚至於渴望可成為日本帝國
國民，為天皇陛下效忠，為皇國戰死，均為一項榮耀與驕傲的象徵。這些皇
民化運動的現象，乃如此地諷刺，與令人感到遺憾。

> 沙坡十四歲那年，「支那事變」打起來了，他也成了青年團的一
> 員，在上述的想法之外，又有了新的想法被灌輸進來；曰：加強推
> 行皇民化運動，早日成為堂堂正正的皇民；曰：為天皇陛下在戰場
> 上死，這就是皇國精神，是至高無上的光榮；曰：臨陣不退縮，勇
> 往直前；這就是正義的大和魂；曰：更加緊努力爭取當一名皇軍的
> 榮譽。〔註591〕

在原住民青年沙坡加入青年團訓練後，「在青年團的訓練裡，沙坡學會了
如何立正，如何敬禮，如何正步走，如何與教官應對，以及『絕對服從』的
道理。如果有人問他：皇軍為什麼天下無敵？他會不加思索就回答：因為對
上官的命令絕對服從！他也深信：皇軍永不會敗；皇軍是正義的；聖戰必能
完成；日本帝國是世界第一的國家。」〔註592〕當阿外終於成為志願兵為天皇
陛下效命，甚至於特地致電去給畢荷報告好消息，「川中島是全島出名的模範
蕃社，先生又是模範高砂族青年，且曾是『蠢起』蕃社的一份子，報上絕不
會放過這一條消息的。當下，阿外就給先生去了一函道賀。他因為興奮而寫
信時手都微微顫抖呢！」〔註593〕原住民青年在此刻已徹底成為皇國青年。經
由日本報紙鉅細靡遺地描述下，山下次郎以寫血書的積極作為，將渴望成為
皇軍的精神展露無疑。

> 報上得來的消息，且是前天的報紙。消息說：模範蕃社裡的一個熱

〔註590〕鍾肇政，《鍾肇政全集9‧高山組曲‧戰火》（2000年），頁271。
〔註591〕鍾肇政，《鍾肇政全集9‧高山組曲‧戰火》（2000年），頁292。
〔註592〕鍾肇政，《鍾肇政全集9‧高山組曲‧戰火》（2000年），頁293。
〔註593〕鍾肇政，《鍾肇政全集9‧高山組曲‧戰火》（2000年），頁284～285。

血沸騰的愛國青年，割了手指頭寫血書，志願「高砂挺身隊」。這人
名字就是山下次郎！報紙幾乎把弟弟捧成英雄了。不但把他說成如
何深明大義，渴望著當一名皇軍，要爲天皇陛下而死，爲聖戰獻身，
還把血書的照片製版刊出來。圖片裡是一隻好大的太陽，旁邊幾個
歪歪斜斜的字。〔註 594〕

在皇民化的氛圍下，「玉碎精神」與「一億總玉碎」的口號，「上自官拜
中將的南雲司令官，下至一兵一卒，加上上萬的老百姓，全部『玉碎』〔註 595〕
了！——皇國精神發揮到極致。——大和魂是大無謂的精神，也就是玉碎精
神。『玉碎精神』『一億總玉碎』這些驚心動魄的新口號一個個出現，被喊得
震天價響。」〔註 596〕大和魂即爲大無謂的精神，即爲玉碎精神，已成爲當時
臺灣全島最響亮的口號。此種景象與霧社事件相較之下，乃成爲最大的諷
刺。在日本殖民當局刻意政治操弄的報導下，不斷地鼓吹著臺灣當時最熱烈
的玉碎精神。

整個印象是：雖然用那麼激越、悲壯的字眼來形容並鼓吹玉碎精
神，報導玉碎精神，然而在偉大的戰果消息前面，好像並不是多麼
重要，多麼可怕。末了，是皇軍乃正義之師，爲崇高的目的而戰，
邪不勝正，終必能達成這神聖偉大的目標。〔註 597〕

當時就在全島均爲了玉碎精神而沸騰時，「駐軍上至司令官，下到一兵一
卒，加上普通的平民，都是在此島住了多年的老百姓，總共四萬多人，全部戰
死——玉碎了。玉碎，玉碎，都是忠勇的皇軍才有的戰法，不留一兵一卒，
戰到最後，寧死不投降。老百姓也不投降，集體自殺！那是什麼光景呢？」
〔註 598〕大家均爲勝利而不惜犧牲寶貴的性命。阿外與沙坡均成爲優秀的皇國
青年「出征」去，原住民少女細講也志願成爲「特製看護婦」。此時原住民青年
男女前仆後繼地，努力成爲日本殖民帝國下的殖民犧牲者，乃如此地諷刺。

嘴裡是說著他敬重沙坡，認爲沙坡是優秀的皇國青年，要爲他縫
「千人針」，也要爲他祈願「武運長久」，盡一份心意。事實上，沙
坡恐怕根本就不在她眼裡吧。然後，沙坡「出征」了。是第二次

〔註 594〕鍾肇政，《鍾肇政全集 9·高山組曲·戰火》（2000 年），頁 285。
〔註 595〕玉碎精神，即所謂與其坐以待斃，寧可放手一搏之意。
〔註 596〕鍾肇政，《鍾肇政全集 9·高山組曲·戰火》（2000 年），頁 319。
〔註 597〕鍾肇政，《鍾肇政全集 9·高山組曲·戰火》（2000 年），頁 319。
〔註 598〕鍾肇政，《鍾肇政全集 9·高山組曲·戰火》（2000 年），頁 336。

「出征」。最令人驚異的事沙坡走了才不過半個月光景，細講也志
願了「特製看護婦」，在村人們的歡送聲中離開了川中島那個美麗的
故鄉。〔註599〕

在原住民少女細講成為「特製看護婦」後，「她是個不折不扣的『皇國少
女』，言談裡總似乎有意無意地把作為一個皇國民的榮譽與矜持掛在嘴邊。這
樣的少女，看到村子裡的男孩一個又一個，那麼踴躍地，又那麼興高采烈地
『出征』而去，自然會有一番報國心切的意態的。因此，一旦有了給女孩們
上前線的機會，她也要踴躍去『志願』，唯恐落在人後了。」〔註600〕當年原住
民族的父祖輩為族人而戰；如今原住民青年為日本而戰，乃格外地諷刺。
在皇民化運動與玉碎精神的雙重鼓舞下，多數原住民青年，均志願為日本而
戰，犧牲性命也在所不惜，「沙坡是人人稱道的義勇隊英雄，凱旋回來不久，
又披掛上陣，應該是皇國青年中的皇國青年。……可憐的細講……比可·
諾干……山本靜子……。」〔註601〕全島均籠罩在奮不顧身，為天皇而戰的氛
圍下。

日本的戰果十分輝煌，除了少數據點戰敗外，多數均可傳來捷報，「這期
間，除了報紙上天天都有輝煌戰果的報導，雖然也夾雜上幾個據點在『玉碎』
消息，然而大體上來說，還是勝利的局面。」〔註602〕但戰事一久，戰況逐漸
改變，「在這樣的當兒，細講由僅具初步護理知識的『看護婦』，磨練成經驗
老到的戰地護理人員。然後，戰況漸漸發生變化了。玉碎的消息多了起來，
而且戰場有明顯的北移跡象。到了今年初，一些人已經知道了所謂『絕對國
防圈』的說法，經由口傳的消息，戰局似乎越來越嚴重。」〔註603〕在皇軍中
的原住民青年表現總是非常出色，比可就曾讚頌著沙坡：「一個典型的皇國青
年，了不起的帝國軍人……。」〔註604〕在日本當局不斷地鼓吹之下，「四百來
個高砂族戰士，原本就有高昂的士氣，經過一次又一次的煽動，他們的鬥志
更熾烈地燃燒起來了。」〔註605〕在皇軍部隊中，依舊恪守著皇民化運動的各

〔註599〕鍾肇政，《鍾肇政全集9·高山組曲·戰火》（2000年），頁370。
〔註600〕鍾肇政，《鍾肇政全集9·高山組曲·戰火》（2000年），頁371。
〔註601〕鍾肇政，《鍾肇政全集9·高山組曲·戰火》（2000年），頁371。
〔註602〕鍾肇政，《鍾肇政全集9·高山組曲·戰火》（2000年），頁375。
〔註603〕鍾肇政，《鍾肇政全集9·高山組曲·戰火》（2000年），頁376。
〔註604〕鍾肇政，《鍾肇政全集9·高山組曲·戰火》（2000年），頁379。
〔註605〕鍾肇政，《鍾肇政全集9·高山組曲·戰火》（2000年），頁383。

種儀式。

> 每天清晨的集會「點呼」，他們「皇居遙拜」，唱「征夫赴海」，為皇
> 國的昌隆，以及為「護國英靈」而默禱，他們是那樣地誠心誠意。
> 不錯，他們是真正的皇軍，不折不扣的。〔註606〕

不僅在臺灣島內要宣導皇民化運動與玉碎精神外，就連在海外的外島，
均要極力地為此宣導一番。例如川島少佐就曾在摩羅泰島的致詞表示，為了
天皇陛下的浩瀚皇恩，必定要將戰力發揮到淋漓盡致，「川島又做了一場鏗鏘
有力的訓示，強調皇國必勝的信念。」〔註607〕日本當局均為了日本「大東亞
共榮圈」的夢想而努力著。

> 「諸君，報國就在今朝。相信這也是諸君所期盼已久的時候。諸君
> 是從臺灣來的健兒。兩個月來，諸君的健鬥，我都看到了，體會到
> 了。諸君實在是個了不起的戰士，作為皇軍的一員，我敢說是最優
> 秀的。陛下一視同仁的聖意，有了最圓滿的成果。為了報答聖恩，
> 希望在這一戰裡，把你們的戰力，毫無保留地發揮出來，將敵人擊
> 潰。這也正是陛下對你們的期望。」「諸君，讓我們在不久之後，在
> 靖國神社再會。」〔註608〕

原住民青年受到日本殖民官方的鼓舞下，熱血沸騰地為大日本帝國征戰
著，「槍械、彈藥用完了，還可以揮著山刀去突擊，去『斬進』。或者，打到
連山刀都斷了，沒有了，人也死光了。這該就是玉碎，就是長期、執拗了。
皇軍是沒有投降的，必戰到最後一兵一卒。」〔註609〕原住民族皇軍即共同堅
持著日本所謂的玉碎精神，鞠躬盡瘁，死而後已。但在日本皇軍的輝煌戰果
外，仍有令人遺憾的戰敗消息傳出。尤其各種「玉碎」的消息傳來，又為日
本帝國的戰績留下遺憾，但仍不減損皇軍對於皇國不敗的堅定信念。

> 前些時候報上出現了最令人感到衝擊的一件事，是塞班島的「玉
> 碎」。從阿圖島，而馬京、搭拉瓦島，然後是瓜達爾坎拿爾島，現在
> 又添了這麼一個島。印象裡，以前幾次「玉碎」似乎都是遙遠的——
> —遙遠遙遠的小島，在記憶裡彷彿也遙遠了。但是，這次的塞班島
> 可不再是那麼遙遠的了。在地圖上，它根本就好像在腳下不遠的地

〔註606〕鍾肇政，《鍾肇政全集9・高山組曲・戰火》（2000年），頁384。
〔註607〕鍾肇政，《鍾肇政全集9・高山組曲・戰火》（2000年），頁451。
〔註608〕鍾肇政，《鍾肇政全集9・高山組曲・戰火》（2000年），頁388。
〔註609〕鍾肇政，《鍾肇政全集9・高山組曲・戰火》（2000年），頁455。

方，而且駐有重兵的。〔註610〕

當日本戰敗的那一刻，皇民化精神在原住民族心目中，受到莫大的衝擊與挑戰，彷彿夢碎般。日本殖民霸權即退出臺灣全島的統治，此刻原住民的心情並非欣喜若狂，而是悼念與惋惜著日本殖民者的離去；甚至於還爲了「支那」的到來而感到惶惶不安。

> 據他們的說法，臺灣是日本的殖民地，是在「日清戰爭」時，從「支那」搶過來的。如今日本戰敗，凡是以前所搶過來的土地，全部都要歸還。不光是臺灣而已，還有朝鮮、滿洲等，而臺灣便是要交還給「支那」的。也就是說，臺灣不再是日本的土地了，而臺灣人，不管是本島人也好，高砂族也好，全部不再是日本人了。〔註611〕

在原住民心中，甚至於認爲，「那我們不就成了支那人了嗎？支那，支那人，一向來被說成是最差的國家，最下等的人民。而日本則是神國、皇國，世界第一等的國家、國民。從第一等的國家，一下子變成最下等的。這是多麼難忍受的事啊！」〔註612〕對於原住民族而言，乃如此地令人難以接受。但反觀本島人的說法，即迥然不同，「那幾個本島人的說法：支那，正確的名稱是中華民國，土地有日本的幾十倍大，人民也有好幾倍，是世界上最大的國家之一。日本用的字，也就是漢字，是從支那傳過去的……。」〔註613〕此刻原住民族的族群認同意識再度被混淆。在諸多原住民青年成爲皇軍，爲日本帝國出征之際，意外帶來熱病「天狗熱」。儘管如此，原住民青年皇軍還是奮不顧身地爲天皇而戰。

> 報紙上已經報導不少了，就是原本只在南洋一帶才有的熱病「天狗熱」，在某些地區漸有發現，也是由蚊子傳染的。幸好山區還沒有病例，不過說不定什麼時候，也會傳染過來的。這正是皇軍打到南洋去的附帶「收穫」。〔註614〕

鍾肇政在描述日本帝國的戰果時，也再次描述皇民化運動的成果。在《戰火》中所描述的川中島，呈現日本統治後期，原住民族的言行舉止，已深受皇民化精神影響而改變，誠如後殖民理論學家法農所述，「當去殖民化

〔註610〕鍾肇政，《鍾肇政全集9‧高山組曲‧戰火》（2000年），頁319。
〔註611〕鍾肇政，《鍾肇政全集9‧高山組曲‧戰火》（2000年），頁470。
〔註612〕鍾肇政，《鍾肇政全集9‧高山組曲‧戰火》（2000年），頁470。
〔註613〕鍾肇政，《鍾肇政全集9‧高山組曲‧戰火》（2000年），頁470。
〔註614〕鍾肇政，《鍾肇政全集9‧高山組曲‧戰火》（2000年），頁318。

開始使古典的帝國崩解之際，帝國主義並未結束，並未突然地變成『過去式』。」〔註615〕就算日本殖民帝國戰敗而退出臺灣後，日本殖民的遺毒與餘波，仍影響著原住民被殖民者。

〔註615〕薩依德，〈美國勢之勃興：公共領域的論戰〉，《文化與帝國主義》（臺北：立緒出版社，2001 年），頁 533。